Analisi dei dati
e *data mining*

Springer

Milano
Berlin
Heidelberg
New York
Hong Kong
London
Paris
Tokyo

A. Azzalini
B. Scarpa

Analisi dei dati
e *data mining*

 Springer

Adelchi Azzalini
Dipartimento di Scienze Statistiche
Università di Padova

Bruno Scarpa
Dipartimento di Statistica ed Economia Applicata
Università di Pavia

Springer-Verlag Italia fa parte di Springer Science+Business Media

springer.it

© Springer-Verlag Italia, Milano 2004

ISBN 88-470-0272-9

Riprodotto da copia camera-ready fornita dagli Autori
Progetto grafico della copertina: Simona Colombo, Milano
Stampato in Italia: New Press, Como

Prefazione

Come spesso capita, si comincia a stringersi il nodo scorsoio attorno al collo il giorno in cui si decide di essere diligenti e ci si imbarca a scrivere delle dispense per i propri studenti . . . da qui si scivola rapidamente fino ad impegnarsi nella stesura di un libro. La nostra vicenda rientra in questa classica tipologia. Specificamente, ci e capitato di insegnare il corso di "Analisi dei dati – *data mining*" per la Facoltà di Scienze Statistiche dell'Universita di Padova, e così si è innescata la trappola.

In realtà l'interesse per questo ambito era nato tempo prima di avviare il corso, ciascuno di noi seguendo una strada diversa: di natura accademica quella per uno (A. A.) e di natura primariamente aziendale per l'altro (B. S.). Da queste diverse provenienze, ciascuno di noi ha riscontrato l'emergere prorompente di un'area connessa all'analisi dei dati con almeno due elementi di caratterizzazione: il primo è costituito dalla dimensione delle raccolte di dati, sia in termini di numero di unità osservate che di numero di variabili rilevate, il secondo è il fatto che spesso i dati sono raccolti in modo difforme dagli usuali canoni delle indagini statistiche. Uno dei settori in cui e sempre più diffusa questa situazione è quello dell'analisi dei dati come supporto alle scelte di gestione aziendale, in virtù della diffusione crescente di grandi *data base* a basso costo. E peraltro i due aspetti problematici richiamati prima comportano un diverso modo di procedere rispetto all'usuale metodologia di analisi statistica, attribuendo a questo ambito una sua specificita. E questo a cui ci si riferisce con il termine *data mining*.

Questa ampia area di lavoro, collocata all'intersezione della statistica, dell'informatica, dell'intelligenza artificiale e altre discipline ancora, e in rapido progresso, sia nel senso di un crescente interesse da parte della comunita scientifica, sia nel senso che da parte degli utilizzatori vi e una crescente disponibilita a mettere alla prova operativamente i nuovi metodi sviluppati. Questo interesse e presente anche in settori quali l'ambito aziendale che, essendo culturalmente più lontani dall'ambito scientifico, hanno un'obiettiva maggiore difficolta a recepire le innovazioni tecnologiche.

Trattandosi di un'area in fase di crescita, si può facilmente capire che i materiali di studio a disposizione sono relativamente limitati, e ciò è particolarmente vero per quanto riguarda i metodi di analisi dei dati, che è l'aspetto su cui noi ci focalizziamo. Questa carenza di materiali, soprattutto in lingua italiana, è stata uno dei principali motivi che ci hanno convinto ad imbarcarci in questa 'impresa'.

Inoltre, la recente apparizione del *data mining* come tema autonomo fa sì che molte persone che si sono formate qualche anno fa e lavorano attualmente in questo settore non hanno avuto modo di essere introdotte a queste tematiche negli anni universitari. Ci auguriamo che questo libro possa essere di utilità anche per loro, eventualmente come fonte di consultazione per capitoli specifici.

Per quanto riguarda il contenuto effettivo del libro, non vi vogliamo anticipare nulla. Segnaliamo soltanto che materiale complementare è reperibile all'indirizzo Web

```
http://azzalini.stat.unipd.it/Libro-DM/
```

in particolare per quanto riguarda i dati analizzati negli esempi e i programmi usati per queste analisi.

Non resta che ringraziare i nostri colleghi Antonella Capitanio, Gianfranco Galmacci e Nicola Torelli per le loro osservazioni sul manoscritto, ed Elena Stanghellini per aver prodotto per noi un grafico ispirato ad una sua pubblicazione, oltre che per dei commenti al manoscritto. Ringraziamo inoltre gli studenti del nostro corso, alcuni per le stimolanti osservazioni e discussioni, e altri per averci indotto ad uno sforzo supplementare di chiarezza e semplicità espositiva.

Padova, aprile 2004   Adelchi Azzalini e Bruno Scarpa

Indice

1

Introduzione

*We're drowning in information
and starving for knowledge
(Rutherford D. Rogers)*

1.1 Nuove opportunità e nuovi problemi

1.1.1 Dati, dati, ... miniere di dati

Alcune decine di anni fa abbiamo assistito ad un'importante fase di innovazione tecnologica legata allo nascita e al rapido sviluppo del calcolatore, che ha portato ad una rivoluzione del modo di lavorare prima in ambito scientifico e poi anche in tantissimi altri, dal settore tecnologico a quello aziendale e anche della vita quotidiana. Da qualche anno si sta sviluppando un'ulteriore aspetto dell'innovazione tecnologica, non indipendente dal primo, ma dotato di una specificità autonoma: diventa via via più semplice ed economico disporre di masse rilevanti e talvolta enormi di elementi di informazione su un fenomeno di interesse. Questo fatto è legato a due fattori: uno è lo sviluppo dei metodi automatici di rilevazione dei dati, l'altro è il potenziamento dei sistemi di memorizzazione elettronica dell'informazione e l'associato abbattimento dei costi connessi.

Non si tratta di un'evoluzione legata specificamente ad una determinata invenzione, ma piuttosto è la risultante di molti elementi di novità che collettivamente hanno concorso a creare quella che è talvolta denominata *società dell'informazione*. In questa situazione si aprono nuove opportunità e si prospettano modalità di lavoro molto diverse che in passato. Per esemplificazione della natura del fenomeno e della sua presenza in ambiti tra loro molto diversi, consideriamo alcune situazioni tipiche.

◇ Ogni mese una catena di supermercati emette milioni di scontrini, uno per ogni carrello della spesa che si presenta ad un cassa. Il contenuto di ciascuno di questi carrelli riflette le esigenze di spesa, le propensioni e in generale il comportamento economico del consumatore che lo ha selezionato. Si capisce immediatamente che l'insieme di tutte queste liste della spesa costituisce un'importante base informativa per orientare le politiche sia di vendita che di acquisto di prodotti da parte del supermercato.

Questa operazione diventa ancora più interessante se si mettono in corrispondenza le singole liste della spesa alle 'carta fedelta' dei clienti, dato che possiamo così seguire il loro comportamento attraverso una sequenza di acquisti.

◇ Una situazione del tutto analoga si riscontra con l'utilizzo delle carte di credito, con la particolarità che qui tutti i clienti sono perfettamente identificati, non c'è bisogno di istituire una 'carta fedeltà' allo scopo. Un altro elemento di diversità è che l'azienda che emette la carta di credito non vende alcunché direttamente al cliente, ma può tuttavia offrire ad altre ditte l'opportunità di fare offerte speciali a clienti mirati, perlomeno sotto certe condizioni che lo consentono dal punto di vista legale.

◇ Le società telefoniche generano ogni giorno dati relativi a milioni di chiamate e di altri servizi forniti. Il repertorio di questi servizi diventa particolarmente articolato con l'affermarsi di tecnologie avanzata, quale UMTS. Le aziende sono interessate all'analisi del comportamento del consumatore sia per cercare di individuare le opportunità di ampliamento dei servizi di cui il cliente usufruisce, sia per individuare quanto prima possibile la possibilità che questi disdica l'utenza, passando ad un altro operatore. Il pericolo di disdetta dell'utenza è un problema presente in tutto il settore dei servizi, ma è particolarmente cocente in un sotto-settore a rapido ricambio della clientela quale le telecomunicazioni, ed il suo studio è complicato dal fatto che per le schede telefoniche prepagate non esiste una forma di disdetta formale dal servizio; basta che la scheda venga abbandonata nell'uso.

◇ Il WWW costituisce un enorme deposito di informazioni, contenute in tanti documenti, una piccolissima frazione dei quali sono rilevanti rispetto ad una specifica interrogazione sottoposta ad un motore di ricerca. L'operazione di selezione dei documenti rilevanti che deve essere compiuta dal motore di ricerca è complicata da vari elementi: (a) la numerosità dell'insieme complessivo dei documenti è sbalorditiva; (b) a differenza degli esempi precedenti, qui l'insieme dei documenti non costituisce una forma strutturata, come in un ben organizzato *data base*; (c) all'interno del singolo documento gli ingredienti che determinano la sua pertinenza o meno rispetto all'interrogazione posta non sono collocati in posizione predeterminata, né rispetto al documento complessivo, ne tra di loro.

◇ Anche nella ricerca scientifica sono moltissimi gli ambiti in cui i moderni metodi di rilevazione danno luogo a raccolte di dati imponenti. Uno dei campi di ricerca scientifica più attivi in questi anni riguarda la microbiologia con particolare riferimento alla struttura del DNA. L'analisi della sequenza di porzioni del DNA porta alla costruzione di giganteschi tabelle, dette 'DNA microarray', in cui ciascuna colonna costituisce una sequenza di alcuni migliaia di valori numerici associata al DNA di un individuo (secondo una forma di corrispondenza in cui non ci addentriamo) e di queste sequenze ne viene costruita una per ciascun individuo esaminato. L'obiettivo è di mettere in relazione la configurazione di queste sequenze con la presenza di certe malattie.

◇ L'insieme delle rilevazioni di natura fisica, chimica e di altro genere volte ad esaminare l'evoluzione del clima terrestre ha ormai raggiunto dimensioni gigantesche. La semplice organizzazione in modo strutturato di tali dati pone problemi significativi, la loro analisi per desumerne informazione sintetica anche di piu.

Come si vede, i contesti applicativi in cui il fenomeno della proliferazione di dati si manifesta sono numerosi e diversificati tra loro quanto a caratteristiche. Uno dei più importanti di questi, al quale faremo spesso riferimento, è l'ambito aziendale, che in questi ultimi anni è stato investito in modo significativo da questa onda, con effetti spesso importanti sull'organizzazione della divisione commerciale. Connesso a questo fenomeno è entrato nell'uso il termine CRM (*Customer Relationship Management*), che si riferisce ad una impostazione della conduzione commerciale 'orientata al cliente'; questa si propone di articolare gli interventi promozionali dell'azienda in modo differenziato da cliente a cliente, cercando di individuare per ciascuno quelle proposte che meglio si addicono ai suoi interessi e orientamenti, e allo stesso tempo evitando sprechi in iniziative promozionali verso clienti non interessati ad una certa proposta. Questa impostazione si incentra quindi sull'individuazione delle caratteristiche del cliente rilevanti ai nostri fini commerciali, attingendo tanto da elementi informativi noti per quello stesso cliente che da quelli relativi ad altri individui caratterizzati da un profilo-cliente simile. È chiaro che tutto l'impianto del CRM poggia in modo cruciale sia sulla disponibilità di informazioni quantitative attendibili che sulla capacità di elaborarle in modo proficuo, trasformando le informazioni grezze in 'conoscenza'.

1.1.2 Problemi minerari

Questa nuova realtà tecnologica ci richiede di dotarci di strumenti corrispondenti per poter sfruttare la massa di elementi di informazione, ovvero i *dati*. Può infatti sembrare a prima vista paradossale, ma è effettivamente riscontrato più spesso di quanto non si possa immaginare, che in presenza di tanta abbondanza di dati non si riesca a ricavarne 'l'informazione significativa'.

Infatti è ben diverso esaminare le rilevazioni su due caratteristiche di 100 individui oppure le rilevazioni su 10^2 caratteristiche di 10^6 individui. Nel primo caso anche semplici strumenti di analisi dei dati possono risultare adeguati per ricavare informazioni rilevanti ai fini pratici; spesso già un elementare diagramma di dispersione offre indicazioni utili, anche se ovviamente l'analisi può essere molto più sofisticata. Nel secondo caso, il quadro cambia radicalmente: molti dei semplici strumenti validi nel caso precedente perdono spesso di utilità. Ad esempio il diagramma di dispersione di 10^6 punti può diventare un'unica macchia informe, e 10^2 caratteristiche producono $100 \times 99/2$ di queste macchie, che sono sia troppe che inutili.

Questa semplice esemplificazione evidenzia due elementi che concorrono a rendere problematica l'analisi di dati della tipologia menzionata. Uno riguarda la *numerosità* dei dati, cioè il numero di *casi* o *unità statistiche* su cui si effettuano le rilevazioni; l'altra riguarda *dimensionalità* dei dati, cioè il numero di caratteristiche o *variabili* rilevate su ciascuna unità.

Gli effetti di queste due componenti sulla complessità del problema sono tra loro diversi, ma non del tutto indipendenti. Con una semplificazione che rasenta la grossolanità, ma può aiutare a cogliere il problema, possiamo dire che la numerosità porta ad un aggravio degli aspetti prettamente computazionali, mentre la dimensionalità ha un effetto più articolato, che comporta sia un aggravio computazionale simile a quello della numerosità, ma anche una rapida lievitazione della complessità concettuale dei modelli messi in campo, e quindi poi della loro interpretazione sostanziale e del loro utilizzo operativo.

È il caso di segnalare che non tutti i problemi che emergono dal contesto descritto al § 1.1.1 sono riconducibili ad una struttura in cui sia facilmente enucleabile una nozione di numerosità e ancor meno una di dimensionalità. Un tipico contro-esempio di questo genere riguarda l'estrazione di pagine del WWW pertinenti rispetto ad una richiesta inoltrata ad un certo motore di ricerca; qui non è del tutto univoco definire quale sia la numerosità dell'insieme dei casi di interesse, ma soprattutto è vago il concetto di dimensionalità. Peraltro la situazione più comune e classica è appunto quella in cui sono individuate delle unità statistiche, ognuna caratterizzata da un certo numero predeterminato di variabili, ed è appunto di questa ampia famiglia di situazioni che noi ci occuperemo. Del resto questa è la struttura con cui si organizza concettualmente ciascuna delle tabelle di cui si compone un *data base*; la loro organizzazione fisica non è rilevante qui.

Contempliamo anche la possibilità che i dati siano di numerosità 'infinita' nel senso che talvolta siamo in presenza di un *flusso continuo* di dati. Un importante esemplificazione in tal senso è costituita dal flusso delle transazioni operate sul mercato finanziario in una grande borsa.

In questi ultimi anni l'attività di esplorazione e di analisi di dati della tipologia evocata al § 1.1.1 viene associata alla locuzione '*data mining*', che vuole evocare l'estrazione (di informazione rilevante) da una miniera di dati. Possiamo quindi dire che

> data mining *rappresenta l'attività di elaborazione in forma grafica o numerica di grandi raccolte o di flussi continui di dati con lo scopo di estrarre informazione utile a chi detiene i dati stessi.*

L'espressione 'informazione utile' utilizzata qui sopra è volutamente generica: in molti casi non è affatto specificato a priori quale sia l'oggetto di interesse, che spesso si cerca di individuare proprio 'scavando' tra i dati. Questo aspetto costituisce un elemento di distinzione tra *data mining* e altri contesti connessi all'analisi di dati; in particolare, l'approccio è diametralmente opposto a quello gli studi clinici dove è fondamentale specificare a priori quale sia l'obiettivo tanto della raccolta che dell'analisi dei dati.

Che cosa costituisca 'informazione utile' è quanto mai vario, e dipende dal contesto in cui si opera e dagli obiettivi che ci si prefigge. Questa osservazione è ovviamente vera anche per tanti altri contesti, ma nell'ambito del *data mining* si carica di un'ulteriore valenza, potendosi fare una distinzione tra due situazioni: (a) un caso in cui l'aspetto di interesse è il comportamento complessivo del fenomeno in esame, e quindi l'obiettivo è la costruzione di un suo *modello globale*, partendo dai dati disponibili; (b) l'individuazione di 'particolarità', ovvero *configurazioni speciali*, nell'andamento dei dati, in quanto siamo interessati proprio alle situazioni al di fuori del comportamento standard. Se facciamo riferimento al caso degli utenti di un'azienda telefonica, possiamo esaminare i dati del traffico telefonico degli utenti per individuare regolarità nei dati che ci consentano di prevedere il comportamento del consumatore in base al suo piano tariffario, alla sua posizione geografica e altri elementi noti; possiamo peraltro esaminare i dati anche con l'obiettivo di individuare comportamenti anomali nei consumi (anomali rispetto al comportamento di quello stesso utente nel passato) perché questo può segnalare una situazione di frode ai danni di quell'utente ad opera di terzi.

Il *data mining* è una disciplina recente, collocata al punto di intersezione di varie aree scientifiche, e specificamente la statistica, l'intelligenza artificiale (e aree collegate, quali *machine learning* e *pattern recognition*) e la gestione dei *data base*.

La connessione con la gestione dei *data base* è implicita nel fatto che operazioni di pulizia dei dati, selezioni di porzioni dei dati e altre attività, anche attingendo da *data base* distribuiti, richiedono competenze e apporti da quel settore. La connessione con l'area dell'intelligenza artificiale rispecchia l'intensa attività che è stata compiuta in quel settore per far 'imparare' al calcolatore delle regole generali partendo da una serie di esempi specifici, il che è estremamente vicino all'obiettivo di estrarre delle leggi che regolano un fenomeno partendo da osservazioni campionarie. Ciò spiega la presenza, tra le metodologie che verranno presentate nel seguito, di talune originate dall'area appunto dell'intelligenza artificiale o aree collegate.

Alla luce di tutto quanto detto finora, diventa chiara la motivazione per le affermazioni di Hand et al. (2001):

> Data mining is fundamentally an applied discipline (...) data mining requires an understanding of both statistical and computational issues. (p. xxviii)

> The most fundamental difference between classical statistical applications and data mining is the size of the data. (p. 19)

L'onere computazionale connesso ad elevate numerosità e dimensionalità si ripercuote inevitabilmente sulle modalità di trattazione dei dati, in quanto al loro aumentare diventano via via meno praticabili metodi ad alta intensità di calcolo. Non si può ovviamente stabilire una regola esatta in tale senso, dato che entrano in gioco vari fattori, oltre a quelli già menzionati, quali le risorse di calcolo disponibili e anche il tempo che siamo disposti ad attendere per ottenere i risultati. È comunque indiscutibile che un tale effetto esiste, e finisce con il precludere o quantomeno rendere meno praticabili talune tecniche, favorendone invece altre, di minor impegno computazionale.

È altresì vero che vi sono situazioni in cui questi aspetti pesano solo marginalmente, perché la massa di dati non è tale da appesantire sensibilmente l'aspetto computistico, anche in virtù della crescente potenza dei calcolatori disponibili. Questa situazione si verifica molto spesso anche in presenza di un problema di grandi dimensioni se questo può essere opportunamente scomposto in sotto-problemi che danno luogo a porzioni dei dati di entità più maneggevoli. Infatti i tradizionali metodi di più venerabile età non sono andati in pensione, e anzi molti di questi, sviluppati in epoca di risorse di calcolo limitate, sono molto poco esigenti quanto ad onere computazionale, e mantengono molta della loro validità, se opportunamente utilizzati.

1.1.3 SQL, OLTP, OLAP, DWH, KDD

Abbiamo ripetutamente parlato della ampia disponibilità di dati, raccolti in modo sempre più sistematico e capillare, come base di partenza per le nostre elaborazioni. Tuttavia il processo che porta dal dato grezzo al dato 'pulito', fruibile per le nostre elaborazioni, è laborioso e talvolta veramente impegnativo.

Non si può pensare che tutti i dati di una organizzazione complessa confluiscano in un unico *data base* da cui noi semplicemente li attingiamo e li elaboriamo. Con riferimento al mondo imprenditoriale, anche aziende non enormi sono dotate di sistemi informativi complessi e costituiti da svariati *data base* destinati a scopi diversi (i clienti e relative fatturazioni, le carriere e le paghe dei dipendenti, i fornitori, e così via). Questi vari *data base* sono utilizzati dai vari operatori sia per l'inserimento di dati (ad esempio, dai vari uffici periferici di vendita), sia per *interrogazioni* relative a singole registrazioni, necessarie per le attività quotidiane ad esempio per sapere se/quando il cliente Tale ha pagato la fattura emessa il giorno X. Il termine per riferirsi agli strumenti di interrogazione su specifiche informazioni da richiedere ai vari *data base* detti *operativi* è OLTP (*OnLine Transaction Processing*). Questi strumenti sono tipicamente costruiti basandosi su SQL (*Structured Query Language*) che costituisce lo strumento standard per le interrogazioni ai *data base*.

Per attività di *supporto alle decisioni*, quali in particolare l'analisi dei dati per il CRM, questi *data base* operativi non offrono peraltro una base di lavoro adeguata. Questi sono infatti pensati per funzioni diverse, sia diverse da quella di analisi dei dati essendo che essi generalmente sono stati creati per motivi amministrativi e contabili, sia diverse tra di loro; quindi le loro strutturazioni sono eterogenee e spesso contengono dati discordanti, talvolta anche in modo strutturale perché le definizioni delle variabili registrate possono essere simili ma non identiche. Inoltre non è opportuno che l'attività strategica di supporto alle decisioni interferisca con l'attività quotidiana di lavoro sui *data base* operativi andando ad intervenire su questi ultimi.

Per questi motivi è opportuno sviluppare *data base* e strumenti specificamente destinati allo scopo. Viene quindi costruito un *data base strategico*, o DWH (*Data WareHouse*), in cui confluiscono dati dai diversi *data base* operativi, ripuliti per quanto possibile da incongruenze e ridondanze, e con un'organizzazione orientata alla fase successiva di elaborazione.

Il processo con cui si perviene allo sviluppo di un DWH è complesso, e la sua progettazione deve essere accuratamente meditata in funzione del contesto in cui si colloca. Dal punto di vista operativo, il modo di costruzione più comune è quello per aggregazione progressiva di vari *data mart*, cioè di *data base* finalizzati; ad esempio, un *data mart* potrebbe contenere tutte le informazioni relative ad una certa divisione commerciale. Viste le motivazioni che ci portano alla costruzione di un DWH, è essenziale che in questo processo di aggregazioni successive si segua una struttura coerente e omogenea. Una volta istituito, il DWH deve poi essere periodicamente aggiornato con nuovi dati provenienti dai vari *data base* operativi.

Compiute tutte queste operazioni di predisposizione (ma che in effetti poi proseguono attraverso una continua manutenzione), il DWH può essere utilizzato in almeno due forme, non mutuamente esclusive. Un primo utilizzo è quello di ricomporre diversamente i dati provenienti dai vari *data mart* originari per dare luogo a nuovi *data mart*. Ad esempio, se avevamo creato il DWH aggregando *data mart* relativi a varie linee di prodotti, potremmo crearne uno relativo alle vendite di tutti i prodotti in un certa area geografica. Un nuovo *data mart* verrà quindi creato per ogni problema di cui vorremo sviluppare un'analisi quantitativa, avvalendoci dei metodi che discuteremo nella restante parte di questo libro.

Una seconda forma di utilizzo di un DWH, coesistente con la prima, è quella di generare direttamente elaborazioni seppure di natura semplificata, per cercare di estrarre alcune informazioni di sintesi dai dati. L'attività di questo tipo viene chiamata OLAP (*OnLine Analytical Processing*) e, come indicato dal nome, costituisce una interrogazione ed elaborazione destinata in qualche modo ad una forma di analisi dei dati, seppure grezza e prettamente descrittiva.

Generalmente, per l'attività di OLAP, ci si appoggia ad una struttura di elaborazione intermedia, detta *ipercubo*. In terminologia statistica, questo è una *tabella ad entrata multipla*, in cui ogni entrata corrisponde ad una variabile ed ogni cella posta agli incroci delle varie modalità contiene un indicatore sintetico, spesso una frequenza. Per esemplificare, supponiamo che le unità statistiche siano studenti universitari; allora una variabile può essere costituita dal comune di residenza, un'altra dalla facoltà di iscrizione, un'altra dall'ateneo di appartenenza, un'altra dal sesso, e così via, mentre le singole celle della tabella multipla (ipercubo) contengono le frequenze relative ai vari incroci delle modalità. Questa tabella può essere utilizzata per varie forme di elaborazione: marginalizzazione rispetto ad una o più variabili, condizionamento rispetto ad una o più variabili, aggregazione di modalità, e così via; in ambito informatico si utilizza una nomenclatura diversa per queste operazioni, generalmente con nomi in inglese. Le varie operazioni sono descritte nei testi di statistica descrittiva e non ci soffermiamo qui.

Come già detto, OLAP costituisce una prima forma di estrazione di informazione sintetica dai dati, di natura relativamente semplice, almeno dal punto di vista concettuale, operando a partire da una tabella di variabili predefinite e con un ambito limitato di operazioni su queste. Quindi, a stretto rigore, OLAP rientra nella definizione di *data mining* come formulata al § 1.1.2, ma limitatamente ad una forma concettualmente molto semplice di elaborazione.

Comunemente con il termine *data mining* ci si riferisce invece ad una attività di ispezione di un *data base* strategico caratterizzata da un'attività di tipo più investigativo, tipicamente rivolta all'individuazione di relazioni in qualche modo significative tra variabili oppure di configurazioni particolari e interessanti dei dati. La distinzione tra OLAP e *data mining* non quindi è del tutto netta, ma — come già detto — sostanzialmente il primo è connesso ad ispezioni su un numero contenuto di variabili pre-specificate e con un numero di operazioni circoscritto, mentre il secondo si riferisce ad una attività di studio più 'aperta' e più prettamente orientata all'estrazione di 'conoscenza' dai dati. Per quest'ultimo tipo di elaborazione, di natura più prettamente computazionale piuttosto che gestionale dei dati, non ci sia appoggia più a SQL o derivati, in quanto SQL non dispone di comandi primitivi per elaborazioni statistiche impegnative; discuteremo più avanti di strumenti alternativi.

Possiamo quindi pensare ad una catena di fasi successive, sostanzialmente come segue:

⋄ si parte da uno o più *data base* operativi per costruirne uno strategico (DWH); questa costruzione comporta anche un'operazione di omogeneizzazione di definizione di variabili, e operazioni di pulizia dei dati;

⋄ su questo nuovo *data base* si applicano strumenti di OLAP, come mezzi per evidenziare aspetti di interesse su variabili individuate in precedenza;

⋄ il *data mining* costituisce la fase più propriamente di analisi dei dati, volta alla scoperta degli elementi 'interessanti' in *data mart* specifici estratti dal DWH.

È in uso il termine KDD (*Knowledge Discovery in Data-bases*) per riferirsi a questa catena complessiva; la terminologia è peraltro non del tutto univoca e talvolta il termine *data mining* è usato come sinonimo di KDD. In questo libro il temine *data mining* è inteso nel senso più circoscritto, che riguarda solo l'ultima delle tre fasi precedenti.

1.1.4 Complicanze

Abbiamo già accennato a taluni aspetti che differenziano il *data mining* da altri ambiti di analisi dei dati; vogliamo ora approfondire questo punto.

In molti casi i dati sono raccolti per motivi diversi da quello della loro analisi statistica per ricavarne informazione. In particolare, in ambito aziendale, i dati sono raccolti primariamente per motivi contabili. Da questa esigenza amministrativa sono nate delle forme di organizzazione dei dati, via via più complesse e articolate; solo a posteriori si è pensato di utilizzarle anche ad altri fini, quali appunto l'analisi di *marketing* e il CRM.

I dati non corrispondono quindi a nessun piano di campionamento o piano sperimentale: i dati 'esistono' e basta. Il mancato rispetto delle condizioni canoniche per una corretta raccolta dei dati campionari ha inizialmente tenuto lontani molti statistici dall'ambito del *data mining*. Al contrario esponenti dell'area informatica sono stati più pronti a raccogliere questa sfida.

Pur senza negare queste difficoltà, le sollecitazioni per prendere in considerazioni dati raccolti anche in queste forme 'spurie' sono tali per cui uno sforzo in questa direzione deve essere compiuto; naturalmente questo comporta maggiori difficoltà e corrispondenti attenzioni che in altri contesti applicativi.

Una prima, semplicissima ma non inutile, osservazione in questo senso riguarda l'ambito di validità delle nostre conclusioni. Siccome il *data base* dei clienti di un'azienda non è un campione casuale dalla popolazione complessiva, le conclusioni cui perveniamo partendo da questo *data base* valgono al più per i clienti acquisiti, non per quelli da acquisire.

Un'ulteriore ragione per l'iniziale ritrosia degli ambienti statistici verso il *data mining* è data da un secondo elemento, già menzionato al § 1.1.2, rappresentato dal fatto che talvolta si procede alla ricerca di un obiettivo che non si è dichiarato a priori. Andando alla ricerca 'di qualcosa' si finisce sempre col trovarlo ... anche quando non c'è. Per rendere intuitivamente l'idea, è un po' quello che succede esaminando una sequenza di numeri casuali: alla fine una regolarità sembra apparentemente che ci sia, almeno se si esamina una sequenza non troppo lunga. A questo proposito è bene ricordare una massima coniata da un economista, ma molto in voga tra gli statistici applicati:

"If you torture the data long enough, Nature will always confess."
(Ronald H. Coase, premio Nobel 1991 per l'economia)

Questa pratica di 'cercare qualcosa' (che non si sa che cosa sia) è dunque soggetta al pericolo di false scoperte, e per questo i termini associati di *data snooping* o a *data dredging* sono caricati di connotazione negativa. In presenza di numerosità cospicue di dati, il pericolo di false scoperte si abbassa, ma non sparisce. Esistono peraltro tecniche per contrastarlo, come vedremo al Capitolo 3.

Una particolarità all'apparenza banale riguarda le cosiddette variabili *leaker*, vale a dire quelle che sono essenzialmente surrogati di quella di interesse. Ad esempio, se la variabile di interesse è data dall'ammontare della spesa del traffico telefonico di un utente in un mese, una variabile *leaker* è data dal numero di telefonate effettuate in quello stesso mese; non ha senso usare il numero di telefonate per predire l'ammontare, dato che una variabile sarà nota quando lo sarà anche l'altra. La situazione è concettualmente banale, ma nella manipolazione di centinaia di variabili a disposizione, spesso provenienti da origini diverse, non si tratta di un'eventualità così remota come può sembrare a prima vista. Se ce ne fosse ancora bisogno, questa osservazione quantomeno segnala il pericolo di utilizzare le tecniche disponibili alla cieca, inserendo intere liste di variabili senza preoccuparci di che cosa queste rappresentino; ritorneremo su questo punto al § 1.3.1.

1.2 Tutti i modelli sono sbagliati

> *All Models Are Wrong But Some Are Useful*
> *(George E. P. Box)*

1.2.1 Il modello, questo sconosciuto

Il termine 'modello' è molto in voga, nei contesti più diversi, soprattutto nell'ambito scientifico e tecnologico, e anche economico-aziendale. Siccome i significati attribuiti, spesso implicitamente, a questo termine sono così vari e spesso sfumati, chiariamo che cosa intenderemo in queste pagine:

> *un modello è una rappresentazione semplificata del fenomeno di interesse, funzionale ad un obiettivo specifico.*

È opportuno sottolineare alcuni elementi di questa definizione.

◇ È essenziale che si tratti di una *rappresentazione semplificata*, perché una copia identica o quasi non servirebbe, dato che manterrebbe tutta la complessità del fenomeno di partenza, mentre ciò che ci serve è proprio una sua riduzione, che elimini gli aspetti inessenziali all'obiettivo e mantenga quelli rilevanti.

◇ Inoltre, se il modello deve essere *funzionale ad un obiettivo specifico*, ne segue che possiamo avere benissimo modelli diversi per lo stesso fenomeno, a seconda degli obiettivi. Si pensi ad esempio alla progettazione di una nuova automobile, che comporta tra l'altro lo sviluppo di un modello (eventualmente anche matematico) della parte meccanica, e in parallelo la costruzione di un modello fisico (un oggetto reale) per lo studio delle caratteristiche aerodinamiche entro una galleria del vento; ciascuno di questi due modelli — evidentemente molto diversi — svolge una funzione specifica e non del tutto sostituibile dall'altro.

◇ Anche una volta fissato l'aspetto del fenomeno che si vuole descrivere, resta ancora ampio margine di scelta nella modalità con cui si esprimono le relazioni tra le componenti in gioco.

◇ Quindi questa azione di 'rappresentazione semplificata' può aver luogo in dimensioni diverse: sia il grado di semplificazione con cui questa rappresentazione si concretizza, sia la scelta degli elementi della realtà che vogliamo riprodurre, sia la natura delle relazioni tra le componenti in gioco. Ne consegue che non esiste un 'modello vero'.

◇ In conclusione, è inevitabile che il modello sia 'sbagliato' — ma deve esserlo in modo tale che sia utile.

Questi commenti si applicano all'idea di modello così come definita in termini generali, e quindi anche al caso specifico che ci riguarda dei 'modelli matematici'. Con questo termine ci riferiamo a qualunque rappresentazione concettuale in cui le relazioni tra le entita in gioco si esprimono attraverso funzioni matematiche, sia che esse siano scritte su foglio di carta in notazione matematica, sia nel caso in cui la stessa struttura logica sia stata trasferita in un programma da eseguire al calcolatore.

In taluni ambiti, generalmente legati alle scienze 'esatte', si puo quasi pensare all'idea di un modello 'vero', che descrive la precisa meccanica che regola il fenomeno. L'esempio più limpido in tal senso e quello delle leggi della cinematica che regolano la caduta dei gravi nel vuoto; in questo caso e legittimo pensare a queste leggi come una fedele descrizione dei meccanismi che regolano la realtà.

Tralasciamo di entrare in una discussione minuziosa per argomentare che in realta anche in questo caso si sta effettivamente compiendo un'operazione di semplificazione. E comunque ben evidente che al di fuori del recinto delle cosiddette 'scienze esatte' il quadro cambia radicalmente, e non e pensabile la costruzione di un modello 'vero' che costituisca la descrizione degli esatti meccanismi che regolano il fenomeno di interesse.

Esistono ampie aree — soprattutto ma non soltanto della ricerca scientifica — in cui, pur non esistendo una teoria completa e acquisita del fenomeno, si utilizza una formulazione teorica almeno parzialmente accreditata e si ha la possibilità di operare mediante sperimentazione controllata dei fattori rilevanti.

In altri ambiti, soprattutto fuori da un contesto scientifico, il modello ha una pura funzione operativa, spesso regolata unicamente dal criterio 'basta che funzioni', cioe senza avere la pretesa di riprodurre neppure parzialmente il meccanismo che regola il funzionamento del fenomeno. Questa tipologia di formulazioni e spesso associata all'espressione 'modello a scatola nera', presa a prestito dall'ingegneria dei controlli.

1.2.2 Dai dati al modello

Siccome ci occupiamo di contesti empirici e non puramente speculativi, sono i dati rilevati dal fenomeno che costituiscono la base di partenza per costruire un modello. Peraltro il modo in cui si procede varia in modo radicale a seconda dei problemi e del contesto in cui si opera.

Il contesto certamente piu favorevole è quello della sperimentazione, in cui si controllano i fattori sperimentali e si osserva, in corrispondenza dei livelli scelti per tali fattori, qual è il comportamento delle variabili di interesse.

In questo ambito e possibile utilizzare in modo adeguato un ampio strumentario di metodi. In particolare, per quello che ci riguarda, è a disposizione un gigantesco repertorio di tecniche statistiche sia per la pianificazione della sperimentazione stessa, sia poi anche per la successiva analisi e interpretazione dei dati così ottenuti.

È il caso di chiarire che 'sperimentazione' non significa che immaginiamo di essere dentro un laboratorio scientifico. Un semplice esempio in tale senso può essere il seguente: per valutare l'effetto di una campagna pubblicitaria sul giornale locale, un'azienda seleziona due città di analoga struttura economico-sociale, e ad una di queste due pratica il 'trattamento' (cioè effettua la campagna pubblicitaria) mentre non lo fa nell'altra, ma per tutto il resto (esistenza di altre azioni promozionali, etc.) le due città possono essere considerate come equivalenti; un opportuno tempo dopo la conclusione della campagna si rilevano dati sulle vendite nelle due città. La natura della rilevazione si configura come una sperimentazione sull'effetto della campagna pubblicitaria, se si è avuto cura di tenere sotto controllo tutti i fattori rilevanti per determinare il livello delle vendite, nel senso che tali fattori sono mantenuti a livello sostanzialmente equivalente nelle due città. Un esempio in cui i fattori non sono controllati può sorgere dallo sventurato caso di concomitanti azioni promozionali della concorrenza, ma non omogenee nelle due città.

Resta comunque evidente che una sperimentazione è generalmente difficile in ambito economico e sociale, e quindi qui è molto più comune condurre studi di tipo osservazionale. Questi sono caratterizzati dal fatto che, non essendo in grado di controllare tutti i fattori rilevanti per il fenomeno, ci si limita ad osservarli.

Anche da questo tipo di studi è possibile estrarre informazione rilevante e attendibile, di nuovo appoggiandosi ad un'ampia gamma di tecniche statistiche. Esistono peraltro importanti differenze, di cui la più rilevante è la difficoltà a desumere nessi di tipo causale tra le variabili in gioco. Infatti, mentre in uno studio sperimentale in cui tutti i restanti fattori sperimentale sono tenuti sotto controllo, possiamo dire che una eventuale variazione della variabile di interesse Y al variare della variabile X, da noi regolata, comporta una relazione di causalità tra X e Y, ciò non è più vero in uno studio osservazionale, in quanto ambedue potrebbero essere variate a seguito dell'effetto di un ulteriore fattore Z (non controllato) che influenza sia X che Y.

Non è qui peraltro la sede in cui si vuole esaminare l'organizzazione e la pianificazione di studi sperimentali o osservazionali, e per questo si rimanda alla letteratura specialistica. Ci occuperemo invece degli aspetti di analisi di dati generati da studi di questo tipo.

Vi sono poi casi frequenti di dati che non rientrano in alcuna delle tipologie precedenti. Si tratta spesso di situazioni in cui i dati sono stati raccolti per scopi diversi da quelli che ora ci si prefigge. Un caso frequente in azienda è quello di dati raccolti in prima istanza per motivi contabili o gestionali, ma che poi sono usati anche per scopi commerciali e di *marketing*. In casi di questo genere è necessario interrogarsi se i dati possono essere riciclati per uno scopo diverso da quello originario e se l'analisi statistica su dati di questo genere mantiene la sua validità. Un tipico aspetto critico è che i dati potrebbero non costituire un campione rappresentativo del nuovo fenomeno di interesse.

Si capisce quindi che prima di imbarcarsi per un'analisi dei dati è necessario essersi resi conto della natura dei dati e della validità degli stessi come rappresentati del fenomeno di interesse, per evitare il rischio di scelte disastrose nella conduzione delle analisi successive.

1.3 Una questione di stile

1.3.1 Premiamo il bottone?

Le considerazioni precedenti, e in particolare quelle conclusive dell'ultimo paragrafo, indicano quanta importanza abbia un'attenta riflessione sulla natura del problema in esame, sulle modalità di raccolta dei dati, e soprattutto sulla fruibilità di questi ultimi per studiare quello. Non si tratta certo di questioni che possono essere risolte in modo automatizzato.

Questa esigenza di 'capire il problema' non si ferma peraltro alla fase preliminare e di pianificazione, ma entra in tutte le fasi dell'analisi vera e propria, fino alla fase di interpretazione dei risultati. Anche se in questo contesto si tende a procedere secondo una logica molto più operativa che in altri ambiti, ricorrendo spesso a modelli a scatola nera, ciò non significa che si può pensare di risolvere ogni problema ricorrendo ad un grande programma (*software*, *package*, *tool*, *system*, *etc.*) in funzione su un grande calcolatore e premendo un pulsante.

Nonostante siano stati sviluppati molti metodi e algoritmi via via più raffinati e flessibili, in grado di adattarsi con sempre migliore aderenza ai dati, anche in modo automatizzato, noi riteniamo che non si possa prescindere completamente dall'apporto dell'analista. Si tenga presente che 'premere il bottone' significa far partire un algoritmo, il quale si basa comunque su un metodo e su una funzione-obiettivo, che noi ne siamo consapevoli o meno. Chi sceglie di 'premere il bottone' senza avere questa consapevolezza semplicemente rinuncia a sapere quale metodo viene messo in campo oppure conosce il nome del metodo che sta usando, ma comunque non conosce vantaggi e svantaggi che quel metodo si porta dietro.

Avere una conoscenza non superficiale della natura e del funzionamento dei metodi utilizzati è fondamentale per almeno tre ordini di considerazioni:

(a) una comprensione delle caratteristiche degli strumenti è essenziale per poter scegliere adeguatamente lo strumento adatto;

(b) lo stesso tipo di padronanza è poi richiesto per poter interpretare correttamente i risultati prodotti dagli algoritmi;

(c) una certa competenza negli aspetti algoritmici e computazionali è di aiuto per meglio valutare l'*output* del calcolatore anche in termini della sua attendibilità.

L'ultima affermazione richiede qualche chiarimento dato che spesso l'*output* del calcolatore viene percepito come un dato sicuro e indiscutibile. Molte delle tecniche in uso coinvolgono aspetti computazionali non banali, e l'impiego di algoritmi iterativi. La convergenza di questi algoritmi alla soluzione definita dal metodo non è quasi mai garantita su base teorica. La versione più comune di questo genere nasce quando un certo metodo è definito come soluzione di ottimo di una certa funzione obiettivo che va minimizzata (o massimizzata), ma può verificarsi che l'algoritmo converga ad un punto di ottimo relativo e non assoluto, generando poi un *output* del calcolatore improprio, senza però che ne abbiamo percezione. La presenza di problemi di questa natura non è peraltro uniforme tra i diversi metodi, e quindi conoscere le diverse caratteristiche dei metodi anche sotto questo aspetto ha un'importante valenza applicativa.

La scelta di stile che compiamo qui, corroborata anche da esperienza operativa, è quindi quella di combinare assieme metodologie aggiornate con una certa comprensione tanto del problema applicativo, quanto delle caratteristiche dei metodi e modelli utilizzati.

Questo punto di vista spiega perché nel seguito le varie tecniche saranno presentate non solo nel loro aspetto operativo, ma anche nelle loro motivazioni e caratteristiche statistico-matematiche, seppure in modo conciso.

La presentazione delle tecniche sarà affiancata, e anzi motivata, da illustrazioni di problemi reali, seppure in una veste semplificata, per motivi espositivi. Ciò comporta l'utilizzo di uno strumento *software* di riferimento. Esistono molti prodotti del genere, e in particolare negli ultimi anni c'è stata un'importante spinta in tale senso da parte di case produttrici di *software*, con lo sviluppo di prodotti imponenti e impegnativi, spesso pregevoli.

1.3.2 Strumenti di calcolo e di rappresentazione grafica

In questo testo adotteremo come *software* di riferimento R, che costituisce un linguaggio e un ambiente per il calcolo statistico e la rappresentazione grafica dei dati, disponibile gratuitamente all'indirizzo http://www.r-project.org/ nella forma *open source*. I motivi di questa scelta sono numerosi.

⋄ In termini di qualità, R costituisce uno dei migliori prodotti disponibili, ottenuto prendendo le mosse dall'ambiente e linguaggio S, sviluppato presso i laboratori AT&T.
⋄ Il fatto che sia gratuito è un ovvio vantaggio, che diventa ancora più significativo in un contesto didattico in quanto, essendo facilmente accessibile a tutti, gode di un requisito ideale per costituire una base comune di lavoro.
⋄ Il fatto che sia gratuito non significa peraltro che valga poco: R è curato e continuamente aggiornato dal *R Development Core Team* che è costituito da un gruppo di esperti di massimo livello scientifico.
⋄ Essendo R un linguaggio, si presta facilmente alla programmazione di varianti di metodi esistenti, o alla formulazione di nuovi.
⋄ In aggiunta alla ampia gamma di metodi presenti nell'installazione base di R, sono disponibili ulteriori moduli aggiuntivi. L'insieme delle tecniche così utilizzabili copre l'intero panorama delle più aggiornate metodologie.

◇ Un aspetto connesso al precedente, ma distinto, è quello della possibilità di interagire in stretta sinergia con altri programmi destinati a scopi diversi e colleterali. In particolare è prevista la cooperazione tra R e *data base* relazionali, in particolare MySQL (http://www.mysql.com). Un altro aspetto importante è quello della rappresentazione grafica, e la cooperazione tra R e GGobi (http://www.ggobi.org/) aggiunge la potenzialità di visualizzazione grafica dinamica.

◇ Questa estensibilità di R è agevolata dal fatto che si tratta di un ambiente *open source* e dalla conseguente trasparenza degli algoritmi, che consentono a chiunque di poter contribuire al progetto sia con moduli aggiuntivi per metodi specifici, sia per la segnalazione e continua correzione di eventuali 'bachi'.

◇ La modalità di utilizzo di R è tale per cui l'utente è indotto a prendere consapevolezza del funzionamento dei metodi usati.

L'insieme delle metodologie di *data mining* fruibili attraverso R sono le stesse che stanno alla base dei prodotti commerciali, e che ne costituiscono il 'motore'. La scelta di R come ambiente di lavoro significa che si rinuncia alla gradevolezza e semplicità dell'interfaccia grafica, ma si guadagna in comprensione e controllo di quello che stiamo facendo.

Note bibliografiche

Il libro di Hand et al. (2001) fornisce un quadro ad ampio spettro del *data mining*, delle sue connessioni con altre discipline e dei suoi principi generali, seppure senza entrare negli aspetti dettagliati delle tecniche. In particolare il loro Capitolo 12 contiene un'esposizione più articolata di quanto presentato qui al § 1.1.3 circa le interrelazioni con la gestione dei dati e talune tecniche come OLAP più prossime a quel contesto. Per un'esposizione ulteriore in italiano sullo stesso tema, si veda ad esempio Dulli & Favero (2000).

Per nozioni di statistica descrittiva relativi alle tabelle di frequenza e alle manipolazioni su queste, c'è una letteratura ormai storica; si veda ad esempio Kendall & Stuart (1969, § 1.30–1.34). Esposizioni recenti in lingua italiana si trovano ad esempio nel libro di Piccolo (1998, in particolare il Capitolo 7) oppure di Zani (1997, Capitolo 2).

Per una presentazione più dettagliata del ruolo *data mining* nel contesto aziendale e in particolare le sue connessioni alla promozione dell'attività commerciale, si vedano i capitoli iniziali del libro di Berry & Linoff (1997).

Due interessanti letture che illustrano bene gli opposti stili per condurre un'analisi di dati reali sono quelle degli articoli di Cox (1997) da un lato e di Breiman (2001b) dall'altro. Quest'ultimo articolo è corredato alla fine da una vivace discussione, in cui tra gli altri è intervenuto David Cox, con successiva replica di Breiman: il dibattito non è mancato!

A–B–C

*Everything should be made as
simple as possible, but not simpler
(attribuito ad Albert Einstein)*

2.1 Vecchi amici: i modelli lineari

2.1.1 Concetti di base

Prendiamo le mosse da un semplice problema pratico: vogliamo individuare
una relazione che consenta di prevedere i consumi di carburante, o equivalentemente la percorrenza per unità di carburante, in funzione di alcune caratteristiche di un'auto. Consideriamo dei dati relativi a 203 modelli di automobili
in circolazione nel 1985 negli USA, ma prodotti altrove. Per queste automobili
sono disponibili 27 caratteristiche, alcune delle quali sono rappresentate nella
Figura 2.1. Specificamente qui sono presenti le variabili: `percorrenza urbana`
(km/litro, nel seguito spesso indicata semplicemente come `percorrenza`),
`cilindrata` (litro), `numero cilindri`, `peso` (kg, inteso come peso in linea
di marcia). I punti sono contrassegnati in modo diverso a seconda del tipo di
alimentazione (benzina o diesel).

Notiamo che alcune delle caratteristiche disponibili sono di tipo numerico:
la `percorrenza urbana`, la `cilindrata` e il `peso` sono quantitative continue,
e il `numero cilindri` è quantitativa discreta; l'`alimentazione` è invece di
tipo qualitativo, detto anche tipo categoriale o *fattore*.

In questo caso di numerosità contenuta, è possibile rappresentare graficamente i dati nella forma di diagrammi di dispersione, come nella Figura 2.1;
in altri casi si dovrebbe pensare a qualche dispositivo più elaborato.

In prima istanza consideriamo per semplicità espositiva solo due variabili
esplicative, `cilindrata` e `alimentazione`, di cui la prima è di tipo quantitati-
vo e l'altra è qualitativa. Per uno studio di relazione tra variabili quantitative
la prima cosa da fare è una rappresentazione grafica, del tipo della Figura 2.2.

Per lo studio della relazione tra due variabili (tralasciando per un momento
la presenza della `alimentazione`, che funge da variabile qualitativa di *stratificazione*), l'abbecedario della statistica propone in prima istanza la retta di
regressione lineare semplice, del tipo

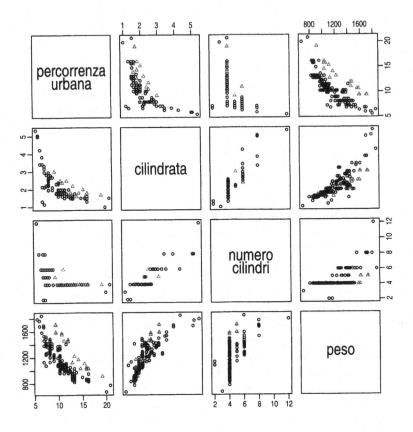

Figura 2.1. Matrice di diagrammi di dispersione di alcune variabili dei dati delle auto, stratificati per tipo di alimentazione

$$y = \beta_0 + \beta_1 x + \varepsilon \qquad (2.1)$$

dove y rappresenta la **percorrenza urbana**, x la **alimentazione**, e ε un termine non osservabile di 'errore' casuale che si suppone a media nulla e *varianza costante*, ma ignota σ^2. Si assume anche la non correlazione tra termini di errore, e quindi anche tra le osservazioni y, relativi a soggetti diversi. L'insieme delle ipotesi appena formulate è detto del secondo ordine, in quanto coinvolge media, varianza e covarianze che sono momenti del secondo ordine.

Cerchiamo una stima degli ignoti *parametri di regressione* β_0 e β_1 sulla base di n (in questo caso $n = 203$) coppie di osservazioni, denominate (x_i, y_i), per $i = 1, \dots, n$.

La (2.1) è il più semplice caso di una formulazione più generale del tipo

$$y = f(x; \beta) + \varepsilon, \qquad (2.2)$$

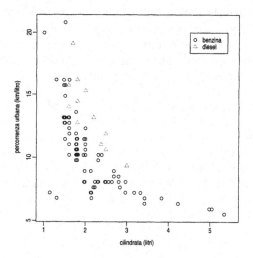

Figura 2.2. Dati delle auto: diagramma di dispersione di cilindrata e percorrenza urbana, stratificato per tipo di alimentazione

che dà luogo alla (2.1) quando f è l'espressione della retta e $\beta = (\beta_0, \beta_1)$. Per la stima di β, il *criterio dei minimi quadrati* porta ad individuare quei valori per cui si consegue il minimo rispetto a β della *funzione obiettivo*

$$D(\beta) = \sum_i \{y_i - f(x_i; \beta)\}^2 = \|y - f(x; \beta)\|^2 \qquad (2.3)$$

dove nell'ultima espressione abbiamo adottato una notazione matriciale per indicare il vettore $y = (y_1, \ldots, y_n)^\top$, e $f(x; \beta) = (f(x_1; \beta), \ldots, f(x_n; \beta))^\top$, e $\| \cdot \|$ indica la *norma euclidea* del vettore, cioè la radice della somma dei quadrati degli elementi.

Indichiamo con $\hat{\beta}$ la soluzione di questo problema di minimo, e in corrispondenza individuiamo i *valori interpolati*

$$\hat{y}_i = f(x_i; \hat{\beta}), \qquad (i = 1, \ldots, n),$$

che nel caso lineare (2.1) sono del tipo

$$\hat{y}_i = \hat{\beta}_0 + \hat{\beta}_1 x_i = \tilde{x}_i^\top \hat{\beta}$$

dove $\tilde{x}_i^\top = (1, x_i)$.

Inoltre dalla stessa formula possiamo scrivere l'espressione del *valore previsto*

$$\hat{y}_0 = \hat{\beta}_0 + \hat{\beta}_1 x_0$$

relativo ad un valore x_0 della variabile esplicativa non corrispondente ad alcuna osservazione.

È evidente peraltro che l'andamento della relazione evidenziato dalla Figura 2.2 non si presta bene ad essere espresso tramite una retta. A questo punto si presentano varie direzioni alternative. Tra queste quella probabilmente più immediata è di considerare una forma più elaborata della funzione $f(x; \beta)$, in particolare utilizzando una forma di tipo polinomiale

$$f(x; \beta) = \beta_0 + \beta_1 x + \ldots + \beta_{p-1} x^{p-1} \tag{2.4}$$

dove ora β è un vettore a p componenti, $\beta = (\beta_0, \beta_1, \ldots, \beta_{p-1})^\top$. L'adozione di una funzione polinomiale ha il doppio vantaggio di (a) essere concettualmente e matematicamente semplice e (b) di prestarsi ad una semplice trattazione per quanto riguarda l'utilizzo del criterio dei minimi quadrati.

Siccome la (2.4) è *lineare nei parametri*, può essere riscritta, in corrispondenza dei punti osservati, nella forma

$$f(x; \beta) = X \beta \tag{2.5}$$

dove X è una matrice di dimensione $n \times p$, detta *matrice di regressione*, definita tramite

$$X = (1, x, \ldots, x^{p-1})$$

intendendo che x è il vettore delle osservazioni sulla variabile esplicativa, e le varie colonne di X contengono potenze di ordine da 0 a $p - 1$ degli elementi di x.

La scrittura completa quindi è un caso particolare del *modello lineare di regressione*,

$$y = X\beta + \varepsilon \tag{2.6}$$

di cui la X precedente si riferisce al caso di regressione polinomiale corrispondente alla (2.4).

In questa formulazione la soluzione esplicita al problema di minimizzazione della (2.3) risulta essere

$$\hat{\beta} = (X^\top X)^{-1} X^\top y \tag{2.7}$$

a cui è associato il vettore dei valori interpolati

$$\hat{y} = X\hat{\beta} = Py \tag{2.8}$$

dove

$$P = X(X^\top X)^{-1} X^\top \tag{2.9}$$

è una matrice $n \times n$, detta *matrice di proiezione*. Valgono le proprietà $P^\top = P$, $PP = P$ e inoltre $\operatorname{tr}(P) = \operatorname{rg}(P) = p$.

Inoltre, resta individuato il valore di minimo di (2.3) che può essere scritto in varie forme equivalenti

$$D(\hat{\beta}) = \|y - \hat{y}\|^2 = y^\top (I_n - P)y = \|y\|^2 - \|\hat{y}\|^2 \tag{2.10}$$

dove I_n indica la matrice identità di ordine n. La quantità $D = D(\hat{\beta})$ è detta *devianza*, in quanto fornisce una quantificazione della discrepanza tra valori interpolati e osservati.

Da qui otteniamo anche la stima di σ^2 data usualmente da

$$s^2 = \frac{D(\hat{\beta})}{n-p} \qquad (2.11)$$

e questa ci consente di stimare la varianza delle stime di β tramite

$$\widehat{\mathrm{var}}(\hat{\beta}) = s^2 \, (X^\top X)^{-1}. \qquad (2.12)$$

Estraendo la radice quadrata degli elementi diagonali di (2.12) si ottengono gli *errori standard* delle componenti di $\hat{\beta}$, essenziali per le procedure inferenziali.

Nel caso dei dati della Figura 2.2 sembra plausibile utilizzare $p = 3$ o forse $p = 4$. In ogni caso ci manca ancora un elemento per poter effettivamente trattare i dati, se vogliamo tenere conto della variabile qualitativa alimentazione. Una variabile non-numerica deve essere opportunamente codificata tramite l'uso di *variabili indicatrici*; se i possibili *livelli*, o *modalità*, assunti dalla variabile sono k allora il numero di variabili indicatrici richieste è $k - 1$. In questo caso abbiamo bisogno di una sola variabile indicatrice dato che l'alimentazione assume due possibili livelli, diesel e benzina. Ci sono molte scelte possibili, a condizione di associare ad ogni modalità un unico valore della variabile indicatrice. Una scelta particolarmente semplice è di assegnare valore 1 al livello diesel e valore 0 al livello benzina; indichiamo con I_A questa nuova variabile.

Il modo più semplice per inserire la I_A nel modello è in forma additiva, il che equivale a supporre che la differenza media di percorrenza tra i due gruppi di auto a benzina e diesel sia costante per qualunque cilindrata. Questa ipotesi semplificativa è detta *ipotesi di additività* degli effetti. Anche qualora l'ipotesi di additività non fosse del tutto valida, questa formulazione costituisce una prima approssimazione che spesso coglie la parte più rilevante dell'influenza del fattore; quindi tale componente, inserita in forma additiva, è detta *effetto principale* del fattore.

Questa scelta comporta che la matrice X della (2.5) venga ora integrata con l'aggiunta di una nuova colonna contenente I_A. La $f(x; \beta)$ e la matrice X saranno quindi sostituite dalle nuove espressioni

$$f(x; \beta) = \beta_0 + \beta_1 \, x + \ldots + \beta_{p-1} \, x^{p-1} + \beta_p \, I_A, \qquad X = (1, x, \ldots, x^{p-1}, I_A) \,. \qquad (2.13)$$

In corrispondenza, si aggiunge al vettore β una nuova componente che, vista la specifica forma adottata per la variabile indicatrice, rappresenta lo scarto medio di percorrenza tra il gruppo di auto di tipo diesel rispetto a quelle a benzina.

Adottando questo schema per i dati della Figura 2.2, con $p = 4$, significa che il modello lineare è specificato nella forma

$$y = \beta_0 + \beta_1 x + \beta_2 x^2 + \beta_3 x^3 + \beta_4 I_A \qquad (2.14)$$

le cui stime ed *errori standard* sono riportati nella Tabella 2.1. Questa include anche il valore 'normalizzato' della stima $t = \mathtt{stima}/(\mathtt{errore\ standard})$ e il corrispondente valore$-p$, o *livello di significatività osservato*, che si ottiene qualora si possa introdurre l'ipotesi aggiuntiva di *distribuzione normale* o gaussiana per i termini di errore ε della (2.2). Le curve stimate identificate dai parametri appena descritti sono riportate nella Figura 2.3.

Tabella 2.1. Dati delle auto: stime e quantità associate relative al modello (2.14)

	stima	errore std	valore$-t$	valore$-p$
(Intercetta)	24,832	3,02	8,21	0,000
cilindrata	−10,980	3,53	−3,11	0,002
cilindrata^2	2,098	1,27	1,65	0,100
cilindrata^3	−0,131	0,14	−0,94	0,349
alimentazione.diesel	3,214	0,43	7,52	0,000

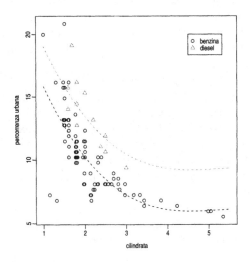

Figura 2.3. Dati delle auto: curve stimate relative al modello (2.14)

Per valutare il grado di adattamento conseguito, il nostro abbecedario dice di calcolare il *coefficiente!di determinazione*

$$R^2 = 1 - \frac{(\mathtt{devianza\ residua})}{(\mathtt{devianza\ totale})} = 1 - \frac{\sum_i (y_i - \hat{y}_i)^2}{\sum_i (y_i - \bar{y})^2} \qquad (2.15)$$

dove $D(\hat{\beta})$ è calcolata dalla (2.10) usando la matrice X corrispondente al modello (2.14) e $\bar{y} = \sum_i y_i/n$ indica la media aritmetica delle y_i. Osserviamo che R^2 costituisce una semplice estensione di r^2, dove r indica il più comune *coefficiente di correlazione*. Nel caso specifico otteniamo il valore $R^2 = 0{,}60$, che indica un discreto grado di accostamento tra dati osservati e interpolati.

Non possiamo peraltro ridurre la valutazione dell'adeguatezza di un modello alla considerazione di un singolo indicatore.

Ulteriori indicazioni sono fornite dalle cosiddette *diagnostiche grafiche*. Queste sono molteplici, e si riconducono tutte più o meno esplicitamente all'esame del comportamento dei *residui*

$$\hat{\varepsilon}_i = y_i - \hat{y}_i, \qquad (i = 1, \ldots, n), \qquad (2.16)$$

che ci servono come surrogato degli errori ε_i, che non sono osservabili. Questi presentano vari aspetti che si vogliono valutare, corrispondentemente alle varie assunzioni formulate. Tra i molti strumenti diagnostici, due dei principali sono riportati nella Figura 2.4, relativamente ai dati che stiamo considerando.

Il diagramma di sinistra della figura fornisce il *diagramma di Anscombe* dei residui rispetto ai valori interpolati, che idealmente dovrebbe presentare una disposizione del tutto casuale dei punti, se il modello selezionato è in effetti valido. Nel nostro caso è evidente che la variabilità dei residui cresce procedendo da sinistra a destra, cosa che segnala una probabile violazione dell'assunto di *omoschedasticità*, cioè del fatto che var$\{\varepsilon_i\}$ dovrebbe essere una costante, diciamo σ^2, indipendente dall'indice i, mentre qui il grafico dà un'indicazione vistosamente diversa.

Il diagramma di destra della Figura 2.4 riporta invece il *diagramma quantile-quantile* per la verifica dell'assunto di normalità per la distribuzione degli ε_i. Sull'asse delle ordinate sono riportati i valori di $\hat{\varepsilon}_i$, opportunamente standardizzati e ordinati in senso crescente, e sull'asse delle ascisse troviamo i corrispondenti valori attesi sotto l'ipotesi di normalità, eventualmente approssimati per semplicità di calcolo.

Se l'ipotesi di normalità è effettivamente valida, ci aspettiamo che i punti osservati si dispongano lungo la bisettrice del primo e terzo quadrante. In questo caso i dati si comportano diversamente, e non confortano l'ipotesi di normalità. Più in dettaglio, notiamo che nella parte centrale del diagramma c'è un andamento tutto sommato abbastanza soddisfacente, seppure non ideale. La porzione di grafico meno conforme alle aspettative riguarda le *code della distribuzione*, sostanzialmente fuori dell'intervallo $(-2, 2)$. Specificamente ciò che si verifica è che i residui osservati sono molto più grandi in valore assoluto dei corrispondenti valori attesi, indicando la presenza di *code pesanti* rispetto alla curva normale.

In conclusione, l'uso del semplice modello lineare (2.14) suggerisce le indicazioni seguenti, alcune delle quali si ripresentano con le modifiche del caso anche in altre applicazioni dei modelli lineari.

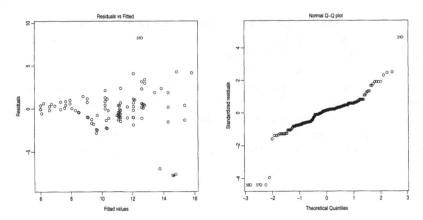

Figura 2.4. Dati delle auto: diagnostiche grafiche relative al modello (2.14)

◇ L'adattamento ai dati del modello lineare visibile nella Figura 2.3 è soddisfacente ad una prima analisi, in particolare se vogliamo usarlo per prevedere la percorrenza urbana di un automobile di cilindrata 'media' (cioè grossomodo tra 1,5 e 3 litri).

◇ La costruzione del modello stesso è semplice, sia concettualmente che computazionalmente, tanto che — in taluni casi — si può pensare ad un impiego automatizzato di questi metodi.

◇ Nonostante l'andamento superficialmente adeguato della Figura 2.3, le diagnostiche grafiche della Figura 2.4 evidenziano aspetti non soddisfacenti.

◇ Il modello non si presta ad essere utilizzato per *estrapolazione*, cioè per prevedere il valore della variabile risposta al di fuori dell'intervallo dei valori osservati per le variabili esplicative, come si può vedere ad esempio per il gruppo di auto diesel di cilindrata oltre i 3 litri, i cui valori previsti sono del tutto irrealistici.

◇ Il modello non ha alcuna giustificazione su base fisica o ingegneristica, il che si riflette in una sua difficoltà interpretativa e aggiunge aspetti paradossali all'andamento previsto; si consideri ad esempio la curva del gruppo di auto a benzina che ha un minimo locale attorno a 4,6 litri e poi risale!

Questo tipo di valutazione degli elementi critici di un modello non è peraltro confinata ai modelli lineari come vedremo meglio in seguito al Capitolo 4.

2.1.2 Trasformazioni di variabili

Bisogna intendersi sulla parola 'lineare': i modelli lineari sono tali rispetto ai *parametri*, ma possiamo usare trasformazioni non lineari delle variabili, sia della y che delle x_i, e queste possono essere differenti per le diverse variabili. Inoltre possiamo usare quante trasformate servono, ad esempio x_1 e x_2 possono dare luogo a $X = (1, x_1, x_2, x_1/x_2, e^{x_2^2 + x_1})$. Questo tipo di flessibilità d'uso, rispetto alla formulazione base, è uno dei motivi di successo dei modelli lineari.

In effetti noi abbiamo già utilizzato questa possibilità nella formulazione del modello polinomiale (2.14), che costituisce una variante molto comune, ma possiamo utilizzare tante altre varianti, tra cui anche trasformazioni della variabile risposta. L'impianto teorico resta invariato, fatto salvo che nel caso di trasformazioni della variabile risposta, la funzione obiettivo (2.3), e quindi il criterio di ottimalità perseguito, opera sulla scala trasformata.

Nell'esempio considerato finora è del tutto ragionevole considerare come variabile risposta il consumo di carburante per km invece della percorrenza. Allora possiamo scrivere

$$\texttt{consumo} = \beta_0 + \beta_1 \texttt{cilindrata} + \beta_2 \, I_A + \varepsilon \qquad (2.17)$$

dove `consumo=1/(percorrenza)`. Ovviamente il termine di errore ε e i parametri β_j presenti qui non sono gli stessi che entrano nella (2.14), ma manteniamo le stesse ipotesi precedenti sulla natura della componente di errore. La Figura 2.5 mostra il diagramma di dispersione delle nuove variabili, con sovrapposte le due rette di regressione, i cui coefficienti sono riportati nella Tabella 2.2.

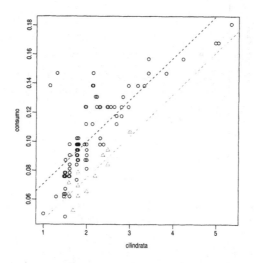

Figura 2.5. Dati delle auto: diagramma di dispersione di `cilindrata` e `consumo` e rette di regressione relative al modello (2.17)

Alcune semplici osservazioni sono: (a) l'andamento dei punti nella Figura 2.5 mostra un buon allineamento; (b) questa considerazione è rafforzata dal valore di R^2 che ora vale 0,64; (c) non sembra quindi necessario ricorrere a polinomi di ordine superiore.

Tabella 2.2. Dati delle auto: stime e quantità associate relative al modello (2.17)

	stima	errore std.	valore−t	valore−p
(Intercetta)	0,042	0,0035	11,94	0,000
cilindrata	0,029	0,0016	17,94	0,000
alimentazione.diesel	−0,025	0,0037	−6,78	0,000

È peraltro utile riportare l'andamento della nuova funzione stimata sulla scala originaria, il che consente anche il confronto con la stima precedente. La nuova funzione stimata è visibile nella Figura 2.6, e mostra un andamento sostanzialmente più convincente, in particolare nelle zone periferiche della variabile esplicativa cilindrata.

Per poter essere confrontabile con quello del modello (2.14), R^2 va ora ricalcolato sulla scala originaria, e risulta $R^2 = 0,56$.

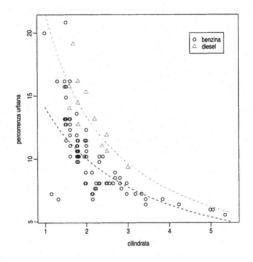

Figura 2.6. Dati delle auto: diagramma di dispersione di cilindrata e percorrenza e curve stimate relative al modello (2.17)

Le diagnostiche grafiche corrispondenti sono visualizzate nella Figura 2.7. Per quanto l'andamento mostrato dalla Figura 2.5 mostri un discreto allineamento dei punti, le diagnostiche grafiche continuano a non essere soddisfacenti.

Un'altro tipo di trasformazione spesso in uso è quella logaritmica. In questo caso è sensato trasformare anche la variabile esplicativa, oltre alla variabile risposta, pervenendo quindi alla formulazione

$$\log(\texttt{percorrenza}) = \beta_0 + \beta_1 \log(\texttt{cilindrata}) + \beta_2 I_A + \varepsilon . \qquad (2.18)$$

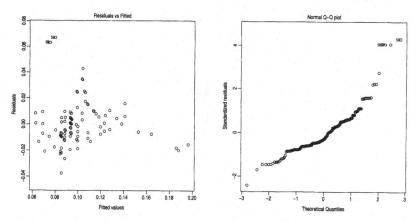

Figura 2.7. Dati delle auto: diagnostiche grafiche relative al modello (2.17)

La trasformazione logaritmica è spesso usata lavorando con quantità intrinsecamente positive, quali sono **percorrenza** e **cilindrata**. Questa trasformazione ha il vantaggio di portarci ad operare con variabili che variano in $(-\infty, \infty)$, cioè il 'giusto' supporto per i modelli lineari. Questo fatto a sua volta comporta che, una volta invertita la trasformazione, siamo sicuri di ottenere quantità positive per i valori previsti della variabile risposta. Un ulteriore vantaggio della trasformazione logaritmica è che spesso corregge l'*eteroschedasticità* dei residui.

La Tabella 2.18 riporta il sommario del modello stimato, la Figura 2.8 le curve stimate sulla scala trasformata e su quella originaria, e la Figura 2.9 le diagnostiche grafiche relative al modello lineare. Dall'insieme di questi elementi si evince che la formulazione (2.18) è preferibile alla (2.14), ma le diagnostiche grafiche restano sostanzialmente insoddisfacenti.

Tabella 2.3. Dati delle auto: stime e quantità associate relative al modello (2.18)

	stima	errore std.	valore$-t$	valore$-p$
(Intercetta)	2,782	0,0295	94,30	0,000
log(cilindrata)	−0,682	0,0398	−17,13	0,000
alimentazione.diesel	0,278	0,0379	7,34	0,000

Buona parte dell'inadeguatezza del modello (2.18) è dovuta alla persistenza di eteroschedasticità nei residui, come si vede vistosamente dal diagramma di sinistra della Figura 2.9, come già nelle precedenti Figure 2.4 e 2.7. A sua volta, questa eteroschedasticità è verosimilmente dovuta ad una *eterogeneità* nelle *unità statistiche* che non è adeguatamente colta dalle variabili esplicative considerate.

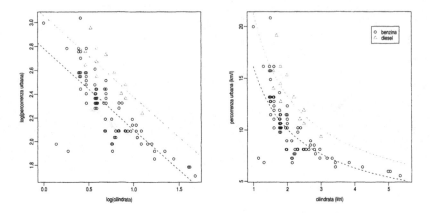

Figura 2.8. Dati delle auto: diagrammi di dispersione e curve stimate relative al modello (2.18) sulla scala trasformata (a sinistra) e quella naturale (a destra)

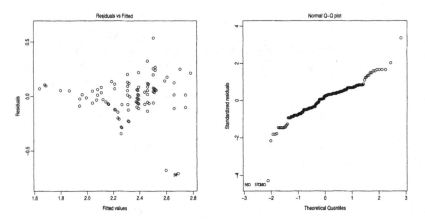

Figura 2.9. Dati delle auto: diagnostiche grafiche relative al modello (2.18)

Per ovviare a questo inconveniente abbiamo a disposizione molte altre variabili. In particolare, valutazioni elementari ci portano a considerare come variabile rilevante il **peso** dell'automobile. Per i motivi già detti a proposito delle altre due variabili continue, ha senso considerare il **peso** attraverso la sua trasformata logaritmica.

Un altro elemento da tener presente è l'anomala collocazione di due punti nell'angolo in basso a sinistra della Figura 2.2, e che non sono mai interpolati in modo opportuno da alcuna delle curve di regressione considerate. Una diligente ispezione di quei punti rivela che in realtà corrispondono a quattro unità, tutte caratterizzate dall'avere un motore a due cilindri, e in verità le uniche ad avere questa caratteristica. Questa osservazione porta ad inserire nel modello una nuova variabile indicatrice, I_D, che vale 1 se il motore ha due cilindri e 0 altrimenti.

Combinando insieme le considerazioni degli ultimi due capoversi, si arriva quindi a formulare il nuovo modello

$$\log(\texttt{percorrenza}) = \beta_0 + \beta_1 \log(\texttt{cilindrata}) + \beta_2 \log(\texttt{peso}) + \beta_3 I_A + \beta_4 I_D + \varepsilon$$
(2.19)

il cui sommario dell'operazione di stima e riportato nella Tabella 2.4. Il valore di R^2 relativo a (2.19) e 0,88 e quello corrispondente sulla scala originaria è 0,87. Questi valori sono evidentemente molto più confortanti di quelli precedenti, pur avendo aumentato di non molto il numero di parametri. Inoltre le diagnostiche grafiche dei residui della Figura 2.10 presentano un quadro molto migliorato, seppure con una piccola *asimmetria* della distribuzione dei residui, evidenziata in modo particolare dalla leggera convessità dell'andamento dei punti nel pannello in alto a destra contenente il diagramma quantile-quantile.

In questo caso abbiamo aggiunto due ulteriori pannelli grafici, contenenti la dispersione dei residui (trasformati in radice quadrata del loro valore assoluto) rispetto ai valori stimati, e nell'ultimo pannello la *distanza di Cook* per ogni osservazione. Questa distanza consente di valutare l'effetto provocato dalla rimozione di ciascuna osservazione sulla stima dei parametri e sui valori previsti, e quindi fornisce un'indicazione dell'influenza delle singole osservazioni. Entrambi i diagrammi sono del tutto soddisfacenti in quanto il loro andamento non evidenzia ne eteroschedasticita dei residui, né *osservazioni influenti*.

Tabella 2.4. Dati delle auto: stime e quantità associate relative al modello (2.19)

	stima	errore std.	valore−t	valore−p
(Intercetta)	9,07	0,475	19,08	0,000
log(cilindrata)	−0,18	0,051	−3,50	0,001
alimentazione.diesel	0,35	0,022	15,93	0,000
cilindri.2	−0,48	0.052	−9,30	0,000
log(peso)	−0.94	0,072	−13,07	0,000

Per quanto riguarda il significato e l'interpretazione dei valori numerici della Tabella 2.4, questi sono perlopiù secondo le aspettative, nel senso che peso, cilindrata e tipo di alimentazione giocano un ruolo corrispondente alle conoscenze comuni sulla percorrenza di un'auto, ovvero la sua trasformata logaritmica, che qui si sta considerando.

C'è invece bisogno di un commento specifico per il fattore I_D che ha segno negativo, e con vistosa significatività statistica del coefficiente, in clamoroso contrasto con le aspettative intuitive, dato che un'auto con due cilindri dovrebbe anzi consumare meno delle altre, ovvero avere un coefficiente β_4 positivo nella previsione di log(percorrenza). La spiegazione di questo comportamento apparentemente paradossale va ricercata nella struttura di relazioni tra

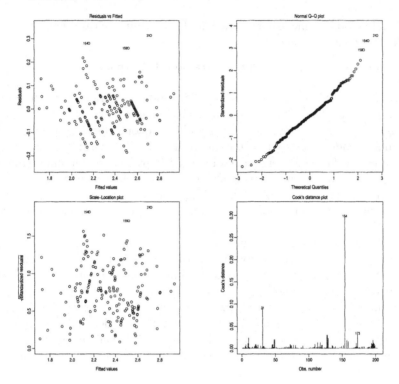

Figura 2.10. Dati delle auto: diagnostiche grafiche relative al modello (2.19)

tutte le variabili in gioco, e non solo tra la variabile risposta e le esplicative. In particolare, ispezionando la Figura 2.1, notiamo che le auto a due cilindri hanno tutte un peso allineato con il gruppo di auto a quattro cilindri, e decisamente più alto di quelle a tre cilindri, e anche nei diagrammi di dispersione relativi ad altre variabili quel gruppo di unità si comporta in modo anomalo rispetto all'andamento generale.

Ci sono molti possibili modi per affrontare questo tipo di situazione. Qui è stato adottato il più semplice, cioè inserire la variabile indicatrice I_D del gruppo 'anomalo' tra le variabili esplicative. Per questi motivi, il valore della stima $-0,48$ per β_4 non si interpreta nel senso che in generale le auto a due cilindri hanno una $\log(\texttt{percorrenza})$ inferiore di $0,48$ rispetto alle altre: questo fatto è legato al modo particolare in cui la presenza di due cilindri si lega con le altre variabili esplicative, soprattutto il peso.

Il modo canonico per neutralizzare queste ambiguità interpretative consiste nel poter scegliere le combinazioni delle variabili esplicative invece che 'subirle', ma ovviamente questo non è sempre possibile. Siccome le situazioni di cui ci occuperemo generalmente non consentono tale scelta, il problema precedente si ripresenterà con frequenza, e quindi avremo occasione di riprendere questa discussione.

2.1.3 Risposta multidimensionale

In taluni casi ci sono più variabili risposta di interesse, per lo stesso insieme di unità e di variabili esplicative. Un esempio immediato è costituito dai dati delle auto per i quali ci interessa considerare non solo la percorrenza urbana, ma anche quella extra-urbana, ed è naturale considerare come insieme di variabili esplicative per l'una lo stesso usato per l'altra.

Se ci sono q variabili risposta, possiamo costruire una matrice Y le cui colonne contengono queste q variabili. Nell'esempio delle auto, $q = 2$ e

$$Y = ((\text{percorrenza urbana}), (\text{percorrenza strada})).$$

Se istituiamo q modelli di regressione lineare, ciascuno del tipo (2.6), usando per ciascuno la stessa matrice di regressione X, arriviamo alla formulazione

$$Y = XB + E \tag{2.20}$$

dove B è la matrice formata da q colonne di dimensione p, ciascuna delle quali rappresenta i parametri di regressione per la corrispondente colonna di Y, e la matrice E è costituita di termine di errore, e anche qui ciascuna sua colonna si riferisce alla corrispondente colonna di Y, con la condizione che

$$\text{var}\left\{\tilde{E}_i\right\} = \Sigma$$

dove $\tilde{E}_i^\top$ rappresenta la i-ma riga di E, per $i = 1, \ldots, n$, e Σ è una matrice di varianza di dimensione $q \times q$ indipendente da i, la quale esprime la struttura di correlazione tra le componenti di errore e quindi anche tra le variabili risposta. La (2.20) è detta costituire un modello di *regressione lineare multidimensionale multipla*, dove il temine 'multidimensionale' si riferisce alla presenza di q variabili risposta e 'multipla' alla presenza di p variabili esplicative.

La naturale estensione del criterio dei minimi quadrati al caso di q variabili risposta è data dalla somma di q termini del tipo (2.3). Siccome questa somma è minima quando ciascun addendo è minimo, allora la soluzione del problema dei minimi quadrati multidimensionali è

$$\hat{B} = (X^\top X)^{-1} X^\top Y \tag{2.21}$$

che è semplicemente la giustapposizione dei q vettori stimati per ciascuna variabile risposta. La stima corrispondente di Σ è

$$\hat{\Sigma} = \frac{1}{n-p} Y^\top P Y$$

la cui diagonale fornisce i termini equivalenti a s^2 della (2.11), e da qui si ottengono gli errori standard come nel caso scalare tramite la (2.12).

2.2 Aspetti computazionali

Nell'ambito del *data mining* gli aspetti computazionali assumono un ruolo decisamente rilevante; è quindi il caso di cominciare a parlarne con riferimento ai modelli lineari che rappresentano la formulazione algebricamente più semplice.

2.2.1 Quando n è grande

L'elemento primario da calcolare è la stima di β rappresentata dalla (2.7), e poi anche le altre quantità associate a questa, in particolare la stima s^2 di σ^2 data dalla (2.11), e i relativi errori standard delle componenti di $\hat{\beta}$.

Se non ci sono problemi di gestione della memoria del calcolatore, cioè il numero n di unità statistiche non è troppo grande, il metodo principe per il calcolo è tramite la *scomposizione QR* della matrice X. Se però n è elevato, questa soluzione diventa difficilmente percorribile perché coinvolge la gestione di matrici di dimensione $n \times p$, e questo diventa oneroso. Anzi, se n è veramente molto grande, anche il semplice caricamento in memoria di X può non essere possibile.

Un semplice metodo per superare questo problema si basa sulle seguenti considerazioni. Notiamo che gli elementi necessari per il calcolo della (2.7) sono soltanto

$$W = X^\top X, \qquad u = X^\top y$$

di dimensione rispettiva $p \times p$ e $p \times 1$, con W matrice simmetrica, per cui possiamo scrivere

$$\hat{\beta} = W^{-1} u. \qquad (2.22)$$

Inoltre ponendo

$$X = \begin{pmatrix} \tilde{x}_1^\top \\ \tilde{x}_2^\top \\ \vdots \\ \tilde{x}_n^\top \end{pmatrix}$$

dove $\tilde{x}_i^\top$ costituisce la i-ma riga di X, otteniamo

$$W = \sum_{i=1}^{n} \tilde{x}_i \tilde{x}_i^\top, \qquad u = \sum_{i=1}^{n} \tilde{x}_i y_i.$$

Possiamo anche scrivere

$$W_{(j)} = W_{(j-1)} + \tilde{x}_j \tilde{x}_j^\top, \qquad u_{(j)} = u_{(j-1)} + \tilde{x}_j y_j, \qquad \text{per } j = 2, \dots, n.$$

dove $W_{(j)}$ indica la matrice formata dalle prime j righe di W e $u_{(j)}$ è definita analogamente, e ovviamente

$$W_{(1)} = \tilde{x}_1 \tilde{x}_1^\top, \qquad u_{(1)} = \tilde{x}_1 y_1.$$

È ora chiaro che W e u possono essere calcolati leggendo i dati di una singola unità statistica (*record*) alla volta e incrementando le somme via via che i dati sono letti, con una costruzione che comporta un impiego di memoria indipendente da n, che quindi non ha restrizione.

A questo punto il calcolo di $\hat{\beta}$ si può effettuare sfruttando un algoritmo per l'inversione di matrici simmetriche. Il metodo più comunemente impiegato è quello basato sulla *scomposizione di Cholesky*.

Se le colonne di X si compongono almeno in parte di variabili ottenute per trasformazione dei dati originari, tali trasformazioni possono essere effettuate via via che i dati sono letti.

La procedura precedente può essere estesa per calcolare anche s^2 e gli errori standard di β con un impiego di memoria indipendente da n.

2.2.2 Stime ricorsive

Quando i dati sono forniti in un flusso continuo (cioè abbiamo un *data stream*) e dobbiamo aggiornare le stime in tempo reale, abbiamo bisogno di un algoritmo che aggiorni le stime ricorsivamente, via via che nuovi dati arrivano.

Lo schema precedente ci consente di affrontare questa situazione, non essendoci restrizioni su n. Esso però comporta che, ad ogni ciclo di lettura dei dati, dobbiamo invertire *ex novo* la matrice W, di dimensione $p \times p$, e questo può essere problematico se p non è piccolo e i dati fluiscono a ritmo serrato. Possiamo peraltro migliorare la nostra procedura con una opportuna rielaborazione delle formule.

Supponiamo di aver calcolato le stime dei minimi quadrati per l'insieme delle prime n osservazioni, e in particolare disponiamo di

$$\hat{\beta}_n, \qquad V_n = W_n^{-1} = (X_n^\top X_n)^{-1}$$

dove n al deponente serve a ricordarci che le quantità si riferiscono alle prime n osservazioni.

All'arrivo della $(n+1)$-ma osservazione, costituita da y_{n+1} e $\tilde{x}_{n+1}$, dobbiamo aggiornare le stime, e altre quantità connesse. Scriviamo

$$X_{(n+1)} = \begin{pmatrix} X_{(n)} \\ \tilde{x}_{n+1}^\top \end{pmatrix}, \qquad W_{(n+1)} = X_{(n+1)}^\top X_{(n+1)} = (X_{(n)}^\top X_{(n)} + \tilde{x}_{n+1}\tilde{x}_{n+1}^\top)$$

e usiamo la formula di Sherman–Morrison (A.2) per l'inversione di matrici con $A = W_{(n)}$ e $b = d = \tilde{x}_{n+1}$, ottenendo

$$V_{(n+1)} = V_{(n)} - h\, V_{(n)}\tilde{x}_{n+1}\tilde{x}_{n+1}^\top V_{(n)}$$

dove $h = 1/(1 + \tilde{x}_{n+1}^\top V_{(n)}\tilde{x}_{n+1})$. Dopo le opportune sostituzioni nella (2.22), otteniamo l'espressione ricorsiva

$$\hat{\beta}_{(n+1)} = V_{(n+1)} \left(X_{(n)}^{\top} y + \tilde{x}_{n+1} y_{n+1} \right)$$

$$= \hat{\beta}_{(n)} + \underbrace{h\, V_{(n)} \tilde{x}_{n+1}}_{k_n} \underbrace{\left(y_{n+1} - \tilde{x}_{n+1}^{\top} \hat{\beta}_{(n)} \right)}_{e_{n+1}}$$

$$= \hat{\beta}_{(n)} + k_n\, e_{n+1} \tag{2.23}$$

dove e_{n+1} rappresenta l'*errore di previsione* di y_{n+1} basato sulla stima di β ottenuta dalle prime n osservazioni.

Abbiamo così le nuove quantità $\hat{\beta}_{(n+1)}$ e $V_{(n+1)} = (X_{(n+1)}^{\top} X_{(n+1)})^{-1}$, con cui possiamo riprendere il ciclo di aggiornamento dall'inizio.

Con un analogo utilizzo della (A.2) si può anche ottenere una corrispondente forma ricorsiva per il calcolo della somma dei quadrati dei residui (2.10), cioè

$$Q_{n+1}(\hat{\beta}_{(n+1)}) = Q_n(\hat{\beta}_{(n)}) + h\, e_{n+1}^2 \tag{2.24}$$

dove si intende che $Q_{n+1}(\cdot)$ è calcolato usando la matrice $X_{(n+1)}$ e il vettore risposta $y_{(n+1)}$, e analogamente $Q_n(\cdot)$ si riferisce alle prime n osservazioni. Dalla (2.24) e dalla (2.11) otteniamo la stima s_{n+1}^2 che, moltiplicata per $V_{(n+1)}$, consente di calcolare gli errori standard di $\hat{\beta}_{(n+1)}$.

La regola di aggiornamento (2.23) prende la forma di *filtro lineare*, in cui la nuova stima $\hat{\beta}_{(n+1)}$ è ottenuta modificando la vecchia stima $\hat{\beta}_{(n)}$ in base all'errore di previsione e_{n+1}, pesato con il *guadagno* k_n del filtro. Con terminologia evocativa tipica dell'ambito del *machine learning*, si dice che lo stimatore 'impara dagli errori', aggiustando di volta in volta la stima corrente, in base all'errore e_{n+1}.

Lo schema descritto prevede quindi una sola inversione di matrice $p \times p$ all'inizio, e poi ci si limita ad aggiornare le stime e quantità collegate. Nel caso in cui n sia veramente enorme, come appunto lavorando con un flusso continuo di dati possiamo semplificare ulteriormente la procedura, introducendo un'approssimazione che diventa trascurabile al crescere di n. Siccome in questo caso le prime p osservazioni hanno un peso trascurabile sul totale, è possibile partire in modo 'qualsiasi', ad esempio con $\hat{\beta}_{(p)}$ pari al vettore nullo e $V_{(p)}$ alla matrice identità di ordine p, il che corrisponde essenzialmente ad eseguire solo il passo 6 dell'Algoritmo 2.1. In questo modo i valori di $\hat{\beta}$ non sono quelli corretti ma vi tenderanno via via che n cresce.

La sequenza di operazioni precedenti è presentata in forma schematica nell'Algoritmo 2.1. Qui è stata usata la notazione diag($\cdot$) per indicare gli elementi diagonali di una generica matrice quadrata.

2.3 Verosimiglianza

2.3.1 Nozioni generali

Finora abbiamo considerato situazioni in cui la variabile di interesse (y) era di tipo continuo e il problema dello studio della relazione tra y e le variabili

Algoritmo 2.1 Minimi quadrati lineari ricorsivi

1. Sia $W_{(p \times p)} \leftarrow 0$, $u_{(p \times 1)} \leftarrow 0$, $m_2 \leftarrow 0$
2. Ciclo per $n = 1, \ldots, p$:
   a) leggere n-mo record: $x \leftarrow \tilde{x}_n$, $y \leftarrow y_n$,
   b) $W \leftarrow W + x\,x^\top$
   c) $u \leftarrow u + x\,y$
   d) $m_2 \leftarrow m_2 + y^2$
3. $V \leftarrow W^{-1}$
4. $\hat{\beta} \leftarrow V\,u$
5. $Q \leftarrow m_2 - u^\top V\,u$
6. Ciclo per $n = p+1, p+2, \ldots$:
   a) leggere n-mo record: $x \leftarrow \tilde{x}_n$, $y \leftarrow y_n$,
   b) $h \leftarrow 1/(1 + x^\top V\,x)$,
   c) $e \leftarrow y - x^\top \hat{\beta}$,
   d) $\hat{\beta} \leftarrow \hat{\beta} + h\,V\,x\,e$,
   e) $V \leftarrow V - h\,V\,x\,x^\top V$,
   f) $Q \leftarrow Q + h\,e^2$,
   g) $s^2 \leftarrow Q/(n-p)$,
   h) $\mathrm{err.std}(\hat{\beta}) \leftarrow s\,\mathrm{diag}(V)^{1/2}$.

---

esplicative $(x_1, \ldots, x_p)$ poteva essere affrontato attraverso il criterio dei minimi quadrati. Quest'ultimo trova il suo campo di applicazione più consono quando il campo di esistenza della y è $(-\infty, \infty)$. Anzi, l'utilizzo più corretto delle tecniche inferenziali connesse si rende possibile se la distribuzione del termine di errore ε e quindi anche della y è di tipo normale o gaussiano, almeno in via approssimata.

Per molte altre situazioni abbiamo bisogno di un criterio più generale dei minimi quadrati per poter adattare un modello ai dati. Il criterio attualmente più accreditato, sia da un punto di vista teorico che nella pratica, per la stima statistica dei parametri di un modello è quello della massima verosimiglianza, che sostanzialmente include quello dei minimi quadrati come caso particolare.

Questo criterio richiede la specificazione di una famiglia parametrica di distribuzioni di probabilità, dipendente da un parametro θ (eventualmente p-dimensionale) che deve essere stimato dai dati a disposizione. Questa distribuzione di probabilità rappresenta la legge che governa la variabile casuale Y di cui è stato osservato il valore empirico y. La distribuzione stessa sarà identificata tramite la sua funzione di densità di probabilità, nel caso di variabili continue, o tramite la funzione di probabilità per le variabili discrete. Di solito useremo la notazione $p(t; \theta)$ per indicare tale funzione, sia questa di probabilità o di densità, dove t varia nell'insieme dei possibili valori di Y. Sotto queste ipotesi, definiamo la *funzione di verosimiglianza* come

$$L(\theta) = c\,p(y; \theta) \tag{2.25}$$

dove c è una costante positiva arbitraria, ma fissata una volta per tutte. Siccome $p(t; \theta)$ viene valutata nel valore osservato y, il termine di sinistra è una funzione solo di θ; tuttavia in taluni casi useremo la notazione $L(\theta; y)$ per evidenziare che essa dipende dalle osservazioni.

La (2.25) costituisce quindi una famiglia di funzioni, indicizzate da c. Dato che c ha un ruolo rilevante solo per lo sviluppo di risultati teorici, ma non ha alcun effetto né sull'utilizzo di $L(\theta)$, né sulle proprietà delle tecniche inferenziali connesse, nel seguito terremo $c = 1$.

Siccome $p(y; \theta)$ è essenzialmente positiva ha senso definire la *funzione di log-verosimiglianza*

$$\log L(\theta) = \log p(y; \theta) \qquad (2.26)$$

ponendo eventualmente $\log L(\theta) = -\infty$ se $p(y; \theta) = 0$.

La stima di θ in base al *criterio della massima verosimiglianza* si ottiene massimizzando la (2.25), o equivalentemente la (2.26). Scriviamo anche

$$\hat{\theta} = \arg\max_{\theta} L(\theta) = \arg\max_{\theta} \log L(\theta) \qquad (2.27)$$

seppure questa notazione non è completamente rigorosa, in quanto non è garantito che il massimo di L esista e sia unico. Peraltro nella assoluta maggioranza dei casi pratici questa ambiguità definitoria non si presenta, in quanto tale massimo esiste ed è unico.

L'effettiva massimizzazione di L può essere ottenuta esplicitamente solo in casi abbastanza semplici. In molti altri casi è necessario ricorrere a metodi di *calcolo numerico* per la sua individuazione. In casi regolari si tratta di risolvere il sistema di *equazioni di verosimiglianza*

$$\frac{\mathrm{d}}{\mathrm{d}\theta} \log L(\theta) = 0 \qquad (2.28)$$

verificando poi che la soluzione trovata corrisponde ad un punto di massimo. In realtà è abbastanza semplice verificare che siamo in presenza di un massimo relativo, ma la definizione (2.27) richiede di selezionare il punto di massimo *assoluto*. La questione può talvolta essere risolta sfruttando le proprietà matematiche di $p(y; \theta)$, ma non sempre ciò è possibile. Si vede quindi che l'effettivo utilizzo del metodo può comportare problemi computazionali, almeno nel caso di modelli con struttura complessa.

Ogni stima va accompagnata da una quantificazione della sua precisione, e questo richiede la valutazione della varianza di tale stima. Uno dei pregi del metodo della massima verosimiglianza è di poter disporre di uno schema generale in tale senso, partendo dalla *matrice di informazione osservata (di Fisher)*

$$\mathcal{J}(\hat{\theta}) = -\frac{\partial^2}{\partial\theta\,\partial\theta^{\top}} \log L(\theta)\bigg|_{\theta=\hat{\theta}} \qquad (2.29)$$

la cui inversa fornisce un'approssimazione a $\mathrm{var}\{\hat{\theta}\}$, sotto condizioni che sono peraltro verificate nella maggior parte dei casi pratici. Da qui otteniamo quindi errori standard per $\hat{\theta}$ tramite

$$\text{err.std}(\hat{\theta}) = \text{diag}(\mathcal{J}(\hat{\theta})^{-1})^{1/2}$$

dove la notazione diag($\cdot$) indica gli elementi diagonali di una matrice quadrata.

Combinando questi fatti con l'ulteriore proprietà delle stime di massima verosimiglianza di avere distribuzione approssimativamente normale quando la numerosità campionaria è sufficientemente elevata, si perviene all'espressione

$$\hat{\theta}_r \pm z_{\alpha/2}\,\text{err.std}(\hat{\theta}_r)$$

per la costruzione di *intervalli di confidenza* di livello $1 - \alpha$, per la r-ma componente θ_r di θ; qui $z_{\alpha/2}$ indica il quantile di livello $1 - \alpha/2$ della distribuzione N(0,1).

Questa costruzione di un intervallo di confidenza per θ_r è associata al *test di Wald* per la *verifica d'ipotesi* sul valore di θ_r del tipo

$$H_0 : \theta_r = a$$

per un valore specificato a. Per un fissato *livello di significatività statistica* α il criterio porta al rifiuto dell'ipotesi H_0 quando $|t| > z_{\alpha/2}$, avendo posto

$$t = \frac{\hat{\theta}_r - a}{\text{err.std}(\hat{\theta}_r)}. \tag{2.30}$$

Equivalentemente si può calcolare il *valore-p*, o *livello di significatività osservato*, approssimato da $2\Phi(-|t|)$, che va confrontato con α.

Quando è di interesse sottoporre a verifica un'ipotesi sulle componenti di θ espressa tramite q vincoli del tipo

$$H_0' : g_j(\theta) = 0, \quad (j = 1, \ldots, q), \tag{2.31}$$

dove le g_j sono funzioni differenziabili, contro l'alternativa che almeno una uguaglianza sia falsa, il metodo precedente non è utilizzabile. Per questo scopo si può utilizzare il criterio del *rapporto di verosimiglianza*, definito tramite la funzione test

$$w = 2\left\{\log L(\hat{\theta}) - \log L(\hat{\theta}_0)\right\} \tag{2.32}$$

dove $\hat{\theta}_0$ indica la stima di massima verosimiglianza sottoposta ai q vincoli (2.31).

Per un fissato livello di significatività α il criterio porta al rifiuto dell'ipotesi H_0' quando il valore osservato w supera il quantile di livello $1 - \alpha$ della distribuzione χ_q^2. Anche qui si può calcolare il valore-p che è ora espresso da

$$p = \mathbb{P}\left\{X^2 > w\right\}$$

dove $X^2 \sim \chi_q^2$, e lo si confronta con α. Le proprietà distributive associate alla procedura sono esatte nel caso di distribuzione normale delle osservazioni e ipotesi H_0' espressa da vincoli lineari; negli altri casi tali proprietà sono approssimate.

I due procedimenti di verifica d'ipotesi non sono peraltro slegati tra loro. Quando sono ambedue applicabili, portano a risultati identici o almeno approssimativamente uguali. Infatti l'ipotesi H_0 corrispondente ad un unico vincolo lineare si può esprimere come $H_0' = \theta_r - a = 0$, e il calcolo di $2\Phi(-|t|)$ è almeno approssimativamente equivalente a $\mathbb{P}\{X^2 > w\}$, con $w = t^2$ e $X^2 \sim \chi_1^2$.

2.3.2 Modelli lineari con termine di errore gaussiano

La discussione dei modelli di regressione del § 2.1 è stata impostata specificando per il termine di errore ε solo ipotesi fino ai momenti del secondo ordine (cioè media, varianza e covarianza), ma senza formulare un'ipotesi completa sulla natura della distribuzione di ε, e quindi della variabile risposta.

Come già menzionato, l'ipotesi distributiva di gran lunga più comune e storicamente la più consolidata assume la distribuzione normale o gaussiana per ε, con indipendenza tra componenti relative a osservazioni distinte. Combinando questo fatto con quanto già ipotizzato al § 2.1.1, porta a scrivere $\varepsilon \sim N(0, \sigma^2)$ e quindi, per quanto riguarda la variabile casuale Y_i che genera la i-ma osservazione del modello (2.2), scriviamo

$$Y_i \sim N(f(x_i; \beta), \sigma^2), \qquad \text{per } i = 1, \ldots, n$$

e la corrispondente funzione di log-verosimiglianza è

$$\log L(\beta, \sigma^2) = -\frac{n}{2}\log \sigma^2 - \frac{1}{2\sigma^2}D(\beta)$$

dove $D(\beta) = \|y - f(x; \beta)\|^2$ è definita come nella (2.3).

Da qui si vede che la massimizzazione della verosimiglianza rispetto a β corrisponde alla minimizzazione di $D(\beta)$ e quindi le stime di massima verosimiglianza coincidono con quelle dei minimi quadrati. Per quanto riguarda la stima di σ^2, quella di massima verosimiglianza,

$$\hat{\sigma}^2 = D(\hat{\beta})/n$$

è simile a s^2 della (2.11); la differenza nel denominatore tende ad essere trascurabile in senso relativo via via che n aumenta. Segue anche che

$$-2\log L(\hat{\beta}, \hat{\sigma}^2) = n\log\{D(\hat{\beta})/n\} + n.$$

Le nuove stime sono quindi sostanzialmente le stesse dei minimi quadrati, ma la nuova formulazione porta a poter disporre di tutto l'apparato inferenziale menzionato al § 2.3.1.

La principale tipologia di modello di regressione è quello lineare, che si esprime nella forma (2.6). In questo ambito, una situazione che nella pratica si incontra con particolare frequenza riguarda la verifica della significatività dei parametri β di regressione; in particolare si è spesso interessati ad ipotesi del tipo $H_0 : \beta_r = 0$. In questo caso la distribuzione della funzione test (2.30) è calcolabile esattamente, tramite la distribuzione t di Student, e così anche il valore-p che appare nelle varie tabelle del § 2.1. L'errore di approssimazione coinvolta evitando il calcolo esatto del valore-p non è rilevante per numerosità campionarie superiori a qualche decina.

Se i q vincoli (2.31) sono espressi da relazioni lineari sui parametri, la quantità (2.32) prende la forma

$$w = \frac{\|y - \hat{y}_0\|^2 - \|y - \hat{y}\|^2}{\hat{\sigma}^2} = \frac{\|\hat{y} - \hat{y}_0\|^2}{\hat{\sigma}^2} \qquad (2.33)$$

dove $\hat{y}_0$ è il vettore dei valori interpolati sotto il vincolo delle q condizioni suddette. Ciascuno dei termini

$$D = D(\hat{\beta}) = \|y - \hat{y}\|^2 \quad \text{e} \quad D_0 = D(\hat{\beta}_0) = \|y - \hat{y}_0\|^2$$

che appaiono nella (2.33) costituisce una devianza, rispettivamente del modello libero e di quello con i q vincoli.

La distribuzione approssimata di riferimento per la w è il χ^2_q, in base ai risultati generali del § 2.3.1. Nel caso specifico di termini di errore gaussiani è possibile ottenere anche la distribuzione esatta, che di solito viene espressa in termini della trasformazione

$$F = w \frac{n - p}{n q} = \frac{\|\hat{y} - \hat{y}_0\|^2 / q}{s^2} \qquad (2.34)$$

che ha distribuzione nulla F di Snedecor con $(q, n - p)$ gradi di libertà, se p è il numero di parametri nel modello non vincolato. Anche in questo caso, l'errore di approssimazione utilizzando la distribuzione asintotica per il calcolo del valore-p non è rilevante per numerosità campionarie superiori a qualche decina.

2.3.3 Variabili dicotomiche con distribuzione binomiale

Nel caso di variabili risposta di tipo dicotomico in cui disponiamo di un campione di n osservazioni tratte tutte nelle medesime condizioni e indipendentemente le une dalle altre, la funzione di verosimiglianza per il parametro θ che rappresenta la probabilità dell'evento di interesse si ottiene dalla legge di probabilità binomiale e la funzione di log-verosimiglianza associata è

$$\log L(\theta) = \text{costante} + y \log(\theta) + (n - y) \log(1 - \theta), \qquad (0 \leq \theta \leq 1),$$

dove y rappresenta il numero di eventi favorevoli osservati. La stima di massima verosimiglianza e il suo errore standard sono rispettivamente

$$\hat{\theta} = y/n, \qquad \text{err.std.}(\hat{\theta}) = \sqrt{\hat{\theta}\,(1 - \hat{\theta})/n}$$

e il corrispondente massimo della funzione di log-verosimiglianza è

$$\log L(\hat{\theta}) = \text{costante} + y \log \hat{\theta} + (n - y) \log(1 - \hat{\theta})$$

dove si intende che $0 \log 0 = 0$ per continuità.

Un problema molto frequente in pratica è quello di voler confrontare le probabilità di evento favorevole in due gruppi, indicati da 1 e 2, ottenuti stratificando la popolazione sulla base di un'altra variabile dicotomica, e di cui abbiamo due campioni di numerosità rispettiva n_1 e n_2. In questo caso la funzione di log-verosimiglianza dipende da due parametri e precisamente è

$$L(\theta_1, \theta_2) = \text{costante} + y_1 \log(\theta_1) + (n_1 - y_1) \log(1 - \theta_1)$$
$$+ y_2 \log(\theta_2) + (n_2 - y_2) \log(1 - \theta_2)$$

dove y_1 e y_2 indicano il numero di eventi favorevoli per ciascuna delle due subpopolazioni.

Se facciamo riferimento alla notazione precedente, l'ipotesi da verificare è $H_0 : \theta_1 - \theta_2 = 0$, e quindi l'ipotesi nulla impone $q = 1$ vincoli del tipo (2.31) sui parametri. La funzione test del rapporto di verosimiglianza è quindi

$$w = 2\{\log L(\hat{\theta}_1, \hat{\theta}_2) - \log L(\hat{\theta}, \hat{\theta})\}$$

dove $\hat{\theta}_j = y_j/n_j$, per $j = 1, 2$, e $\hat{\theta} = (y_1 + y_2)/(n_1 + n_2)$ è la stima del valore comune di θ. Il valore osservato w va confrontato con la distribuzione di riferimento χ_1^2.

Per analogia con l'impianto del §2.3.2, la quantità w è anch'essa detta *devianza*, in quanto anche qui esprime la discrepanza tra l'ipotesi formulata e il caso generale ed è generalmente indicata con lo stesso simbolo D della (2.10). Si tenga presente che qui il parametro di scala σ^2 è assente. Così come per il test di verosimiglianza, il concetto di devianza ha valenza molto più generale che nell'esempio indicato, potendosi riferire anche a casi con J gruppi e l'ipotesi formulata può non essere quella di uguaglianza di θ per tutti i gruppi, ma corrispondere a q vincoli. Se indichiamo con $\hat{p}_j$ la stima della probabilità di evento favorevole nel gruppo j-mo sotto l'ipotesi formulata, risulta dopo qualche semplice manipolazione che

$$D = 2 \log L^* - 2 \sum_{j=1}^{J} \{y_j \log \hat{p}_j + (n_j - y_j) \log(1 - \hat{p}_j)\} \qquad (2.35)$$

dove

$$\log L^* = \sum_{j=1}^{J} \{y_j \log(y_j/n_j) + (n_j - y_j) \log(1 - y_j/n_j)\}.$$

è, a meno di una costante, la log-verosimiglianza del *modello saturo* che utilizza una stima della probabilità diversa per ogni gruppo di osservazioni, pari alla frequenza relativa per quel gruppo. Ovviamente nel caso che il numero di vincoli imposti su θ sia q, il numero di gradi di libertà connessi cambia, e la distribuzione di riferimento è χ^2_q.

Per illustrazione numerica consideriamo i dati della banca brasiliana (descritti al § B.3) e dicotomizziamo il grado di soddisfazione in due livelli, diciamo alto e basso, stratificati nelle due subpopolazioni di anziani e giovani, a seconda che l'età sia maggiore o meno di 45 anni. Le frequenze osservate sono riportate nella tabella sottostante.

	giovani	anziani	totale
soddisfazione bassa	84	34	118
alta	225	157	382
totale	309	191	500

Da qui otteniamo le stime della probabilità di livello alto di soddisfazione pari a $\hat{\theta}_1 = 225/309 = 0{,}728$ (err.std.$= 0{,}025$) per il gruppo dei giovani e $\hat{\theta}_2 = 157/191 = 0{,}822$ (err.std.$=0{,}028$) per gli anziani, mentre la stima senza stratificazione per l'età è $\hat{\theta} = 382/500 = 0{,}764$ (err.std.$=0{,}019$). Il corrispondente calcolo del test del rapporto di verosimiglianza, ovvero della devianza, porta a $D = 2\,(-273{,}2 + 270{,}2) = 5{,}93$ il cui valore-p è $0{,}015$, che indica una influenza della classe di età sul grado di soddisfazione.

2.4 Regressione logistica e GLM

Nell'esempio numerico precedente abbiamo concluso che i clienti giovani della banca sono significativamente meno soddisfatti degli anziani. Siccome la variabile età è disponibile in forma più analitica, sembra preferibile utilizzarla non dicotomizzata. Per poter percorrere questa direzione abbiamo bisogno di uno strumento che consenta lo studio della relazione tra una variabile quantitative e una dicotomica, quale la soddisfazione.

Questa situazione è ancora uno studio di relazione tra variabili, ma in questo caso la natura dicotomica della variabile risposta sconsiglia l'uso della regressione lineare. Una semplice estensione dell'idea di regressione lineare al nuovo problema è la regressione logistica, che mette in relazione la probabilità π dell'evento di interesse con un insieme $x = (x_1, x_2, \ldots, x_p)$ di variabili esplicative nella forma seguente: se indichiamo con $\eta(x)$ una combinazione di variabili esplicative lineare nei parametri, del tipo

$$\eta(x) = \beta_0 + \beta_1 x_1 + \cdots + \beta_p x_p \tag{2.36}$$

analogo a quelle utilizzate nel § 2.1, e definiamo la *funzione logistica*

$$\ell(\eta) = \frac{e^\eta}{1 + e^\eta}, \tag{2.37}$$

allora il modello di regressione logistica stipula che sussiste la relazione

$$\pi(x) = \ell(\eta(x)) \tag{2.38}$$

dove abbiamo evidenziato che la probabilità dell'evento di interesse dipende da x, attraverso il *predittore lineare* $\eta(x) = x^\top \beta$.

La Figura 2.11 presenta alcuni esempi di andamento così ottenibile nel caso in cui si abbia una sola variabile esplicativa e $\eta(x) = \beta_0 + \beta_1 x$, per alcune scelte della coppia (β_0, β_1). In particolare la coppia $(0, 1)$ corrisponde a $\ell(x)$ definito dalla (2.37).

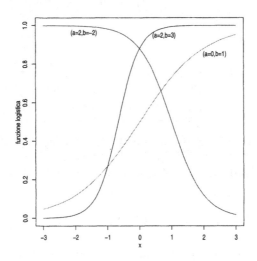

Figura 2.11. Funzione logistica per alcune scelte della coppia (β_0, β_1) quando $\eta(x) = \beta_0 + \beta_1 x$

Lo schema di regressione logistica fa parte della famiglia dei *modelli lineari generalizzati* (in breve GLM, da *Generalized Linear Models*), caratterizzati dal fatto che la relazione tra variabili esplicative e variabile risposta si può esprimere nella forma

$$g\left(\mathbb{E}\{Y | x_1, \ldots, x_p\} \right) = x^\top \beta = \eta(x) \tag{2.39}$$

per un'opportuna scelta della *funzione legame* $g(\cdot)$. La notazione utilizzata qui $\mathbb{E}\{Y | x_1, \ldots, x_p\}$ indica o che i valori delle variabili x_j sono predeterminati, oppure che operiamo condizionatamente ai valori assunti dalle variabili.

Nella formulazione più comune di questi modelli la distribuzione di Y, condizionatamente ai valori di $x_1, \ldots, x_p$, è di struttura probabilistica particolare, che peraltro vale per le distribuzioni di uso più comune, quali le distribuzioni gaussiana, gamma, binomiale, poissoniana e altre ancora. Per tale formulazione esiste una teoria dell'inferenza ben articolata la quale fa riferimento all'idea di verosimiglianza e a quello di devianza, che in questo ambito gioca un ruolo rilevante.

In generale, non si può esprimere la stima di massima verosimiglianza di un GLM in modo esplicito in funzione dei dati osservati, e quindi bisogna ricorrere a procedure di calcolo numerico iterativo. Esiste peraltro un algoritmo molto efficiente e affidabile per ottenere le stime, attraverso una opportuna sequenza di stime di minimi quadrati pesati, e detto appunto dei *minimi quadrati pesati iterati*.

Il caso della regressione logistica si ottiene quando $g(\cdot)$ nella (2.39) è

$$g(\pi) = \text{logit } \pi = \log \frac{\pi}{1 - \pi} \tag{2.40}$$

cioè la funzione inversa della (2.37), e Y ha distribuzione binomiale di parametro π, che è funzione delle variabili esplicative, cioè $\pi(x) = \ell(\eta(x))$. Nell'esposizione precedente in cui la variabile risposta è dicotomica, l'indice della distribuzione binomiale è 1, ma immediato estendere la formulazione al caso di m osservazioni fatte in corrispondenza al valore x, e quindi $Y \sim Bin(m, \pi(x))$.

Se esaminiamo con maggior dettaglio i dati della banca brasiliana, senza aggregare i valori dell'età, il quadro emerso al § 2.3.3 si modifica vistosamente, come si vede dalla Figura 2.12, che mostra l'andamento delle frequenze relative di clienti soddisfatti in funzione dell'età; i due pannelli della figura sono uguali salvo per il diverso modo di rappresentare i valori osservati. Dalla figura si vede che in realtà il comportamento dei clienti giovani varia apprezzabilmente con l'età nel senso che in effetti i più giovani mostrano un comportamento più simile agli anziani che ai clienti delle classi d'età prossime.

Applichiamo ora questo metodo allo studio della relazione tra probabilità di alta soddisfazione e età dei clienti della banca. Quest'ultima variabile è disponibile nella forma di valore centrale della rispettiva classe di età, che ora indichiamo con x, i cui possibili valori sono (20, 25, 35, 45, 55, 65). I punti presenti in Figura 2.12 rappresentano le frequenze relative osservate in corrispondenza ai valori di x, mentre la curva tratteggiata è stata ottenuta adattando il modello (2.37) con

$$\eta(x) = \beta_0 + \beta_1 x + \beta_2 x^2$$

la cui selezione si è basata su un'ispezione preliminare dei dati, notando che per la classe dei più giovani si ha un andamento in controtendenza rispetto alle classi adiacenti. Il relativo sommario dell'operazione di stima si trova nella Tabella 2.5, che mostra peraltro che la componente quadratica ha un valore-p del test di Wald pari a 0,12 che è non significativo.

Possiamo anche valutare la significatività della componente β_2 confrontando le due devianze del modello con e senza componente quadratica. La loro differenza è $D = D_1 - D_2 = 3,302 - 0,795 = 2,507$, un valore che è superato con probabilità 0,11 da una variabile χ_1^2, dove i gradi di libertà sono calcolati come differenza $4 - 3$ fra i gradi di libertà dei due ingredienti. Questo valore-p 0,11 non è perfettamente identico, ma sostanzialmente equivalente a quello ottenuto dal test di Wald.

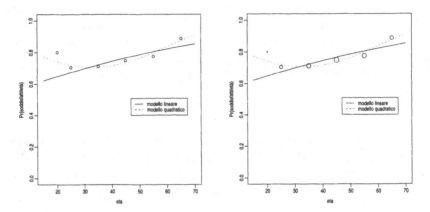

Figura 2.12. Dati della banca: frequenze relative di clienti soddisfatti in funzione dell'età e curve di regressione logistica stimate. Nel pannello di sinistra i punti hanno uguale dimensione, in quello di destra i cerchi hanno area proporzionale alla numerosità del gruppo

Tabella 2.5. Dati della banca: sommario del modello di regressione logistica quadratico (in alto) e lineare (in basso)

Modello con componente quadratica

	stima	errore std	valore−t	valore−p
(Intercetta)	2,0356	1,2734	1,60	0,110
età	−0,0700	0,0602	−1,16	0,245
età^2	0,0011	0,0007	1,56	0,120

$D = 0,795$ con 3 g. d. l.

Modello senza componente quadratica

	stima	errore std	valore−t	valore−p
(Intercetta)	0,1490	0,3829	0,39	0,697
età	0,0230	0,0084	2,73	0,006

$D = 3,302$ con 4 g. d. l.

Rimuovendo la componente quadratica si ottiene un modello i cui valori salienti sono riportati nella parte inferiore della stessa Tabella 2.5, e la curva stimata è quella continua nella Figura 2.12.

È a prima vista sorprendente che la componente quadratica non sia necessaria per una descrizione adeguata della relazione, considerando la vistosa alta frequenza del gruppo più giovane. In realtà questa fallace impressione è dovuta al tipo di rappresentazione grafica utilizzata, che non tiene conto della numerosità dei gruppi. Il pannello di destra della Figura 2.12 utilizza una rappresentazione più adeguata in quanto l'area dei punti è proporzionale alla dimensione dei vari gruppi, fornendo un'impressione visiva che include questo elemento informativo; ora la scelta del modello senza componente quadratica non appare più sorprendente, dato che il primo gruppo ha numerosità irrisoria.

Note bibliografiche

Per una trattazione più esauriente dei temi discussi, segnaliamo alcuni riferimenti. Per i modelli lineari, esposizioni in italiano sono quelle di Azzalini (2001) e di Pace & Salvan (2001). Per un'introduzione orientata al loro utilizzo applicativo si veda Weisberg (1985), e poi anche Cook & Weisberg (1999) che tratta ampiamente aspetti di presentazione grafica e sull'uso delle diagnostiche grafiche.

Una trattazione autorevole degli aspetti computazionali dei minimi quadrati è Golub & Van Loan (1983). L'algoritmo di stima dei minimi quadrati ricorsivi è stato presentato da Plackett (1950) che peraltro fa riferimento a lavori originali di Gauss nel 1821.

Metodi classici per l'analisi di variabili risposta multidimensionali sono trattati Mardia et al. (1979).

Per una trattazione dei metodi di inferenza basati sulla verosimiglianza, presentazioni in italiano sono quelle di Azzalini (2001) e di Pace & Salvan (2001), che coprono anche i modelli lineari generalizzati. Una trattazione specifica della regressione logistica con particolare attenzione agli aspetti applicativi è Hosmer & Lemeshow (1989).

Esercizi

2.1. Nel modello (2.14), applicato ai dati delle auto, si tolga il termine cubico, e si stimi il nuovo modello. Si osserva che il termine quadratico diventa significativo. Si commenti il risultato dando una spiegazione a questo fatto.

2.2. Si utilizzino le stime del modello lineare (2.14) e si estrapolino i valori previsti per auto a benzina con cilindrata nell'intervallo (1, 7). Si commentino i risultati.

2.3. Per il modello (2.17) il valore di R^2 passa da 0,64 a 0,56 se lo si calcola sui dati originari invece che quelli trasformati, passando anche al di sotto del valore 0,60 del modello (2.14). Spiegare e commentare queste differenze.

2.4. Estendere il modello (2.17) inserendo le variabili **peso** e I_D e confrontare l'esito della stima del nuovo modello con quello relativo alla (2.19).

2.5. Per il modello (2.18) riprodurre i due grafici della Figura 2.8.

2.6. Per il modello (2.18) si effettui una analisi critica degli elementi della Tabella 2.3 e grafici associati sulla falsariga della discussione sviluppata alla fine del § 2.1.1.

2.7. Stimare un opportuno modello lineare per la previsione della **percorrenza strada** per i dati delle auto, in due forme: (a) usando le stesse variabili considerate in questo capitolo; (b) usando le variabili che si ritengono opportune.

2.8. Completare quanto accennato alla fine del § 2.2.1 per il calcolo di s^2 e degli errori standard, sfruttando la (2.10) o per altra via.

2.9. Verificare che la correttezza della formula di Sherman-Morrison (A.2).

2.10. Verificare la correttezza delle formule fornite per l'aggiornamento ricorsivo delle stime dei minimi quadrati.

2.11. Dimostrare la (2.24).

2.12. Qual è la differenza tra intervallo di confidenza del valore della funzione e quello di previsione, ambedue relativi alla prossima osservazione?

2.13. Le curve della Figura 2.11 sono tutte monotone, mentre una di quelle della Figura 2.12 non lo è. Dare una spiegazione di questa discrepanza.

3

Ottimismo, conflitti e compromessi

Pluralitas non est ponenda sine neccesitate
(William of Ockham)

3.1 Ogni strumento va usato a proposito

Associata ai metodi richiamati nel Capitolo 2 c'è una ricca e solida teoria dell'inferenza statistica, della quale abbiamo richiamato solo alcuni elementi essenziali. Questa teoria ci conforta con molte e buone proprietà, *a patto che* (i) il modello sia scelto sulla base di un fondamento concettuale preesistente alla disponibilità dei dati; (ii) il modello stesso sia corretto, perlomeno per quanto riguarda la riproduzione degli aspetti di interesse.

Il paradigma inferenziale connesso è stato sviluppato nell'ambito di un particolare contesto di ricerca, con importanti agganci all'ambito sperimentale o comunque scientifico, che soddisfava i requisiti richiamati nel capoverso precedente.

Tuttavia i problemi che spesso si incontrano, tra cui quelli che riguardano il contesto di questo libro, mal si collocano entro questo schema. Un aspetto particolarmente diffuso è l'assenza di elementi informativi che ci consentano di formulare in modo attendibile il modello di riferimento precedentemente alla ispezione dei dati. È infatti comune che proprio l'esplorazione preliminare dei dati suggerisca quale sia il modello da adottare; anzi questo tipo di procedura è stato addirittura codificato come modalità di lavoro. Già nel Capitolo 2 abbiamo visto alcuni esempi trattati in questo modo.

Si capisce quindi che non è possibile applicare in questo nuovo ambito applicativo, senza gli opportuni adattamenti, la metodologia inferenziale sviluppata avendo in mente un altro contesto.

Del resto, proprio per come si è proceduto alla scelta dei modelli utilizzati nel Capitolo 2, cioè basandosi sull'ispezione esplorativa dei dati, è apparso opportuno prendere in considerazione metodi di diagnostica per verificare almeno in parte l'appropriatezza della scelta. Queste diagnostiche colgono un aspetto del problema, ma la questione della valutazione della validità di un modello è ben più ampia. Nei prossimi paragrafi esploreremo appunto questo tema.

3.2 Un semplice problema-tipo

Consideriamo un semplicissimo problema illustrativo che però ci serve da prototipo per situazioni più complesse e realistiche. Supponiamo che ieri abbiamo osservato n ($n = 30$) coppie di dati (x_i, y_i), per $i = 1, \ldots, n$, rappresentati nel *diagramma di dispersione* della Figura 3.1. I dati in realtà sono stati generati artificialmente da una legge del tipo

$$y = f(x) + \varepsilon \tag{3.1}$$

dove ε è una componente di errore $N(0, \sigma^2)$ con $\sigma = 10^{-2}$, mentre $f(x)$ è una funzione che lasceremo non specificata, salvo per il fatto che si tratta di una funzione dall'andamento sostanzialmente regolare. Naturalmente per poter generare i dati noi abbiamo dovuto sceglierne una specifica (e non è un polinomio).

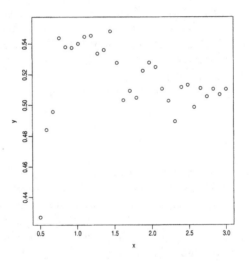

Figura 3.1. Dati 'di ieri': diagramma di dispersione

Vogliamo individuare una stima di $f(x)$ che ci consenta di predire y una volta che si renderanno disponibili nuove osservazioni sulla x. Per fare ciò una scelta ragionevole è di utilizzare le tecniche viste al Capitolo 2, in particolare la regressione polinomiale del tipo (2.4).

Non avendo informazioni che ci guidino nella scelta del grado del polinomio, in prima istanza consideriamo tutti i gradi possibili tra 0 e $n - 1$, quindi con numero p di parametri che varia da 1 a n, in aggiunta a σ. Per brevità la Figura 3.2 riporta i grafici delle curve stimate corrispondenti solo per alcune scelte di p. Ovviamente al crescere di p l'adattamento del polinomio ai punti migliora, come sintetizzato nella Figura 3.3, che riporta la devianza residua (2.10) e il coefficiente di determinazione R^2 (2.15) in funzione di p.

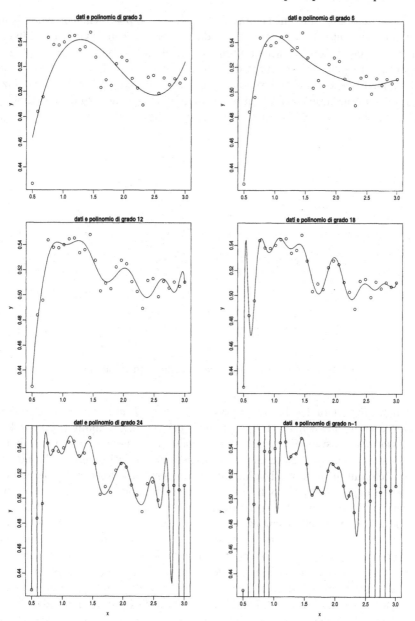

Figura 3.2. Dati 'di ieri': interpolazioni con polinomi di diverso grado

Un particolare commento è opportuno per il caso $p = n$ che corrisponde al polinomio che interpola esattamente i dati osservati, con devianza residua 0 e $R^2 = 1$. Questi elementi apparentemente ideali corrispondono invece all'andamento palesemente inadeguato dell'ultimo grafico della Figura 3.2. Le righe praticamente verticali che si vedono non sono altro che la porzione visualizzata delle amplissime oscillazioni che il polinomio di grado 29 deve compiere per interpolare esattamente tutti i punti osservati.

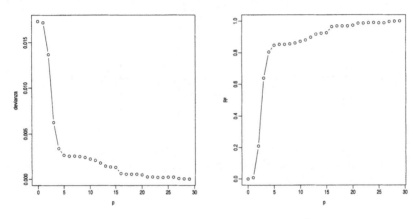

Figura 3.3. Dati 'di ieri': devianza e coefficiente R^2 al variare di p

Come già accennato, dobbiamo usare la stima di $f(x)$ per prevedere i valori relativi a nuovi dati $\{y_i, i = 1, \ldots, n\}$ che ci arriveranno domani, prodotti dallo *stesso* meccanismo generatore; per semplicità di ragionamento assumiamo che queste y_i siano associate alle stesse ascisse x_i dei dati di ieri. Vediamo che cosa otteniamo utilizzando i polinomi stimati ieri con queste y_i, se potessimo averle già oggi. La Figura 3.4 mostra i nuovi dati con le previsioni prodotte dai vari polinomi stimati in precedenza. È evidente che i polinomi di grado più elevato hanno delle oscillazioni che ora non corrispondono più all'andamento dei nuovi punti: mentre all'inizio l'aumento del grado del polinomio consente di migliorare l'adattamento all'andamento di fondo del fenomeno, questo miglioramento cessa via via che l'aumento del grado porta a rincorrere fluttuazioni casuali dei dati presenti nello specifico campione di ieri, ma non in quello nuovo. La Figura 3.5 sintetizza e quantifica queste indicazioni, mostrando che la devianza residua cala fino ad un certo punto e poi risale, e al contrario l'indice R^2 ha un massimo e poi decresce.

Qui le nozioni di devianza e di R^2 sono usate in un senso un po' esteso rispetto alle definizioni comuni, in quanto la somma dei quadrati delle quantità coinvolte si riferiscono a dati diversi da quelli usati per la stima.

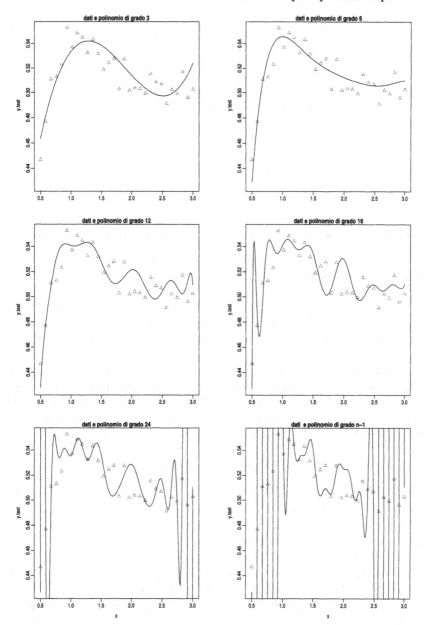

Figura 3.4. Dati 'di domani': interpolazione con i polinomi ottenuti per interpolazione dei dati di ieri

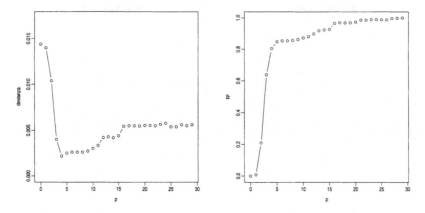

Figura 3.5. Dati 'di domani': devianza e coefficiente R^2 al variare di p

3.3 Se conoscessimo $f(x)$...

Se formalizziamo, per generalizzare, quanto visto nel paragrafo precedente, possiamo dire che vogliamo stimare $f(x)$ utilizzando un generico stimatore $\hat{y} = \hat{f}(x)$, che nel nostro esempio può essere costituito da uno dei 30 polinomi stimati.

Iniziamo considerando uno specifico valore x' per x, tra gli n possibili. Se conoscessimo completamente il meccanismo generatore dei dati, cioè anche $f(x')$, potremmo calcolare certe quantità di interesse, relative alla qualità dello stimatore $\hat{y}$. Un importante indice della bontà di una stima è dato dall'*errore quadratico medio*

$$\mathbb{E}\big\{[\hat{y} - f(x')]^2\big\} = \big[\mathbb{E}\{\hat{y}\} - f(x')\big]^2 + \mathrm{var}\{\hat{y}\} \tag{3.2}$$

che può essere calcolato esplicitamente una volta fissato il grado p del polinomio; cfr. Esercizio 3.2.

Siccome non siamo interessati solo ad un punto x', consideriamo la somma degli errori quadratici medi relativi a tutti gli n valori di x. Se rappresentiamo il valore risultante in funzione di p, che costituisce un indicatore della *complessità del modello*, otteniamo il grafico della Figura 3.6. Si noti che all'aumentare di p l'errore quadratico medio prima cala e poi aumenta; esiste quindi un livello di 'complessità' per cui si ottiene un minimo, nella fattispecie per $p = 5$.

Nello sviluppo precedente abbiamo usato la famiglia dei polinomi come insieme di modelli di complessità regolabile da un certo parametro p, che qui era appunto il grado del polinomio. Quella dei polinomi non è certo l'unica scelta possibile, e la serie di Fourier è un altro esempio che viene immediato. Comunque il messaggio finale resterebbe immutato pur cambiando la famiglia di modelli considerati: all'aumentare della complessità si avrebbe generalmente prima un guadagno e poi una perdita.

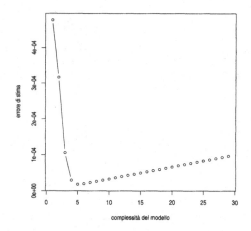

Figura 3.6. Dati 'di ieri': errore quadratico medio in funzione di p

Riconsideriamo ulteriormente la (3.2), i cui ingredienti sono del tipo

$$\mathbb{E}\big\{[\hat{y} - f(x')]^2\big\} = \text{distorsione}^2 + \text{varianza} \qquad (3.3)$$

e questa scomposizione vale non solo nel caso di regressione polinomiale, ma in generale. La Figura 3.7 illustra come queste due componenti contribuiscono all'errore quadratico medio nell'esempio precedente: quando è bassa la complessità del modello, quantificata da p, la distorsione è elevata ma la varianza contenuta; al crescere di p la distorsione si abbassa, ma aumenta la varianza. Come già menzionato al § 3.2, l'aumento di p consente al polinomio di adattarsi meglio ai dati, ma se cresce troppo questo adattamento finisce con il rincorrere oscillazioni casuali dei dati, il che si traduce in un aumento di varianza, senza guadagno rilevante nella distorsione. Questa situazione è detta di *sovra-adattamento* del modello ai dati e comporta un eccesso di *ottimismo* nella valutazione dell'errore di previsione.

Questo tipo di comportamento si riscontra molto più in generale con modelli di complessità crescente: distorsione e varianza sono entità in conflitto, che non possiamo minimizzare contemporaneamente. Dobbiamo quindi fare una scelta di *compromesso tra distorsione e varianza*. Questa indicazione ci servirà da guida per gli sviluppi che seguono.

La presenza della componente di distorsione è essenzialmente dovuta alla mancata conoscenza del meccanismo generatore dei dati. Se questo fosse noto, potremmo istituire un modello parametrico ben definito, quale ad esempio un polinomio di grado specificato, e la distorsione sarebbe nulla o al più trascurabile, come è tipico dei modelli parametrici quando correttamente specificato. Il contesto in cui operiamo ci porta invece a procedere sostanzialmente secondo un *approccio non parametrico*, anche se abbiamo utilizzato come ingrediente

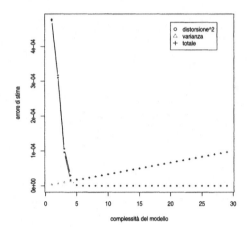

Figura 3.7. Dati 'di ieri': errore quadratico medio in funzione di p scomposto in distorsione e varianza

costruttivo un'idea di ambito parametrico quale i polinomi, ma ciò solo per semplicità espositiva.

3.4 Visto che non conosciamo $f(x)$...

La conclusione del paragrafo precedente è stata che dobbiamo operare cercando un compromesso tra componente di errore e componente di varianza. Operativamente non possiamo però ripercorrere il procedimento di prima, visto che questo ha richiesto la conoscenza di $f(x)$, ovviamente ignota in pratica.

Abbiamo visto che la trappola da evitare è il sovra-adattamento ai dati. Questa è legata all'adeguamento del modello ad aspetti presenti nel campione osservato, ma non strutturali del fenomeno, cosicché un nuovo campione non li ripresenterà. Siccome il problema ha origine nel fatto che calcoliamo la devianza su quegli stessi dati con i quali abbiamo ottenuto le stime, si capisce che il modo per evitare la trappola è di valutare il modello sulla base di altri dati.

Nel nostro esempio, i modelli stimati dai dati 'di ieri' possono essere confrontati con i dati 'di domani', e ottenere il grafico della Figura 3.8 che mostra la devianza residua per i vari polinomi stimati dai dati 'di ieri'. Evidentemente la devianza calcolata sui dati 'di domani' fornisce un'indicazione sensata e sostanzialmente analoga a quella fornita dalla Figura 3.6. Ovviamente i diagrammi delle due figure non hanno la stessa natura: uno è un'approssimazione dell'altro, e risente esso stesso della variabilità dei nuovi dati. Tuttavia l'indicazione fornita dalla devianza dei dati 'di domani' è esente dall'inconveniente di cui volevamo liberarci, ed è sostanzialmente valida, con un punto di minimo in $p = 4$.

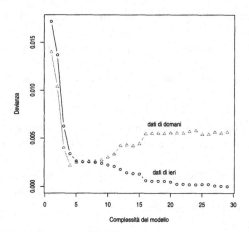

Figura 3.8. Dati 'di ieri' e 'di domani': devianza residua in funzione del grado p relativa ai polinomi stimati con i dati 'di ieri'

3.5 Tecniche per la selezione del modello

Confessiamo che abbiamo barato. In realtà non è vero che abbiamo due gruppi di dati, quelli 'di ieri' e quelli 'di domani': oggi abbiamo a disposizione tutte le 60 osservazioni, e le abbiamo suddivise casualmente in due gruppi di 30 ciascuno. Finora abbiamo proceduto in questo modo un po' artificioso per illustrare il problema; ora consideriamo i principali strumenti in uso per selezionare un modello, trovando un compromesso tra distorsione e varianza.

3.5.1 Insieme di stima e di prova

L'artifizio di divisione dei dati in due gruppi ci ha consentito di aggirare il problema del sovra-adattamento e arrivare ad una soluzione plausibile per la scelta di p, come indicato

Peraltro questo modo di procedere non è una nostra invenzione, ma un procedimento comune, perlomeno nell'ambito di cui ci stiamo occupando. Una parte dei dati, selezionata casualmente, viene usata per la stima dei vari modelli candidati, ed è detta *insieme di stima*; la restante parte è usata per valutare le loro prestazioni, e quindi scegliere quello preferibile, e questa è chiamata *insieme di prova* o *insieme di verifica*.

È chiaro che questo schema abbassa la numerosità del campione su cui effettuiamo la stima, il che in certi ambiti applicativi sarebbe un dramma, per l'esigua numerosità campionaria di cui spesso si dispone. Nel contesto del *data mining* la dimensione campionaria non è un problema di cui preoccuparci, ovvero può casomai esserlo per il motivo opposto, della altissima numerosità. È invece più importante contrastare la presenza di una distorsione della stima, come già discusso.

Siccome lo stesso insieme di prova può essere utilizzato per verificare il comportamento di molte tecniche alternative, c'è il rischio che la valutazione del comportamento scelto alla fine di tutto il processo sia comunque un po' distorta in senso ottimistico, per lo stesso meccanismo che agisce nell'uso dell'insieme di stima. Per questo motivo e perché i dati abbondano, spesso si forma un terzo insieme usato solo alla fine per una valutazione indipendente dalle precedenti dell'errore di previsione; quest'ultimo insieme è detto di *contro-prova*.

Non esiste una regola precisa con cui formare questi insiemi, ma la tabella sottostante fornisce alcuni valori di riferimento di uso comune, per il caso che si formino due oppure tre sottoinsiemi.

Porzione dei dati per:	la stima,	la prova,	la controprova
	50%	25%	25%
	75%	25%	0

3.5.2 Metodo della convalida incrociata

Riprendiamo il procedimento descritto al § 3.5.1 e supponiamo di usare il 75% dei dati per la stima e il 25% per la prova. Per maggiore accuratezza vogliamo però svincolarci dal fatto di aver attribuito proprio a *quel* quarto dei dati il ruolo di insieme di verifica. Inoltre, se n non è molto grande, e basiamo la stima solo su 3/4 dei dati, la stima risulta ulteriormente impoverita, e quindi vorremmo sfruttare al meglio l'informazione disponibile.

Un modo per superare, almeno in parte, l'arbitrarietà precedente è di creare quattro suddivisioni, ognuna con il 25% dei dati, e poi *a rotazione* usiamo tre porzioni per il ruolo di stima e una porzione di un quarto per quello di verifica. Quindi *incrociamo* i ruoli delle porzioni di dati: quel dato o porzione dei dati che ora ha una funzione di verifica verrà poi usato per la stima, e viceversa. Ovviamente questo schema richiede di ripetere quattro volte le operazioni di stima e di prova del modello.

Siccome lo schema porta ad ottenere quattro stime diverse, seppure presumibilmente non di molto, dobbiamo combinarle assieme, ad esempio tramite la loro media. Analogamente, avremo quattro diverse figure simili alla Figura 3.8, e anche di queste costruiremo una "curva media", di cui anche stavolta ci interessa il punto di minimo.

Algoritmo 3.1 Convalida incrociata (escludendo un dato alla volta)

---

1. Leggere n record di x e di y.
2. Ciclo per $p = 0, 1, \ldots, \max_p$:
   (a) ciclo per $i = 1, \ldots, n$:
       i) stimare il modello di grado p eliminando il dato i-mo,
       ii) ottenere la previsione $\hat{y}_{-i}$ per y_i, in corrispondenza al punto x_i,
       iii) calcolare l'errore $e_i \leftarrow (y_i - \hat{y}_{-i})$;
   (b) calcolare $D^*(p) \leftarrow \sum_{i=1}^{n} e_i^2$.
3. Scegliere il valore di p per cui $D^*(p)$ è minimo.

Si intuisce che il procedimento diventa ulteriormente più accurato se, invece di 4 porzioni di dimensione $n/4$, usiamo k porzioni di dimensione n/k, e ripetiamo le varie operazioni k volte, con k elevato.

Il massimo valore possibile per k è n, usando $n-1$ dati per la stima e il restante dato per la verifica; lo schema completo è riportato nell'Algoritmo 3.1. Una volta che si fa ruotare l'unico dato che svolge il ruolo di insieme di verifica, dobbiamo effettuare complessivamente n operazioni di stima. È chiaro quindi che l'incremento di onere computazionale cresce apprezzabilmente con il crescere di n.

Fortunatamente in molti casi è possibile ottenere la stima relativa all'insieme dei dati privati di una singola unità attraverso semplici operazioni partendo dalla stima per i dati completi. In particolare nel caso di un modello lineare del tipo (2.6) i cui valori interpolati sono dati dalla (2.8), vale la seguente relazione

$$y_i - \hat{y}_{-i} = (y_i - \hat{y}_i)/(1 - P_{ii}) \qquad (3.4)$$

che consente di ottenere il valore interpolato $\hat{y}_{-i}$ relativo alla i-ma osservazione senza utilizzare la medesima, ma solo il valore (o i valori) x_i; qui P_{ii} è lo i-mo elemento diagonale della matrice di proiezione (2.9). In questo modo possiamo ottenere tutti i valori interpolati per gli n possibili sottoinsiemi di dati di stima, con una semplice modifica del valore interpolato $\hat{y}_i$, e usando la matrice P che va comunque calcolata.

L'utilizzo dell'Algoritmo 3.1 per i 60 dati considerati finora, e facendo uso della formula semplificatrice (3.4), produce la Figura 3.9, la quale indica $p = 4$ come valore preferibile.

Abbiamo introdotto il criterio della convalida incrociata su base puramente intuitiva. Ci sono peraltro risultati teorici che garantiscono che, per n divergente, questa procedura ci porta certamente a selezionare il modello più appropriato. Va anche però aggiunto che, per numerosità piccole, il metodo presenta spesso un andamento molto variabile quanto ad indicazione per p.

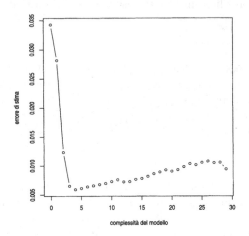

Figura 3.9. Dati 'di ieri' e 'di domani': scelta del modello mediante convalida incrociata

3.5.3 Criteri basati sull'informazione

Il procedimento statistico principe per stimare un modello è quello di massimizzare la log-verosimiglianza. Nel caso in cui però il modello stesso non sia prefissato e lo si scelga entro un'insieme, talvolta anche ampio, di modelli alternativi non possiamo limitarci alla semplice massimizzazione della verosimiglianza, ma dobbiamo tener conto del diverso numero di parametri, introducendo una penalizzazione in tale senso.

Un'ampia famiglia di criteri che rispetta questa logica è riconducibile a funzioni obiettivo del tipo

$$\text{IC} = -2 \log L(\hat{\theta}) + \text{penalità}(p) \tag{3.5}$$

dove penalità(p) quantifica la penalizzazione assegnata ad un modello che coinvolge l'uso di p parametri.

La scelta della specifica funzione di penalità identifica un particolare criterio. Chiaramente questa funzione deve essere positiva e crescente con p. Un'indicazione un poco più specifica viene dalle seguenti considerazioni. Se confrontiamo due modelli annidati tramite la funzione test (2.32) nel caso in cui il modello ristretto ha un parametro in meno ovvero specifica un vincolo sui $p + 1$ parametri del modello più ampio, sappiamo che asintoticamente

$$2\left(\log L_{p+1} - \log L_p\right) \sim \chi_1^2$$

nel caso in cui l'aggiunta del $(p + 1)$-mo parametro sia effettivamente ridondante; qui abbiamo indicato con L_{p+1} e L_p il massimo conseguito dalla verosimiglianza dei due modelli confrontati. Quindi l'inserimento di un parametro irrilevante porta ad una diminuzione media di $-2\log L$ di un'unità, e da qui ne segue che la penalità relativa a p parametri deve essere strettamente maggiore di p.

Questo approccio alla selezione del modello è stato avviato da Akaike nel 1973 con la proposta dell'ormai famoso criterio AIC. Questo si propone di minimizzare la *divergenza di Kullback-Leibler*

$$KL(p_*(\cdot), p(\cdot; \theta)) = \mathbb{E}_{p_*}\left\{ \log \frac{p_*(Y)}{p(Y; \theta)} \right\} = \mathbb{E}_{p_*}\{\log p_*(Y)\} - \mathbb{E}_{p_*}\{\log p(Y; \theta)\}$$

tra la vera distribuzione $p_*(y)$ e modello adattato ai dati $p(y; \theta)$; questa quantità può essere interpretata come una misura di divergenza tra la distribuzione dei dati futuri generati dalla variabile casuale Y e quella prevista dal modello. È chiaro che per la minimizzazione di KL possiamo agire solo sul secondo addendo dell'ultima espressione, e quindi dobbiamo considerare il valore che massimizza $\log p(Y; \theta)$, cioè la stima di massima verosimiglianza. Siccome tale stima $\hat{\theta}_y$ è funzione dei dati osservati in passato, diciamo y, ma vogliamo usare $p(\cdot; \hat{\theta}_y)$ per la previsione del comportamento su dati futuri generati dalla varabile casuale Y, dobbiamo tenere conto anche della variabilità connessa all'operazione di stima. Questo fatto porta a considerare la quantità

$$\mathbb{E}_y\left\{ \mathbb{E}_Y\left\{ \log p(Y; \hat{\theta}_y) \right\} \right\}.$$

Il calcolo di questa espressione non può prescindere da alcune assunzioni, oltre a qualche approssimazione analitica. Secondo la formulazione iniziale di Akaike, si arriva dopo opportuni sviluppi analitici a

$$-2\log p(y; \hat{\theta}) + 2p$$

come stima della quantità di interesse $\mathbb{E}_{p_*}\{\log p(Y; \theta)\}$, moltiplicata per il fattore convenzionale -2, che è inserito per allineamento con notazioni consolidate legate alla verosimiglianza, in particolare la (2.32) a pagina 37.

Al lavoro originario di Akaike sono seguite varie altre proposte, che si differenziano per le assunzioni menzionate, e anche per il modo in cui vengono approssimate certe quantità. Alcune di queste proposte sono riportate nel prospetto seguente che fornisce alcune alternative per l'espressione della penalità da inserire nella (3.5).

criterio	autore	penalità(p)
AIC	Akaike	$2p$
AIC$_c$	Sugiura, Hurvich-Tsay	$2p + \dfrac{2p(p+1)}{n - (p+1)}$
BIC/SIC	Akaike, Schwarz	$p \log n$
HQ	Hannan-Quinn	$cp \log\log n, \quad (c > 2)$

Si vede che la differenza tra AIC e AIC_c tende ad essere trascurabile al crescere di n, e infatti il criterio AIC_c è una correzione ad AIC per piccoli campioni. Al contrario gli ultimi due criteri usano una penalizzazione che cresce con n e infatti sono originati da considerazioni teoriche abbastanza diverse dalle precedenti.

Un importante vantaggio di questi criteri rispetto al test del rapporto di verosimiglianza è che sono applicabili anche al caso di famiglie di modelli non annidati, a condizione che la funzione di verosimiglianza sia utilizzata fissando la costante arbitraria della (2.25) pari a 1. Lo svantaggio è di non avere a disposizione alcuna valutazione della probabilità di errore connessa alla procedura.

Per illustrazione dell'esito prodotto da questi criteri nel caso dei dati utilizzati finora, si veda la Figura 3.10; in questo caso si riscontra che tutti e quattro i criteri portano alla stessa scelta $p = 4$. Ovviamente non c'è bisogno di separare i dati in due insiemi, ma si usano tutti i 60 valori.

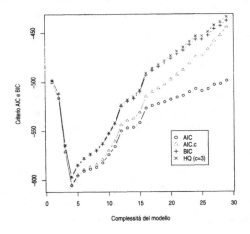

Figura 3.10. Dati 'di ieri' e 'di domani': vari criteri di informazione in funzione della complessità del modello

A conclusione di questa breve rassegna sui metodi di selezione del modello, rappresentiamo nella Figura 3.11 la curva stimata, che in questo specifico caso è la stessa per tutti i metodi, con $p = 4$, e che rappresenta in modo sostanzialmente plausibile l'andamento di fondo del fenomeno.

3.5.4 Selezione automatica delle variabili

A questo punto è possibile mettere in atto procedimenti automatizzati di selezione di modello preferenziale per certi dati, relativamente ad un insieme

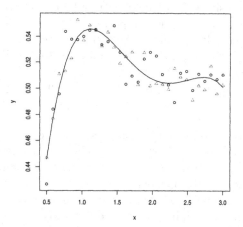

Figura 3.11. Dati 'di ieri' e 'di domani': curva stimata con $p = 4$

di modelli alternativi che noi individuiamo. La realizzazione di procedimenti di questo genere è facilitata, e particolarmente diffusa nella pratica, quando i vari modelli in competizione sono tutti della stessa tipologia e si differenziano solo per la lista di variabili esplicative coinvolte. Quindi di fatto si tratta di procedure per la *selezione di variabili*.

Per facilità di esposizione, facciamo riferimento al problema discusso a partire dal § 3.2 e alla formulazione (3.1); qui l'insieme dei vari modelli in competizione per $f(x)$ può essere costituito dalla famiglia di funzioni di tipo polinomiale. Allora le variabili esplicative in considerazione sono delle potenze di x, per cui nella fattispecie la generica variabile esplicativa, diciamo x_j, è del tipo $x_j = x^j$, con un grado che va da 0 fino ad un massimo prefissato q, ad esempio $q = n - 1$. Nei paragrafi precedenti abbiamo argomentato presumendo che, se si utilizzava un polinomio di un certo grado, allora si inserivano nella curva di regressione anche tutti i termini con grado inferiore, ma questo requisito non è strettamente necessario.

In un generico contesto di regressione, abbiamo di fronte un insieme di variabili esplicative del tipo

$$S = \{1, x_1, x_2, \ldots, x_q\} \tag{3.6}$$

dove l'inclusione della costante 1 non è una necessità formale, ma è di fatto quasi universale. Per ogni scelta di un sottoinsieme di S, il calcolo delle stime dei coefficienti di regressione $\hat{\beta}_j$, di altre quantità connesse quali devianza e, in ipotesi di normalità degli errori, della log-verosimiglianza e dell'AIC è determinato. Né è peraltro necessario limitarsi all'ambito della regressione: modelli lineari generalizzati o altri modelli parametrici sono altrettanto utilizzabili, a parte l'eventuale maggior onere computazionale.

Una procedura automatizzata per la selezione delle variabili cerca di individuare quel sottoinsieme di S che minimizza l'AIC, o altro criterio similare. Ovviamente questa operazione comporta la stima per molti modelli e va quindi compiuta al calcolatore, ma anche così l'onere computazionale connesso è enorme se vogliamo setacciare tutti i possibili sottoinsiemi, e cercare il *sottoinsieme ottimo*.

Quindi, se q non è piccolo, è più comune usare un procedimento semplificato, che va sotto il nome di *selezione passo-a-passo* o qualche variante di questo nome. Si parte da un certo modello, cioè da un certo sottoinsieme S_0 di S, e si aggiunge quel membro di S non presente S_0, ovvero si elimina quello presente, che dà luogo al minor valore di AIC tra tutte le operazioni di questo tipo; si ottiene così un sottoinsieme S_1 che contiene un elemento in più o in meno di S_0. Si ripete l'operazione, partendo stavolta da S_1, e andando in cerca della sua variazione ottimale. Otteniamo quindi un sottoinsieme S_2, e così via fino a quando si raggiunge un insieme S_* che non può essere migliorato né con una riduzione, né con un ampliamento, e questo è il sottoinsieme selezionato.

Quando il sottoinsieme di partenza S_0 è il più piccolo che vogliamo considerare rispetto a S, ad esempio $S_0 = \{1\}$, l'esito finale sarà ovviamente un sottoinsieme $S_* \supseteq S_0$ e parleremo di *selezione di avanti*. Viceversa, quando $S_0 = S$, la selezione finale risulta $S_* \subseteq S_0$ e parleremo di *selezione all'indietro*.

L'adozione di queste tecniche automatiche di selezione è particolarmente giustificabile quando le variabili esplicative sono numerose e un'analisi dettagliata di tutte non è praticabile. Un'ulteriore motivo può essere l'assenza di criteri di orientamento forniti dal problema sostanziale. Ambedue le condizioni si verificano spesso nell'ambito del *data mining*.

È da notare peraltro che questi procedimenti, seppure usino come ingredienti di funzionamento metodi inferenziali con caratteristiche probabilistiche ben note, fuoriescano di fatto dal quell'ambito. Per esempio, è molto difficile stabilire quali siano le proprietà degli errori standard connessi alle varie stime in termini di effettiva precisione, dato che non si riferiscono più ad un modello predeterminato rispetto ai dati, che è la condizione rispetto alla quale gli errori standard sono valutati. Ovviamente queste osservazioni si applicano anche ad altre situazioni in cui il modello è selezionato sulla base dei dati, ma diventano pressanti in questi casi, dove i singoli modelli valutati sono una moltitudine.

Note bibliografiche

I primi esempi di uso del metodo della convalida incrociata datano molto addietro nel tempo, ma l'introduzione e lo studio sistematico del criterio si attribuiscono a Stone (1974). La prima apparizione del criterio di AIC è nel lavoro di Akaike (1973). Una trattazione estesa dei criteri connessi al AIC è offerta dal libro di Burnham & Anderson (2002). Il capitolo 8 di Afifi & Clark (1990) presenta un'esposizione articolata dei procedimenti di selezione automatica, utilizzando criteri in uso precedentemente alla diffusione di AIC, ma la logica di fondo non varia in modo essenziale.

Esercizi

3.1. Mostrare che vale l'uguaglianza dei due membri della (3.2).

3.2. Si espliciti la (3.2) nel caso in cui $\hat{y}$ sia un polinomio di grado p (per $p = 0, 1, \ldots, n - 1$), e $x' = 2$.

3.3. Ottenere la (3.4) a pagina 57 usando i risultati del § 2.2.2.

3.4. Se q nella (3.6) vale 9, qual è la numerosità dell'insieme di tutti i possibili modelli che possiamo costruire?

Previsione di una variabile quantitativa

4.1 Stima non parametrica: perché?

Riconsideriamo i dati sulle automobili già usati nel Capitolo 2, e affrontiamo il problema di prevedere la percorrenza urbana tramite le altre variabili a disposizione, in particolare cilindrata e peso. La metodologia utilizzata nel § 2.1 è stata di natura parametrica, nel senso che si ipotizza che la funzione f della (2.2) che esprime la relazione tra la risposta e le esplicative sia un membro di una classe parametrica di funzioni, e l'identificazione di tale membro della classe è costituita dalla stima dei parametri, indicati con β.

La più semplice esemplificazione di tale approccio è costituita dalla retta di regressione, specificata dalla (2.1), nel caso di una sola variabile esplicativa. Si è peraltro visto subito che questa formulazione non è adatta, ad esempio, per i dati rappresentati nella Figura 2.2, e questo ci ha portato all'impiego di strumenti più elaborati, quali uso di polinomi, trasformazioni della variabile risposta, trasformazioni non lineari delle variabili esplicative, etc.

Una strada alternativa a quelle utilizzate nel § 2.1 è di non fare riferimento all'impianto dei modelli lineari, né ad alcuna altra formulazione parametrica per f, ma di stimare f in modo non parametrico, cioè senza presumere che f appartenga ad una specifica classe parametrica di funzioni, e assumendo solo alcune condizioni di regolarità nel suo andamento. Di conseguenza non c'è più bisogno di trasformare le variabili in modo non lineare.

Un aspetto particolarmente attraente di questo approccio è di non imporre appunto una struttura matematica particolare ad f, e si usa quindi dire che "lasciamo che i dati si esprimano" senza costringerli dentro una formulazione vincolata.

L'impostazione non parametrica alla regressione è risultata particolarmente efficace soprattutto, anche se certo non solamente, nel caso in cui si dispone di una considerevole massa di dati, come del resto è il caso nelle applicazioni a cui facciamo riferimento. Infatti in presenza di moltissimi dati abbiamo sempre abbastanza evidenza empirica per 'falsificare' qualunque modello parametrico, tranne nel caso che si tratti del modello 'vero' e per quanto detto al § 1.2.1, questo si verifica ben raramente. Il motivo di questo 'fallimento' sta nel tentativo di riassumere tutta l'informazione dei dati in un numero ristretto di parametri; questa difficoltà può essere gestita con degli strumenti che offrono maggior flessibilità.

L'obiettivo di questo capitolo è di esplorare questi nuovi strumenti. L'approccio si presta a molteplici formulazioni specifiche, molto diversificate tra loro; questa pluralità di proposte impone di selezionare solo le principali per questa esposizione. Notiamo anche che l'esistenza appunto di diverse formulazioni significa che la "libera espressione" dei dati menzionata poco sopra non è poi del tutto libera: ci sono diversi metodi a disposizione e l'impiego dell'uno piuttosto che dell'altro può portare ad un esito diverso, almeno in parte o in talune circostanze. Ancora una volta, sta a noi scegliere lo strumento più adatto al problema specifico.

4.2 Regressione locale

4.2.1 Formulazione di base

Siamo interessati ad esaminare la relazione che lega due quantità, rappresentate dalle variabili x e y, utilizzando una formulazione del tipo

$$y = f(x) + \varepsilon \qquad (4.1)$$

dove ε è un termine di errore casuale non osservato. Senza perdita di generalità possiamo assumere che $\mathbb{E}\{\varepsilon\} = 0$, in quanto un eventuale valore non nullo può essere inglobato entro $f(x)$. Questa formulazione è analoga alla (2.2) di pagina 18 ma ora non presumiamo che f sia un membro di una specificata classe parametrica. Ci limitiamo a cercare una stima di $f(x)$ presumendo per quest'ultima solo alcune condizioni di regolarità.

Consideriamo un generico ma fissato punto x_0 dei numeri reali. In prima battuta cerchiamo di stimare la $f(x)$ della (4.1) solo in corrispondenza del punto x_0.

Se $f(x)$ è una funzione derivabile con derivata continua in x_0 allora in base allo sviluppo in serie di Taylor $f(x)$ è localmente approssimabile con una retta passante per $(x_0, f(x_0))$, cioè

$$f(x) = \underbrace{f(x_0)}_{\alpha} + \underbrace{f'(x_0)}_{\beta}(x - x_0) + \text{resto}$$

dove il 'resto' è una quantità di ordine di grandezza inferiore a $|x - x_0|$.

Questo risultato dice che una qualunque funzione $f(x)$ sufficientemente regolare può essere approssimata *localmente* da una retta. Trasferendo questa idea in un contesto di stima statistica, cerchiamo di stimare $f(x)$ in un intorno di x_0 mediante un criterio che sfrutta questo fatto, sulla base di n coppie di osservazioni (x_i, y_i) per $i = 1, \ldots, n$.

Introduciamo quindi un criterio analogo alla (2.3), ma ora pesando le osservazioni in base alla loro distanza da x_0, cioè

$$\min_{\alpha,\beta} \sum_{i=1}^{n} \left\{ y_i - \alpha - \beta(x_i - x_0) \right\}^2 w_i \qquad (4.2)$$

dove i pesi w_i sono scelti in modo da essere più alti quando $|x_i - x_0|$ è più piccolo. La (4.2) costituisce una forma particolare di *criterio dei minimi quadrati pesati*, dove i pesi sono costruiti con un'ottica 'locale' attorno a x_0; per questo il metodo di stima risultante è detto della *regressione locale*. Una volta risolto il problema di minimo (4.2), la stima conseguente è $\hat{f}(x_0) = \hat{\alpha}$.

Operativamente un modo per scegliere i pesi è di porre

$$w_i = \frac{1}{h} \, w \left(\frac{x_i - x_0}{h} \right)$$

dove $w(\cdot)$ è una funzione di densità simmetrica attorno all'origine che in questo contesto è detta *nucleo*, e h (con $h > 0$) rappresenta un fattore di scala, che è detto *ampiezza di banda* o *parametro di lisciamento*. Alcune delle più comuni scelte per il nucleo $w(\cdot)$ sono riportate nella Tabella 4.1; per fissare le idee può essere conveniente pensare al nucleo normale, corrispondente alla densità $N(0,1)$ che del resto è quella che useremo nel seguito.

Tabella 4.1. Alcuni comuni tipi di nucleo

nucleo	$w(z)$	supporto
normale	$\frac{1}{\sqrt{2\pi}} \exp\left(-\frac{1}{2}z^2\right)$	$\mathbb{R}$
rettangolare	$\frac{1}{2}$	$(-1, 1)$
Epanechnikov	$\frac{3}{4}(1 - z^2)$	$(-1, 1)$
biquadratico	$\frac{15}{16}(1 - z^2)^2$	$(-1, 1)$
tricubico	$\frac{70}{81}(1 - |z|^3)^3$	$(-1, 1)$

La Figura 4.1 esemplifica l'esito della stima non parametrica nel caso dei dati relativi alla percorrenza, in relazione alla cilindrata delle auto. Il pannello in alto a sinistra presenta i dati, come già visti al Capitolo 2. Il pannello in alto a destra illustra il funzionamento della stima evidenziando in particolare il sistema dei pesi relativi all'ascissa $x_0 = 3$, per la particolare scelta $h = 0{,}5$ con nucleo normale, come indicato dalla curva tratteggiata; l'area ombreggiata contraddistingue la *finestra* sull'asse delle ascisse i cui punti hanno complessivamente un peso relativo del 95% nella (4.2). I restanti punti della curva continua sono stati ottenuti traslando il sistema di pesi indicato dalla curva tratteggiata su altre ascisse e riapplicando la (4.2).

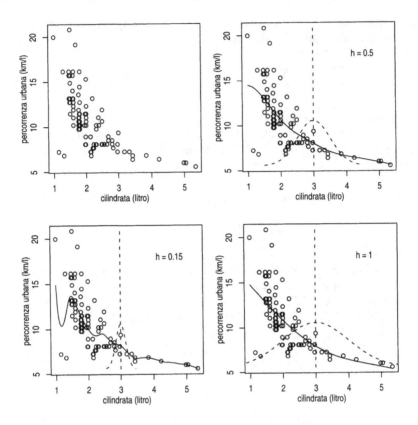

Figura 4.1. Dati delle auto: stima con la regressione locale della relazione tracilindrata e percorrenza urbana per alcune scelte di h

La (4.2) dipende dai pesi w_i, e questi dipendono da vari elementi: h, $w(\cdot)$ e x_0. Anche fissati h e il nucleo $w(\cdot)$, il problema di minimo dipende da x_0 e noi in realtà vogliamo stimare $f(x)$ per diverse scelte di x, il che porta ad altrettante operazioni di minimizzazione. La ripetizione dell'operazione di minimizzazione non è un problema, in quanto si può mostrare che la stima relativa al generico punto x può essere ottenuta dalla formula esplicita

$$\hat{f}(x) = \frac{1}{n} \sum_{i=1}^{n} \frac{\{a_2(x;h) - a_1(x;h)(x_i - x)\} w_i y_i}{a_2(x;h) a_0(x;h) - a_1(x;h)^2}, \tag{4.3}$$

dove $a_r(x;h) = \{\sum (x_i - x)^r w_i\}/n$, per $r = 0,1,2$. Si tratta quindi di una stima non iterativa e anzi lineare nelle y_i, e quindi possiamo scrivere

$$\hat{f}(x) = s_h^\top y$$

per un opportuno vettore $s_h \in \mathbb{R}^n$ dipendente da h, da x e dalle $x_1, \dots, x_n$ tramite le quantità a_r.

Usualmente stimiamo $f(x)$ non in un solo punto, ma su un intero insieme di m valori (generalmente equispaziati) che attraversano l'intervallo di interesse per la variabile x, e possiamo calcolare tutte le m stime mediante un unico insieme di operazioni matriciali del tipo

$$\hat{f}(x) = S_h\, y \qquad (4.4)$$

dove S_h è una matrice $m \times n$, detta *matrice di lisciamento*, x è ora il vettore (in $\mathbb{R}^m$) delle ascisse dove stimiamo la funzione f, e $\hat{f}(x)$ è il corrispondente vettore delle stime.

Se n è molto grande, si può ridurre la dimensione della matrice S_h attraverso raggruppamento in classi delle variabili, e quindi usando una matrice $m \times n'$, con $n' \ll n$.

4.2.2 Scelta del parametro di lisciamento

Resta il problema della scelta di h e di $w(\cdot)$. Quest'ultimo non costituisce un elemento critico, come hanno mostrato molti studi sull'argomento, e si può sostanzialmente usare un qualunque nucleo della Tabella 4.1. C'è al più una preferenza per l'uso di funzioni continue e un vantaggio computazionale nel scegliere nuclei con supporto limitato.

L'aspetto veramente importante è quello della scelta del parametro di lisciamento h. Un'indicazione diretta dell'effetto della scelta di h è fornita dagli ultimi due pannelli della Figura 4.1. Si vede che abbassando il valore di h si produce una curva $\hat{f}$ più aderente al comportamento locale dei dati, e quindi più frastagliata, in quanto il sistema dei pesi assegnati opera su una finestra più piccola e risente di più della variabilità locale dei dati. *Vice versa* all'aumentare di h otteniamo l'effetto opposto: la finestra su cui operano i pesi si allarga e la curva risulta più liscia.

Per cercare di capire gli elementi che regolano il comportamento di $\hat{f}$, in particolare in relazione ad h, dobbiamo studiarne le proprietà formali. Limitandoci a delle ipotesi di lavoro abbastanza semplici, assumiamo che $\mathrm{var}\{\varepsilon_i\} = \sigma^2$, una costante positiva comune a tutte le osservazioni, e che le osservazioni stesse siano tra loro incorrelate. Allora si può arrivare a dimostrare che, per h sufficientemente prossimo a 0 e n sufficientemente grande, valgono le approssimazioni

$$\mathbb{E}\left\{\hat{f}(x)\right\} \approx f(x) + \frac{h^2}{2}\sigma_w^2\, f''(x), \qquad \mathrm{var}\left\{\hat{f}(x)\right\} \approx \frac{\sigma^2}{n\,h}\frac{\alpha(w)}{g(x)}, \qquad (4.5)$$

dove $\sigma_w^2 = \int z^2 w(z)\,\mathrm{d}z$, $\alpha(w) = \int w(z)^2\,\mathrm{d}z$ e con $g(x)$ indichiamo la densità da cui sono campionate le x_i.

Queste espressioni dicono che la distorsione è un multiplo di h^2 e la varianza è multipla di $1/(n\,h)$. Quindi vorremmo scegliere $h \to 0$ per abbattere la distorsione, ma questo manda la varianza della stima a ∞; per $h \to \infty$

succede il contrario: si abbatte la varianza, ma esplode la distorsione. Le relazioni (4.5) valgono nelle ipotesi un po' restrittive dette prima, ma lo stesso tipo di indicazione vale sostanzialmente con ipotesi più deboli; le formule che si ottengono sono più complesse, ma l'indicazione qualitativa è analoga.

Quindi si verifica anche qui lo stesso contrasto tra distorsione e varianza della stima già visto al Capitolo 3 in relazione ad un altro contesto di stima. Come già in quel caso, dobbiamo adottare una soluzione di compromesso, bilanciando in qualche modo i due inconvenienti.

In un certo senso la soluzione 'ottimale' è implicita nelle espressioni (4.5). Infatti minimizzando la somma di varianza e quadrato della distorsione, secondo quanto indicato dalla (3.3) a pagina 53, ma con questi nuovi elementi, si ottiene che la scelta asintoticamente ottima per h è

$$h_{\text{opt}} = \left(\frac{\alpha(w)}{\sigma_w^4 \, f''(x)^2 \, g(x) \, n} \right)^{1/5}. \tag{4.6}$$

Questa espressione peraltro non è di utilizzo diretto in quanto coinvolge termini non noti, $f''(x)$ e $g(x)$. Tuttavia essa fornisce almeno due importanti elementi:

◇ la formula ci dice che h deve tendere a 0 come $n^{-1/5}$ e quindi molto lentamente;

◇ se sostituiamo questa h_{opt} nelle espressioni di media e varianza (4.5), ci dice che l'errore quadratico medio tende a 0 con la velocità di $n^{-4/5}$; quindi questo metodo di stima non parametrico è intrinsecamente meno efficace di uno parametrico la cui corrispondente velocità è n^{-1}, quando il modello parametrico è adeguato.

Quest'ultima considerazione ha sostanzialmente una validità ben più ampia che quella indicata qui, nel senso che l'indicazione di fondo vale anche per gli altri metodi di stima non parametrica, di cui parleremo in seguito.

Operativamente per la scelta di h si seguono quindi strade diverse dalla (4.6), o perlomeno non la si usa direttamente. Un metodo semplice e anzi rudimentale, ma di fatto efficace, è provare alcuni valori e selezionare quello che ad occhio sembra più appropriato, come in effetti abbiamo proceduto per la Figura 4.1. Ci sono peraltro procedure più formali, che ricalcano nella logica e in buona parte anche nella sostanza operativa quelli già visti al § 3.5.

In particolare sono di uso corrente il metodo della convalida incrociata e quello AIC$_c$ visti al § 3.5, opportunamente adattati per il problema. Specificamente di quest'ultimo è stata proposta la variante

$$\text{AIC}_c = \log \hat{\sigma}^2 + 1 + \frac{2\{\text{tr}(S_h) + 1\}}{n - \text{tr}(S_h) - 2}$$

ispirata a quello visto al § 3.5.3; cfr. Hurvich et al. (1998). Qui

$$\hat{\sigma}^2 = \frac{1}{n} \sum_i \left(y_i - \hat{f}(x_i) \right)^2 = \frac{1}{n} y^\top (I_n - S_h)^\top (I_n - S_h) \, y$$

è la stima della varianza residua σ^2, e $\text{tr}(S_h)$ indica la traccia della matrice S_h, presente nella (4.4); questa traccia costituisce una misura sostitutiva del numero di parametri coinvolti, per motivi che si chiariranno al § 4.5.1.

Il primo pannello della Figura 4.2 presenta il risultato della regressione locale con $h = 0{,}21$ scelto tramite il criterio AIC$_c$ rappresentato dalla curva continua, ma rimuovendo i valori corrispondenti ai quattro punti anomali (graficamente visibili come due soli punti) in basso a sinistra. Il significato delle curve tratteggiate sarà spiegato tra poco.

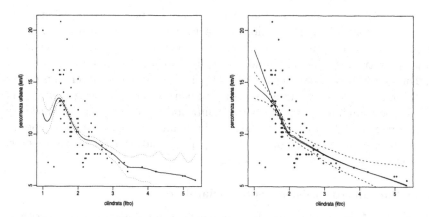

Figura 4.2. Dati delle auto: stima mediante la regressione locale con h selezionato da AIC $_c$, a sinistra, e stima con metodo `loess`, a destra

Notiamo per concludere che la linearità della procedura di stima rispetto alle y_i, stabilita alla fine del § 4.2.1, vale nel caso di h fissato indipendentemente dai dati. Se invece h è scelto sulla base dei dati stessi, come fanno quasi tutte le procedure menzionate prima, allora il metodo non è più lineare.

4.2.3 Bande di variabilità

A fini inferenziali è utile disporre di uno strumento analogo all'intervallo di confidenza, per corredare la stima di $f(x)$ con un'indicazione della sua attendibilità. Per poter costruire tale intervallo dovremmo fare riferimento ad una quantità-pivot, almeno in senso approssimato, del tipo

$$\frac{\hat{f}(x) - f(x) - b(x)}{\sqrt{\text{var}\left\{\hat{f}(x)\right\}}} \sim N(0,1)$$

dove $b(x)$ indica la distorsione della stima, il cui termine principale è desumibile dalla prima espressione della (4.5), e analogamente la varianza al denominatore è approssimata dalla seconda espressione della (4.5).

Delle varie quantità in gioco, tutte sono in qualche modo suscettibili di valutazione, seppure approssimata, tranne il termine $f''(x)$ che entra nella distorsione $b(x)$. Ciò rende molto difficoltosa la costruzione di un intervallo di confidenza, anche di livello approssimato.

Invece di cercare correttivi molto complicati per rimediare al problema, una soluzione corrente è di costruire delle *bande di variabilità* del tipo

$$\left(\hat{f}(x) - z_{\alpha/2} \operatorname{err.std}(\hat{f}(x)), \ \hat{f}(x) + z_{\alpha/2} \operatorname{err.std}(\hat{f}(x)) \right)$$

dove $z_{\alpha/2}$ è il quantile di livello $1 - \alpha/2$ della distribuzione $N(0,1)$, e $\operatorname{err.std}(\hat{f}(x))$ indica l'errore standard di $\hat{f}(x)$. Di per sé l'espressione precedente è quella di un intervallo, ma dà luogo a due bande una volta che l'espressione viene applicata ad ogni punto dell'ascissa. Il risultato è illustrato dalle curve tratteggiate nel pannello di sinistra della Figura 4.2.

Due osservazioni sono necessarie: (a) per ogni fissato x, l'intervallo precedente non costituisce un intervallo di confidenza, per i motivi già detti, ma fornisce solo un'indicazione della variabilità locale della stima; (b) anche se la distorsione $b(x)$ non fosse presente, l'intervallo così costruito avrebbe un livello di confidenza approssimato $1 - \alpha$ per $f(x)$ ad *ogni* fissato valore di x, ma non globalmente per l'intera curva.

4.2.4 Parametro di lisciamento variabile e `loess`

Ci sono diverse varianti al metodo di base della regressione locale come descritta finora. La variante più comune riguarda l'uso di una ampiezza di banda non costante lungo l'asse x, ma in funzione del grado di sparsità dei punti osservati. Se facciamo riferimento di nuovo alla Figura 4.1, è ragionevole pensare di usare valori di h elevati là dove le x_i sono più disperse (soprattutto per $x_i > 3$).

Queste considerazioni intuitive sono corroborate dall'indicazione della espressione della (4.6). Qui la presenza di $g(x)$ al denominatore mostra proprio che quando la densità $g(x)$ è bassa, e quindi le osservazioni x_i sono sparse, dobbiamo usare un h più elevato.

Una tecnica nata tenendo conto di queste considerazioni è quella del `loess`, che è molto simile alla regressione locale del § 4.2.1. Una sua particolarità è quella di esprimere il parametro di lisciamento attraverso la frazione di osservazioni rilevanti per la stima ad una determinata ascissa, che viene tenuta costante. Per cogliere il modo di funzionamento, facciamo riferimento ad uno dei pannelli della Figura 4.1, ad esempio quello in alto a destra. Se si passa a stimare la funzione in un'altra ascissa, con la regressione locale il sistema di pesi e la zona colorata associata vengono traslati orizzontalmente; invece il `loess` allarga o restringe la finestra in modo che la frazione di osservazioni coinvolte resti costante.

Si vede quindi che il grado di lisciamento è ora regolato dalla frazione di punti utilizzati, essendo l'ampiezza di banda determinata da tale frazione. Quindi è quest'ultima che costituisce il parametro di lisciamento nel `loess`.

Un altro aspetto saliente del `loess` è quello di poter combinare l'idea di regressione locale con quella di *stima robusta*, il che porta a sostituire la funzione quadratica della (4.2) con un'altra funzione obiettivo che limiti l'effetto di *osservazioni anomale*.

Sempre in base a considerazioni di *robustezza* della procedura, il `loess` usa un nucleo a supporto limitato, generalmente quello tricubico. L'uso di un nucleo a supporto limitato ha anche il vantaggio di distinguere più nettamente tra punti usati e non usati nella stima.

Il secondo pannello della Figura 4.2 presenta il risultato della stima e relative bande di variabilità ottenute tramite `loess` per i dati delle auto, usando come parametro di lisciamento una frazione del 75% delle osservazioni e funzione obiettivo di tipo quadratico (4.2). Lo stesso grafico mostra anche la curva stimata utilizzando la variante robusta; questa è la curva continua che fuoriesce dalle bande di variabilità del metodo non robusto.

4.2.5 Estensioni a più dimensioni

L'impianto precedente si può applicare anche al caso in cui si disponga di due o più variabili esplicative, diciamo p. Iniziamo nel caso più semplice di due variabili, chiamiamole x_1 e x_2, e supponiamo che valga una relazione del tipo

$$y = f(x_1, x_2) + \varepsilon$$

dove ora $f(x_1, x_2)$ è una funzione da $\mathbb{R}^2$ in $\mathbb{R}$.

I dati a disposizione sono ora costituiti dalle stesse y_i precedenti e dai punti $x_i = (x_{i1}, x_{i2}) \in \mathbb{R}^2$, per $i = 1, \ldots, n$. Per stimare f in corrispondenza ad un punto specificato, $x_0 = (x_{01}, x_{02})$, una naturale estensione del criterio (4.2) prende la forma

$$\min_{\alpha, \beta, \gamma} \sum_{i=1}^{n} \left\{ y_i - \alpha - \beta(x_{i1} - x_{01}) - \gamma(x_{i2} - x_{02}) \right\}^2 w_i \qquad (4.7)$$

dove ora i pesi w_i sono da determinarsi in funzione di un'opportuna distanza tra x_i e x_0. Un modo molto comune per scegliere w_i è di porre

$$w_i = \frac{1}{h_1 h_2} w\left(\frac{x_{i1} - x_{01}}{h_1} \right) w\left(\frac{x_{i2} - x_{02}}{h_2} \right)$$

che costituisce una semplice forma di estensione di quanto visto al § 4.2.1. Chiaramente questa espressione coinvolge due diversi parametri di lisciamento, h_1 e h_2, per tener conto della diversa variabilità di x_1 e x_2.

Dal punto di vista computazionale possiamo impostare anche questo problema come una variante dei minimi quadrati pesati. Se indichiamo con X la matrice $n \times 3$ la cui i-ma riga è

$$(1, \ x_{i1} - x_{01}, \ x_{i2} - x_{02}),$$

$y = (y_1, \ldots, y_n)^\top$ e $W = \mathrm{diag}(w_1, \ldots, w_n)$, allora la soluzione del problema di minimo precedente è il primo elemento, quello corrispondente ad α, di $(X^\top W X)^{-1} X^\top W y$. Ovviamente questo calcolo va ripetuto per ogni scelta del punto x_0, e tendenzialmente il numero di tali punti è ora più elevato che nel caso scalare del § 4.2.1.

La Figura 4.3 mostra il risultato ottenuto per i dati delle auto usando $x_1 =$ cilindrata, $x_2 =$ peso e $y =$ percorrenza urbana, utilizzando due forme di rappresentazione grafica: prospettica e mediante curve di livello. Per evitare di estrapolare la stima laddove non disponiamo di osservazioni, questa viene limitata all'involucro convesso dei punti osservati delle (x_1, x_2).

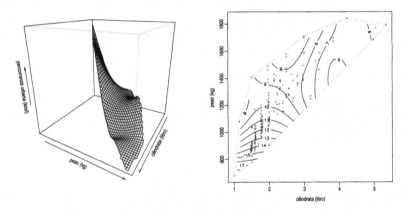

Figura 4.3. Dati delle auto: stima della percorrenza urbana tramite la regressione locale nel caso di due variabili esplicative, cilindrata e peso

La gran parte dei risultati si estende con relativa facilità al caso multidimensionale, dove la formulazione adottata è del tipo

$$y = f(x) + \varepsilon = f(x_1, \ldots, x_p) + \varepsilon. \tag{4.8}$$

La definizione del metodo di stima visto per $p = 1$ e $p = 2$ si estende in modo naturale al caso di p generico, e dunque non ripetiamo la discussione di vari aspetti connessi, quali la scelta di h e altri già discussi.

4.2.6 Maledizione della dimensionalità

In realtà raramente ci si addentra molto al di là delle due dimensioni. Un primo motivo è la scarsa "maneggevolezza concettuale" dell'oggetto risultante: anche se l'idea di funzione di sei o ventisei variabili non è concettualmente diversa da quella di funzione in due variabili, risulta di fatto mentalmente e graficamente non visualizzabile, per lo meno in modo semplice. Legato a questo fatto vi è ovviamente anche una difficoltà interpretativa del risultato.

Un secondo e forse anche più importante aspetto è che, all'aumentare della dimensione p dello spazio dove si collocano le variabili esplicative, i punti osservati si disperdono molto rapidamente. Per percepire in forma intuitiva l'essenza del problema, pensiamo a $n = 500$ punti sull'asse x collocati casualmente in un intervallo, che senza perdita di generalità possiamo assumere essere l'intervallo unitario $(0, 1)$. Se noi utilizziamo questi n punti per stimare la funzione $f(x)$, possiamo ottenerne una stima piuttosto attendibile, grazie alla piccola distanza media che li separa. Se lo stesso numero n di punti viene ora distribuito sul quadrato $(0, 1)^2$ del piano (x_1, x_2), questi risultano molto meno fitti di prima. Se poi passiamo a dimensioni superiori, diciamo p, la dispersione di questi n punti nello spazio $\mathbb{R}^p$ aumenta molto rapidamente, e in corrispondenza degrada la qualità della stima ottenibile.

Per compensare l'aumento della spaziatura tra i punti, avremmo bisogno di un campione di dimensione n^p. Mentre è comune disporre di un campione di numerosità $n = 500$, è ben più difficile disporre di 500^5 unità, e praticamente impossibile averne 500^{10}, anche in un contesto di *data mining*. Queste sono peraltro le numerosità in qualche modo equivalenti per stimare non parametricamente la funzione f quando il numero di variabili esplicative è cinque oppure, rispettivamente, dieci.

Questa situazione di sostanziale impossibilità a stimare accuratamente la funzione f quando p è elevato prende il nome di *maledizione della dimensionalità*. Per una specificazione più dettagliata di come evolve il grado di dispersione dei punti al crescere della dimensione e per altre considerazioni connesse, si veda Hastie et al. (2001, § 2.5).

Un ulteriore aspetto critico con l'aumentare di p è l'aumento dell'onere computazionale, quantomeno quando ciò si verifica in congiunzione con un aumento significativo di n.

Questi problemi non sono confinati alla specifica tecnica della regressione locale, ma valgono sostanzialmente per ogni tecnica di stima non parametrica, in quanto la loro origine sta nella dimensione e nella sparsità dei dati rispetto al numero di punti in cui si vuole stimare la funzione, e non tanto nel metodo scelto per elaborare i dati.

Per contrastare il problema della maledizione della dimensionalità una strategia possibile è quella di effettuare in via preliminare un'operazione che riduca la dimensione delle variabili esplicative, trasformandole in qualche modo in un insieme di nuove variabili di numero ridotto, ma cercando allo stesso tempo di perdere il meno possibile del contenuto informativo.

Il modo più semplice e probabilmente quello più usato in pratica per conseguire questo obiettivo è quello di estrarre alcune tra le *componenti principali* delle variabili esplicative originarie. Costruito quindi l'insieme completo delle componenti principali se ne sceglie un numero opportuno per mantenere una frazione adeguata della variabilità originaria, tenendo contenuto il numero di variabili così costruite. Il grande pregio dell'approccio è ovviamente quello di abbattere il numero di dimensioni su cui si opera, e spesso questo abbattimento è veramente vistoso; lo svantaggio principale è che le nuove variabili ottenute come combinazioni lineari delle variabili originarie non costituiscono spesso delle quantità facilmente interpretabili.

Quindi nel seguito ciò che indicheremo come variabili esplicative potrebbe non rappresentare le variabili originarie, ma appunto quelle costruite attraverso le componenti principali o altro metodo di riduzione della dimensionalità.

4.3 *Spline*

In origine il termine 'spline' indicava delle flessibili asticciole di legno utilizzate per la progettazione degli scafi delle navi. Fissati alcuni punti sulla sezione trasversale dello scafo, il resto della curva veniva determinato forzando queste asticciole a passare in corrispondenza a tali punti, e lasciando l'asta libera di disporsi per il resto del profilo secondo la sua naturale tendenza; si determinava così una curva regolare con comportamento preassegnato in certe posizioni.

4.3.1 Funzioni di tipo *spline*

Il termine *spline* è stato utilizzato in matematica per la costruzione di funzioni polinomiali a tratti, secondo una logica che replica un poco il meccanismo descritto prima, per approssimare funzioni di cui si conosce il valore solo in alcuni punti, ovvero per interpolare coppie di punti.

Sull'asse delle ascisse si scelgano K punti $\xi_1 < \xi_2 < \cdots < \xi_K$, detti *nodi*. Si vuole costruire una funzione $f(x)$ tale che passi esattamente per i nodi e che negli altri punti sia libera, purché presenti complessivamente un comportamento regolare; in questo senso la funzione si comporta in modo simile agli *spline* usati nei cantieri.

Si adotta la seguente strategia: tra due nodi successivi, diciamo nell'intervallo (ξ_i, ξ_{i+1}), la curva $f(x)$ coincide con un opportuno polinomio, di grado prefissato d, e si chiede che tali porzioni di polinomi si 'congiungano bene' nei punti di giunzione ξ_i $(i = 2, \ldots, K - 1)$, nel senso che la funzione risultante $f(x)$ abbia derivate dal grado 0 al grado $d - 1$ continue in ognuno di tali ξ_i.

Di fatto il grado utilizzato quasi universalmente è $d = 3$ e si parla quindi di 'spline cubiche'. Il motivo di questa scelta è che l'occhio umano non riesce di fatto a cogliere discontinuità nella derivata terza. Quindi le condizioni precedenti si possono scrivere come

$$f(\xi_i) = y_i, \quad \text{per } i = 1, \ldots, K$$
$$f(\xi_i^-) = f(\xi_i^+), \quad f'(\xi_i^-) = f'(\xi_i^+), \quad f''(\xi_i^-) = f''(\xi_i^+),$$
$$\text{per } i = 2, \ldots, K - 1$$

dove $g(x^-)$ e $g(x^+)$ indicano il limite da sinistra e da destra di una funzione $g(\cdot)$ nel punto x.

Questa impostazione del problema comporta il seguente insieme di condizioni: ognuna delle $K - 1$ cubiche componenti richiede 4 parametri; ci sono K vincoli del tipo $f(\xi_i) = y_i$ e $3(K - 2)$ vincoli di continuità della funzione e delle prime due derivate.

La differenza tra coefficienti e vincoli è di 2 unità; pertanto il sistema di condizioni precedenti non identifica univocamente una funzione. Abbiamo quindi bisogno di introdurre due vincoli aggiuntivi.

Sono state fatte molte proposte per la definizione di tali nuovi vincoli, la maggior parte delle quali riguarda gli intervalli o i punti estremi della funzione. Una scelta particolarmente semplice consiste nel vincolare le derivate seconde dei polinomi nei due intervalli estremi ad essere nulle, da cui deriva che i due polinomi estremi sono rette. La funzione $f(x)$ così risultante è detta *spline cubica naturale*.

Ci sono molti altri aspetti relativi alle funzioni di tipo *spline*, per i quali rimandiamo a testi specifici; cfr. § 4.8.3.

4.3.2 *Spline* di regressione

Lo strumento precedente torna utile anche in ambito statistico, in varie forme, nello studio di relazioni tra una variabile esplicativa x e una risposta y, per le quali disponiamo di n coppie di osservazioni (x_i, y_i) per $i = 1, \ldots, n$.

Iniziamo applicando queste idee nell'ambito della regressione di tipo parametrico. Riprendiamo quindi la formulazione (2.2) dove ora $f(x; \beta)$ viene ipotizzata essere una funzione di tipo *spline*. A tal fine dividiamo l'asse delle ascisse in $K + 1$ intervalli separati da K ascisse, $\xi_1, \ldots, \xi_K$, detti *nodi* e interpoliamo gli n punti con il criterio (2.3) dove i β sono ora i parametri non vincolati dei $K + 1$ polinomi costituenti.

Rispetto a quanto detto al paragrafo precedente c'è una certa diversità in quanto la selezione dei coefficienti della funzione *spline* non può più avvenire in base a vincoli del tipo $f(\xi_j) = y_j$, visto che ora il numero K e il numero n sono slegati e $K \ll n$. Questo fatto spiega che dobbiamo utilizzare un criterio di accostamento tra dati e funzione interpolante, quale appunto quello di minimi quadrati o un altro criterio del genere.

Se utilizziamo *spline* cubiche, il numero totale di parametri delle cubiche è $4(K + 1)$ soggetti a $3K$ vincoli di continuità, e quindi β ha $K + 4$ componenti. Si può mostrare che la soluzione del problema di minimo (2.3) può essere riscritta nella forma equivalente

$$f(x; \beta) = \sum_{j=1}^{K+4} \hat{\beta}_j \, h_j(x) \tag{4.9}$$

dove

$$h_j(x) = x^{j-1} \text{ per } j = 1, \ldots, 4,$$
$$h_{j+4}(x) = (x - \xi_j)_+^3, \text{ per } j = 1, \ldots, K$$

e $a_+ = \max(a, 0)$. La soluzione è quindi costituita da una opportuna combinazione lineare di una *base di funzioni* $\{h_j(x), j = 1, \ldots, K+4\}$, costituita in parte da polinomi elementari e in parte da funzioni del tipo $\max(0, (x - \xi)^3)$.

Per illustrazione del procedimento si veda la Figura 4.4 relativi ai nostri 'dati di ieri'. Sono stati utilizzati $K = 2$ nodi evidenziati dalle linee verticali tratteggiate. Oltre alla soluzione standard per il grado $d = 3$ abbiamo costruito anche quelle per $d = 1$ e $d = 2$ per pura illustrazione espositiva. Ovviamente in questi ultimi due casi la base di funzioni cambia; in particolare per $d = 1$ la base è costituita da

$$h_1(x) = 1, \quad h_2 = x, \quad h_{j+2}(x) = (x - \xi_j)_+, \quad \text{per } j = 1, \ldots, K.$$

Il pannello di destra della Figura 4.4 mostra anche l'andamento della funzione $(x - \xi_1)_+$ come esempio della componente caratteristica di questo approccio.

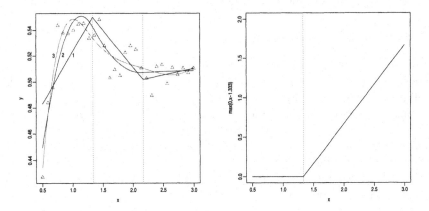

Figura 4.4. Dati di ieri: funzioni interpolanti per $d = 1, 2, 3$ (a sinistra) e funzione componente $(x - \xi_1)_+$ (a destra)

4.3.3 *Spline* di lisciamento

Un altro modo in cui possiamo utilizzare le funzioni di tipo *spline* nello studio della relazione tra variabili è per introdurre un approccio alla stima non parametrica in alternativa alla regressione locale.

Consideriamo il criterio dei minimi quadrati penalizzati

$$D(f, \lambda) = \sum_{i=1}^{n} [y_i - f(x_i)]^2 + \lambda \int_{-\infty}^{\infty} \{f''(t)\}^2 \, dt \qquad (4.10)$$

dove λ è un parametro positivo di penalizzazione del grado di irregolarità della curva f, quantificato dall'integrale di $f''(x)^2$, cioè λ agisce come parametro di lisciamento.

Se $\lambda = 0$ non vi è penalità per l'irregolarità di $f(x)$, per cui il criterio precedente non risente di $f(x)$ fuori delle ascisse $x_1, \ldots, x_n$, e la soluzione di minimo $\hat{f}(x_i)$ è la media aritmetica delle y_i corrispondenti a quella data ascissa, per ciascuna delle x_i osservate, mentre non è determinata per gli altri valori di x. Se $\lambda \to \infty$, la penalità è massima e comporta di adottare una retta in quanto impone $f''(x) \equiv 0$, e il risultato complessivo è la retta dei minimi quadrati. Quindi λ si comporta in modo qualitativamente analogo ad h nel caso della regressione locale.

Un risultato matematico significativo afferma che la soluzione del problema di minimizzazione è costituita da una funzione di tipo *spline cubica naturale*, i cui nodi sono i punti x_i distinti. La soluzione può essere scritta come

$$\hat{f}(x) = \sum_{j=1}^{n_0} \theta_j \, N_j(x)$$

dove n_0 è il numero di x_i distinti e gli $N_j(x)$ sono basi delle 'spline cubiche naturali'. A differenza del caso del paragrafo precedente, qui abbiamo un pareggiamento del numero di parametri e numero di nodi, per i vincoli connessi al fatto che abbiamo una *spline* naturale.

Si può riscrivere

$$D(f, \lambda) = (y - N\theta)^\top (y - N\theta) + \lambda \theta^\top \Omega \theta$$

dove N indica la matrice in cui la j-ma colonna contiene i valori di N_j in corrispondenza agli n_0 valori distinti di x, e la matrice Ω il cui generico elemento è $\int N_j''(t) \, N_k''(t) \, \mathrm{d}t$. La soluzione del problema di minimo è data da

$$\hat{\theta} = (N^\top N + \lambda \Omega)^{-1} N^\top y \tag{4.11}$$

che dipende dalla scelta del parametro di lisciamento λ.

Sostituendo questa espressione di $\hat{\theta}$ in quella di $f(x)$ otteniamo che $\hat{y} = \tilde{S}_\lambda y$ per una certa matrice $\tilde{S}_\lambda$ di dimensione $n_0 \times n_0$; si tratta quindi di un altro *lisciatore lineare*. Si parla in questo caso di spline *di lisciamento*.

Dal punto di vista computazionale non si procede peraltro utilizzando la (4.11), che coinvolge una matrice di ordine n_0. Vi sono algoritmi molto più efficienti, per i quali rimandiamo alla letteratura specialistica; cfr. § 4.8.3. Inoltre, quando la numerosità è molto elevata, si può ridurre il numero di nodi utilizzati, senza perdita sostanziale di accuratezza, in analogia a quanto detto per la regressione locale alla fine del § 4.2.1.

Di nuovo, mostriamo che cosa si ottiene applicando questo procedimento ai dati delle auto, per tre scelte del parametro λ, nella Figura 4.5. Anche per la scelta di λ si possono usare i criteri già visti in precedenza per la scelta del parametro di lisciamento, in particolare i §§ 3.5 e 4.2.2, ma qui abbiamo scelto tre valori che evidenziano l'effetto della variazione del parametro λ.

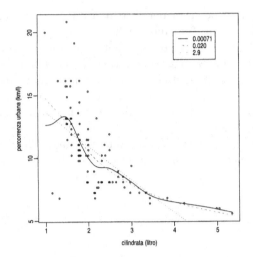

Figura 4.5. Dati delle auto: stima della percorrenza urbana in funzione della cilindrata tramite *spline* di lisciamento, per tre scelte di λ

4.3.4 *Spline* a più dimensioni

La generalizzazione delle *spline* al caso in cui si disponga di due o più variabili esplicative non è così automatico come per le altre tecniche di lisciamento presentate in questo capitolo. Una estensione per le *spline* di lisciamento cubiche, ad esempio, sono le *thin-plate spline*, che si ottengono attraverso una generalizzazione della (4.10) in cui, nella funzione di penalizzazione, il laplaciano sostituisce la derivata seconda della funzione f. A causa dell'elevata complessità computazionale coinvolta, le *thin-plate spline* vengono difficilmente utilizzate quando si hanno più di due variabili esplicative; in questo semplice caso, se si suppone di avere una coppia di variabili esplicative $x = (x_1, x_2)^\top \in \mathbb{R}^2$, la funzione di penalizzazione diviene

$$\int\int_{\mathbb{R}^2} \left\{ \left(\frac{\partial^2 f(x)}{\partial x_1^2}\right)^2 + 2 \left(\frac{\partial^2 f(x)}{\partial x_1 \partial x_2}\right)^2 + \left(\frac{\partial^2 f(x)}{\partial x_2^2}\right)^2 \right\} \, dx_1 \, dx_2,$$

dove si è esplicitato il laplaciano bidimensionale. Si può dimostrare che la soluzione del problema di ottimo (4.10) utilizzando questa funzione di penalizzazione ha la forma

$$f(x) = \hat{\beta}_0 + \hat{\beta}^\top x + \sum_{j=1}^{n} \alpha_j h_j(x)$$

dove $h_j(x) = \eta(\|x - x_j\|)$, e $\eta(z) = z^2 \log z^2$; gli $\hat{\alpha}_j$, $\hat{\beta}_0$ e $\hat{\beta}$ sono determinati sostituendo la $f(x)$ nella 4.10 e minimizzando rispetto ai parametri.

La Figura 4.6 presenta il risultato ottenuto per i dati delle auto usando ancora una volta x_1 = cilindrata, x_2 = peso e y = percorrenza.urbana, utilizzando due forme di rappresentazione grafica: prospettica e mediante curve di livello.

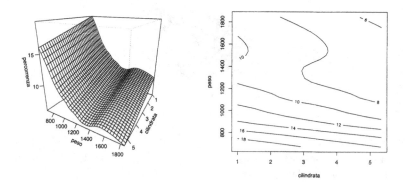

Figura 4.6. Dati delle auto: stima della percorrenza urbana in funzione della cilindrata e del peso tramite *spline* di lisciamento

Un altro tipo di generalizzazione, utile in particolare per le *spline* di regressione, sono le *spline prodotto tensoriale*. In questo caso l'estensione a più dimensioni si ottiene costruendo una base di funzioni in $\mathbb{R}^p$ moltiplicando insieme le basi di funzioni unidimensionali relative a ciascuna variabile esplicativa. Se ad esempio consideriamo il caso bidimensionale, in cui $x = (x_1, x_2)^\top \in \mathbb{R}^2$, e abbiamo una base di funzioni $h_{1k}(x_1)$, con $k = 1, \ldots, K_1$, relativa alla prima variabile esplicativa x_1, e una base di funzioni $h_{2k}(x_2)$, con $k = 1, \ldots K_2$, relativa alla seconda variabile esplicativa x_2, la *base prodotto tensoriale* di dimensione $K_1 \times K_2$ è definita da

$$g_{jk}(x) = h_{1j}(x_1)h_{2k}(x_2), \qquad j = 1, \ldots, K_1, \quad k = 1, \ldots, K_2$$

e può essere usata per rappresentare una funzione bidimensionale

$$g(x) = \sum_{j=1}^{K_1} \sum_{k=1}^{K_2} \theta_{jk} g_{jk}(x).$$

La stima dei parametri θ_{jk} viene effettuata attraverso il criterio dei minimi quadrati come nel caso unidimensionale.

La Figura 4.7 riporta un esempio di basi prodotto tensoriale ottenuta utilizzando come componenti unidimensionali delle basi del tipo $(x - \xi)_+ = \max(x - \xi, 0)$, presentate nella Figura 4.4.

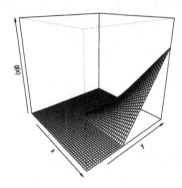

Figura 4.7. Base prodotto tensoriale, ottenuta come prodotto delle basi scalari del tipo $(x - \xi)_+$ come nella Figura 4.4

4.3.5 MARS

Quando il numero di variabili esplicative è elevato l'estensione dell'impianto precedente non è agevole a causa delle difficoltà computazionali e interpretative che sorgono. Risulta quindi importante utilizzare una procedura che, a partire dalle informazioni presenti nei dati, permetta una selezione ragionevole delle variabili da utilizzare e che fornisca dei criteri per la scelta del numero di nodi necessari per ciascuna variabile.

Le *spline di regressione multidimensionali adattive* (MARS da *multivariate adaptive regression splines*) sono una particolare specificazione iterativa delle *spline* di regressione (cfr. § 4.3.2) finalizzata alla modellazione di problemi con molte variabili esplicative. Le basi utilizzate sono coppie di funzioni lineari a tratti del tipo $(x-\xi)_+$ e $(\xi-x)_+$, con un solo nodo nel punto ξ analoghe a quelle incontrate nel § 4.3.2. Si vuole trovare la relazione tra una variabile dipendente y e le p variabili esplicative $x = (x_1, \ldots, x_p)^T$. Per ogni variabile esplicativa si determina una coppia di basi con il nodo in ciascun valore osservato su quella variabile x_{ij}. Si ottiene così l'insieme di basi di funzioni che sono funzioni sull'intero spazio $\mathbb{R}^p$,

$$\mathcal{C} = \{(x_j - \xi)_+, (\xi - x_j)_+\}$$

con $\xi \in \{x_{1j}, x_{2j}, \ldots, x_{pj}\}$ e $j = 1, 2, \ldots, p$.

Il modello MARS è quindi del tipo

$$f(x) = \beta_0 + \sum_{k=1}^{K} \beta_k h_k(x) \tag{4.12}$$

dove abbiamo indicato con $h_k(x)$ le funzioni appartenenti a $\mathcal{C}$ o prodotti di due o più di tali funzioni.

Una volta scelte le h_k, i parametri β_k sono stimati minimizzando la somma dei quadrati dei residui. Il problema si riduce quindi alla scelta delle basi da utilizzare e del loro numero K. Si segue un procedimento ricorsivo.

◇ Si parte con $K = 0$. Si introduce per prima la funzione costante $h_0(x) = 1$, e tutte le funzioni nell'insieme $\mathcal{C}$ sono candidate ad entrare nel modello.

◇ Passo generico $K + 1$. Supponiamo che nel modello ci siano già K termini. Si considera come nuova coppia di basi ciascuna delle possibili coppie di prodotti di una funzione $h_k, k \in \{1, \ldots, K\}$ presente nel modello con un'altra coppia di funzioni in $\mathcal{C}$ e si sceglie la coppia di basi che aggiungerà alla (4.12) il termine

$$\hat{\beta}_{K+1}\, h_m(x)\, (x_j - \xi)_+ + \hat{\beta}_{K+2}\, h_m(x)\, (\xi - x_j)_+$$

che minimizza il criterio dei minimi quadrati; qui h_m indica una funzione già presente nel modello e $\hat{\beta}_{K+1}$ e $\hat{\beta}_{K+2}$ sono parametri stimati ai minimi quadrati contemporaneamente a tutti gli altri parametri del modello.

◇ Il processo di selezione e aggiunta di nuove basi continua fino al raggiungimento di un prefissato massimo numero di termini.

Il modello ottenuto è generalmente molto grande e di solito si sovra-adatta ai dati. Si indichi con λ il numero di termini che il modello contempla. Può essere opportuno impostare una procedura all'indietro in cui si selezionano e si eliminano dal modello i termini che risultano portare il minor apporto alla somma dei quadrati dei residui, ottenendo così un modello ottimo per ciascuna dimensione, λ. Quando si hanno a disposizione molti dati, la scelta di λ può avvenire utilizzando un diverso insieme di prova analogamente a quanto visto nel § 3.5.1. Alternativamente si può fare riferimento al criterio della convalida incrociata (cfr. § 3.5.2), che però richiede un considerevole carico computazionale. Una possibile alternativa è utilizzare la *convalida incrociata generalizzata* (in breve GCV, da *Generalized Cross Validation*) definita come

$$GCV(\lambda) = \frac{\sum_{i=1}^{n}[y_i - \hat{f}_\lambda(x_i)]^2}{\{1 - d(\lambda)/n\}^2}$$

dove $d(\lambda)$ è un indicatore del numero effettivo di parametri nel modello ed è funzione del numero di termini nel modello e del numero di parametri utilizzati nel selezionare la posizione ottima dei nodi. In particolare esistono risultati teorici e di simulazione che mostrano che la scelta di un nodo nella regressione lineare a tratti corrisponde a circa tre parametri nella formulazione del modello; quindi, se r indica il numero di basi di funzioni linearmente indipendenti presenti nel modello e K il numero di nodi definiti nel processo di selezione di basi, si ottiene il valore di $d(\lambda) = r + 3K$. Un'altra approssimazione spesso usata porta a scegliere $d(\lambda)$ proporzionale al numero di termini presenti nel modello.

Le coppie di funzioni lineari scelte come basi per i MARS, sono caratterizzate dalla semplicità di operare localmente: quando queste basi vengono moltiplicate tra loro, sono diverse da zero solo nella piccola parte dello spazio in cui tutte le funzioni univariate sono positive (cfr. Figura 4.7), e questo permette al modello di adattarsi ai dati utilizzando un relativamente piccolo numero di parametri. Queste funzioni inoltre hanno il vantaggio di essere moltiplicabili tra loro in maniera semplice, comportando complessità computazionali particolarmente ridotte.

La logica di costruzione del modello è chiaramente gerarchica, nel senso che si possono moltiplicare nuove basi che coinvolgono nuove variabili solo alle basi già presenti, per cui una interazione di ordine superiore può venire introdotta solo se sono presenti interazioni di ordine inferiore. Tale vincolo, dettato da motivi computazionali, non riflette necessariamente la realtà dei dati che si stanno analizzando, ma spesso aiuta anche nella interpretazione dei risultati e delle previsioni che si ottengono. Spesso peraltro, proprio per aiutare l'interpretazione dei risultati, si vincola il modello ad avere solo interazione di primo o al massimo di secondo ordine

Finora abbiamo considerato il caso in cui le variabili esplicative sono quantitative, ma per modelli di tipo MARS è facile introdurre anche variabili qualitative. Se si considerano infatti tutte le possibili partizioni binarie delle modalità di una variabile esplicativa qualitativa, ciascuna di queste partizioni genera una coppia di basi di funzioni costanti a tratti che indicano l'appartenenza a uno dei due gruppi di modalità. Questa coppia di basi può quindi venire inserita in $\mathcal{C}$ e utilizzata come tutte le altre per ottenere i prodotti con le funzioni già presenti nel modello.

Con la semplice finalità esemplificativa utilizziamo ancora una volta i dati delle auto considerando solo le due variabili esplicative cilindrata e peso. La superficie ottenuta usando il modello MARS è presentata nella Figura 4.8.

Per fare un esempio un po' più realistico basandoci sempre sui dati delle auto, consideriamo ora come variabili esplicative oltre alla cilindrata e al peso, anche le variabili alimentazione, aspirazione, tipo.carrozzeria, trazione, posizione.motore, larghezza, altezza, lunghezza. La Tabella 4.2 presenta un riassunto delle informazioni rilevanti utilizzate dal modello finale ottenuto al termine della procedura di MARS. Solo coppie di basi relative ad un'unica variabile sono risultate nel modello finale. Nella tabella viene riportata una riga per ciascuna coppia di basi che entra nel modello finale; la prima colonna presenta la variabile esplicativa legata alla base e, per le basi con componenti lineari a tratti, la seconda colonna specifica il punto in cui viene fissato il nodo per quella variabile, altrimenti la base è lineare. Per le variabili qualitative la terza colonna indica in quanti livelli è stata suddiviso il fattore per determinare la base relativa. La quarta colonna indica i parametri $\hat{\beta}$ relativi a ciascuna base stimati usando il modello e l'ultima colonna fornisce una stima dell'errore standard di ciascun parametro.

Nella Figura 4.9 sono presentati i grafici unidimensionali delle stime della variabile risposta per ciascuna variabile esplicativa rilevante, dove in cia-

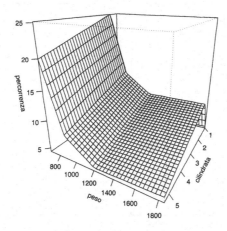

Figura 4.8. Modello MARS per i dati delle auto

Tabella 4.2. Dati delle auto: stime relative al modello MARS

variabile	nodo	livelli	parametri	err.std.
costante			57,0798	4,4884
peso			−0,0639	0,0063
alimentazione		1	−4,0680	0,2768
aspirazione		1	1,3412	0,2287
peso	861,84		0,0510	0,0067
peso	1149,88		0,0069	0,0013
cilindrata			11,6215	1,7015
cilindrata	1,47		−12,1585	1,7581

scun pannello le altre variabili esplicative sono mantenute costanti e uguali al loro valore mediano. La Figura 4.10 presenta l'analogo grafico della funzione di regressione stimata considerando contemporaneamente le due variabili cilindrata e peso.

4.4 Modelli additivi e GAM

Abbiamo esaminato vari metodi per la stima non parametrica della regressione, ognuno dei quali ci consente di esaminare la relazione tra una variabile risposta y e un certo numero p di variabili esplicative. Tutte queste tecniche sono valide allo scopo, ma allo stesso tempo tutte si scontrano con gli stessi problemi quando p è elevato: la maledizione della dimensionalità e quanto altro discusso al § 4.2.5.

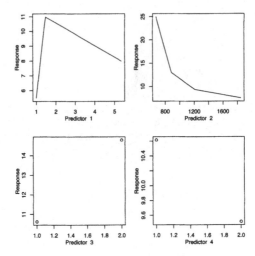

Figura 4.9. Dati delle auto: stime relative al modello MARS delle relazioni unidimensionali tenendo fisse le altre variabili al valore mediano

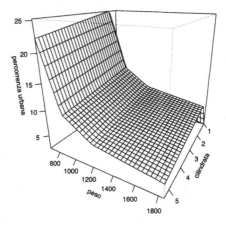

Figura 4.10. Dati delle auto: stime realtive al modello MARS della relazione doppia tenendo fisse le altre variabili al valore mediano

Per poter ovviare a questo inconveniente dobbiamo introdurre una qualche forma di 'struttura', ovvero un modello sulla forma della funzione di regressione $f(x)$, $x = (x_1, \ldots, x_p) \in \mathbb{R}^p$. D'altra parte, per i motivi già discussi in precedenza, non vogliamo una 'struttura rigida', ma cerchiamo di mantenere il massimo di flessibilità.

Una possibile opzione, che ha riscontrato notevole apprezzamento anche per la sua percorribilità pratica, è la seguente: supponiamo che per $f(x)$ valga una rappresentazione del tipo

$$f(x_1, \ldots, x_p) = \alpha + \sum_{j=1}^{p} f_j(x_j) \qquad (4.13)$$

dove le funzioni $f_1, \ldots, f_p$ sono funzioni in una variabile dall'andamento sufficientemente regolare e α è una costante. Diremo che la formulazione (4.8) a pagina 74 con la rappresentazione (4.13) di $f(x)$ costituisce un *modello additivo*.

Si osservi che, per evitare quello che sostanzialmente è un problema di *identificabilità* del modello, bisogna che le varie f_j siano a valori centrati sullo 0, cioè

$$\sum_{i=1}^{n} f_j(x_{ij}) = 0, \qquad (j = 1, \ldots, p),$$

dove x_{ij} è il valore della j-ma variabile per l'unità i.

Per arrivare alla stima delle funzioni relative al modello additivo così istituito, esiste una procedura iterativa che si appoggia ad un metodo di stima non parametrica di funzioni in una variabile per stimare le f_j. Tale procedura, presentata nell'Algoritmo 4.1, è detta di *backfitting*, ed è sostanzialmente una variante dell'algoritmo di Gauss-Seidel.

Non è cruciale quale metodo di stima non parametrica si utilizza, e addirittura si potrebbero scegliere metodi diversi per le diverse f_j, ma usualmente si usa un solo metodo, che nell'Algoritmo 4.1 è indicato genericamente con $\mathcal{S}$, nel senso che $\mathcal{S}(y)$ costituisce la stima non parametrica, calcolata sui valori osservati $y = (y_1, \ldots, y_n)^\top$, di una funzione scalare. In molti casi $\mathcal{S}$ è uno stimatore lineare, del tipo Sy dove S è una opportuna matrice di lisciamento.

Una generalizzazione del modello (4.13) è del tipo

$$f(x_1, \ldots, x_p) = \alpha + \sum_{j=1}^{p} f_j(x_j) + \sum_{j=1}^{p} \sum_{k<j} f_{kj}(x_k, x_j)$$
$$+ \sum_{j=1}^{p} \sum_{k<j} \sum_{h<k<j} f_{hkj}(x_h, x_k, x_j) + \cdots$$

la quale consente di tener conto dell'*effetto di interazione* tra coppie di variabili, o terne, o altre interazioni di ordine superiore.

Algoritmo 4.1 *Backfitting*

1. Inizializzazione: $\hat{\alpha} \leftarrow \sum_i y_i/n$, $\hat{f}_j \leftarrow 0$ per ogni j.
2. Ciclo per $j = 1, 2, \ldots, p, 1, 2, \ldots, p, 1, 2, \ldots$:

   (a) $\hat{f}_j \leftarrow \mathcal{S}\left[\left\{y_i - \hat{\alpha} - \sum_{k \neq j} \hat{f}_k(x_{ik})\right\}_1^n\right]$,

   (b) $\hat{f}_j \leftarrow \hat{f}_j - n^{-1} \sum_{i=1}^n \hat{f}_j(x_{ij})$

fino a quando le funzioni $\hat{f}_j$ si stabilizzano.

Le Figure 4.11 e 4.12 illustrano il funzionamento dei modelli additivi con riferimento ai dati delle auto in cui la variabile risposta è la percorrenza urbana e le variabile esplicative sono la cilindrata e il peso. Nella Figura 4.11 sono rappresentate le funzioni che nella (4.13) sono indicate con f_1 e f_2, ambedue accompagnate dalle rispettive bande di variabilità. È da notare che l'andamento della funzione di regressione della cilindrata si modifica sensibilmente introducendo anche la componente peso, rispetto ai grafici analoghi nelle Figure 4.1, 4.2 e 4.5 che considerano la cilindrata da sola.

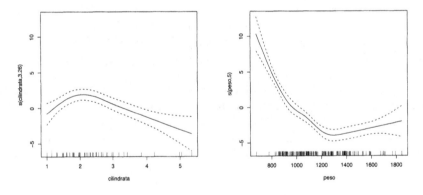

Figura 4.11. Dati delle auto: stima della percorrenza urbana in funzione della cilindrata e del peso mediante un modello additivo usando un lisciatore di tipo *spline*

Il pannello di sinistra della Figura 4.12 presenta la superficie di regressione ottenuta sotto l'ipotesi di additività, combinando assieme le due funzioni mostrate nella Figura 4.11, mentre il pannello di destra riprende la stima libera da ipotesi di additività, già mostrata nella Figura 4.3 a pagina 74. Il confronto tra i grafici dei due pannelli evidenzia l'effetto dell'ipotesi di additività ovvero per converso evidenzia l'effetto di interazione tra le variabili che non può essere colto dal modello additivo, peraltro molto contenuto in questo esempio.

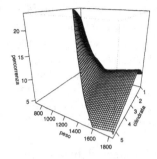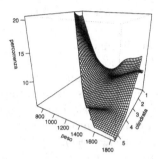

Figura 4.12. Dati delle auto: stima della percorrenza urbana in funzione della cilindrata e del peso mediante un modello additivo usando un lisciatore di tipo *spline*, e senza ipotesi di additività mediante regressione locale

Un'altra direzione in cui è frequente generalizzare il modello (4.13) è del tipo

$$g\left(\mathbb{E}\{Y|x_1,\ldots,x_p\}\right) = \alpha + \sum_{j=1}^{p} f_j(x_j)$$

che ricalca la (2.39) di pagina 42, e va sotto il nome di *modelli additivi generalizzati* (in breve GAM, da *Generalized Additive Model*). Come nei GLM standard, anche qui la funzione legame g è data per specificata; ad esempio, nel caso di Y binomiale, g è comunemente assunta essere la funzione logit (2.40). Invece il termine di destra ora è espresso tramite la forma additiva, e di conseguenza il contributo della generica variabile x_j non è più di tipo lineare $\beta_j\,x_j$, ma di tipo più generale $f_j(x_j)$.

Per la stimare le funzioni relative ad un modello di tipo GAM si utilizza una opportuna combinazione dell'Algoritmo 4.1 con quello dei minimi quadrati pesati iterati, in uso per i GLM.

4.5 Aspetti inferenziali

Quanto presentato finora in questo capitolo riguarda principalmente la stima non parametrica di una forma di regressione, e solo marginalmente abbiamo considerato operazioni di 'inferenza', che ora vogliamo affrontare più approfonditamente. In particolare vogliamo introdurre una formulazione di *analisi della varianza* adattata al contesto presente, per la verifica dell'ipotesi di assenza di effetto di una certa variabile esplicativa sulla risposta.

4.5.1 Gradi di libertà equivalenti

Facciamo riferimento alla formulazione generale (4.8) di pagina 74 e al relativo stimatore $\hat{f}$. Ci si pone il problema di stabilire se una certa variabile esplicativa, diciamo x_r, sia trascurabile e possa essere rimossa dal modello.

A tal fine gioca un ruolo fondamentale il fatto che la maggior parte delle procedure non parametriche viste finora sono forme lineari della variabile risposta, una volta fissato il parametro di lisciamento. Possiamo quindi scrivere il vettore dei valori interpolati $\hat{y}$ nella forma $\hat{y} = S y$, con S matrice di lisciamento di dimensione $n \times n$, e corrispondentemente il vettore dei residui è dato da $\hat{\varepsilon} = (I_n - S)y$.

Per costruire una tabella di analisi della varianza dobbiamo introdurre una forma di 'gradi di libertà', seppure approssimati, associati alle forme quadratiche connesse ad uno stimatore. Si consideri la somma dei quadrati dei residui

$$Q = \sum_i \hat{\varepsilon}_i^2 = \hat{\varepsilon}^\top \hat{\varepsilon} = y^\top (I_n - S)^\top (I_n - S)y$$

di cui vogliamo determinare la distribuzione di probabilità e in particolare calcolare il valore medio.

Nel caso del modello lineare classico vale che $\hat{\varepsilon} = (I_n - P)y$ dove P è la matrice di proiezione (2.9), ed è noto che $\mathbb{E}\{Q\} = \sigma^2(n - p)$, dove $n - p$ sono i gradi di libertà della componente di errore. Con l'aggiunta dell'ipotesi $\varepsilon \sim N_n(0, \sigma^2 I_n)$, si conclude che $Q \sim \sigma^2 \chi^2_{n-p}$.

Nel caso invece che stiamo trattando i residui sono ottenuti con una formula analoga a quella dei modelli lineari, salvo che la matrice di proiezione P è sostituita dalla matrice di lisciamento S, la quale non gode delle stesse proprietà formali. Di conseguenza, anche se assumiamo la normalità di ε, la distribuzione di probabilità di Q non risulta più di tipo χ^2.

Si possono peraltro portare delle argomentazioni che indicano per Q un andamento della densità di probabilità simile a quella di un χ^2. Il problema ora è di determinare una espressione che giochi il ruolo di gradi di libertà; ciò richiede di determinare un'approssimazione a $\mathbb{E}\{Q\}$, data la coincidenza tra valore medio e gradi di libertà per una variabile di tipo χ^2. Per questo, scriviamo

$$\begin{aligned} \mathbb{E}\{Q\} &= \mathbb{E}\{Y^\top (I_n - S)^\top (I_n - S)Y\} \\ &= \mu^\top (I_n - S)^\top (I_n - S)\mu + \sigma^2 \mathrm{tr}(I_n - S)^\top (I_n - S) \end{aligned}$$

dove $\mu = \mathbb{E}\{Y\}$, avendo utilizzato il Lemma A.2.4. Se introduciamo le approssimazioni

$$(I_n - S)\mu \approx 0, \qquad (I_n - S)^\top (I_n - S) \approx (I_n - S)$$

si arriva a scrivere

$$\mathbb{E}\{Q\} \approx \sigma^2 \{n - \text{tr}(S)\}$$

e si chiama $\{n - \text{tr}(S)\}$ *gradi di libertà equivalenti* per il termine di errore, e corrispondentemente $\text{tr}(S)$ sono i gradi di libertà equivalenti per il lisciatore.

Siccome le espressioni precedenti sono basate su approssimazioni, una implicazione è che si possono introdurre espressioni un po' diverse per i gradi di libertà equivalenti, basate su approssimazioni alternative. Ad esempio, sono state proposte le forme $\text{tr}(SS^\top)$ o anche $\text{tr}(2S - SS^\top)$ invece di $\text{tr}(S)$. Trattandosi di approssimazioni tra le quali non c'è un chiaro motivo per preferire una forma all'altra, si tende ad usare la forma più semplice, $\text{tr}(S)$; del resto i risultati non variano in modo radicale.

Aldilà del ruolo di approssimante numerica, è utile cogliere il significato sostanziale dell'idea di gradi di libertà equivalenti. Teniamo presente che, a seconda della scelta del parametro di lisciamento, $\hat{y} = Sy$ varia tra l'interpolazione parametrica lineare e quella "totalmente irregolare" che di fatto non presume nessuna regolarità per la funzione $f(x)$ sottostante. Una scelta del parametro di lisciamento, e quindi di S, intermedia tra i due poli estremi corrisponde ad una forma di "parziale regolarità" di $f(x)$, che viene appunto quantificata dai gradi di libertà corrispondenti alla scelta del parametro di lisciamento. In altre parole $\text{tr}(S)$ rappresenta il "numero di parametri equivalenti" implicati dal modello e dalla scelta del parametro di lisciamento; per converso, $n - \text{tr}(S)$ rappresenta la componente di "non regolarità" e quantifica quanta parte dei dati è allocata alla stima della componente di errore.

Uno degli utilizzi dei gradi di libertà equivalenti è di istituire un indicatore di lisciamento valido uniformemente per diversi tipi di stimatori.

4.5.2 Analisi della varianza

Riprendiamo in mano la questione della valutazione della significatività delle singole variabili che entrano nel modello (4.8).

In analogia allo schema di analisi della varianza per modelli lineari con errore gaussiano, si può istituire una forma estesa di analisi della varianza in cui la variabilità totale è scomposta in componenti che rappresentano i contributi attribuibili a ciascuna variabile esplicativa.

Possiamo riprodurre lo schema della (2.34) di pagina 39 utilizzando ora due stime per $\hat{y}_0$ e $\hat{y}$ di tipo non parametrico, in cui la $\hat{y}_0$ rappresenta il modello ridotto. Per quanto detto al paragrafo precedente, approssimiamo la distribuzione del test F con una F di Snedecor con $(\text{tr}(S) - \text{tr}(S_0), n - \text{tr}(S))$ gradi di libertà.

Per illustrazione consideriamo di nuovo i dati della percorrenza urbana delle auto, ed esaminiamo l'effetto di cilindrata e peso, utilizzando la regressione locale, come considerato al § 4.2 usando i valori 0,3 e 300 per il parametro di lisciamento delle due variabili.

Come di consuetudine, riassumiamo gli elementi essenziali in una *tabella di analisi della varianza* riportata di seguito.

Componente	devianza	g. d. l.	valore-p
cilindrata	116961,8	12,07	0,000
peso	729,0	5,40	0,094
(cilindrata,peso)	410,2	13,08	

Per interpretare gli elementi della tabella, si tenga presente che la riga intestata, ad esempio, 'peso' contiene la differenza di devianza tra il modello completo, con ambedue i termini cilindrata e peso, e il modello ridotto senza la variabile peso, cioè riporta il contributo all'abbassamento della devianza dovuto alla variabile peso. Di seguito, la stessa riga riporta i gradi di libertà equivalenti per questa componente, cioè la differenza tra gradi di libertà del modello completo e quello senza la variabile peso. Infine il valore-p viene calcolato come complemento della funzione di ripartizione nel punto

$$F = \frac{729,0/5,40}{410,2/(203 - 13,08)} = 1.88$$

della distribuzione di Snedecor con $5, 40$ e $203 - 13, 08$ gradi di libertà, essendo 203 la numerosità campionaria.

I valori ottenuti dipendono in qualche modo dalla scelta dei parametri di lisciamento, diciamo h. Si può peraltro osservare empiricamente che i valori-p, e quindi le conclusioni inferenziali, risultano non pesantemente influenzati, se la variazione di h avviene entro un ambito ragionevole di scelta. Di conseguenza la scelta del parametro di lisciamento non è così critica come abbiamo visto nell'ambito della stima.

Come facilmente intuibile, questa forma di analisi della varianza viene utilizzata in modo particolarmente naturale nell'ambito dei modelli additivi, dove è implicita l'idea di incremento di adattamento apportato da ciascuna variabile, ripercorrendo la logica dell'analisi della varianza classica.

4.6 Alberi di regressione

4.6.1 Approssimazioni mediante funzioni a gradini

In un certo senso, il modo "più semplice" per approssimare una qualunque funzione $y = f(x)$, con $x \in \mathbb{R}$, è quello di usare una funzione approssimante a gradini, cioè una funzione costante a tratti su intervalli. L'idea è illustrata nella Figura 4.13.

Ci sono peraltro vari aspetti da stabilire: (a) quante suddivisioni dell'asse delle ascisse considerare; (b) dove scegliere i punti di suddivisione, (c) quale valore di ordinata assegnare ad ogni intervallo.

Di questi quesiti, il più semplice da affrontare è l'ultimo, dato che è del tutto naturale scegliere il valore $\int_{R_j} f(x) \, dx / |R_j|$ per il generico intervallo R_j, avendo indicato con $|R_j|$ la lunghezza dell'intervallo stesso. Per quanto riguarda la scelta del posizionamento dei punti di suddivisione di $\mathbb{R}$, e quindi

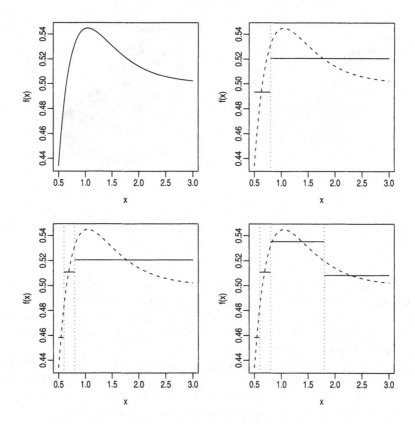

Figura 4.13. Una funzione continua e alcune approssimazioni mediante funzioni a gradini

la definizione degli intervalli, conviene scegliere intervalli piccoli là dove $f(x)$ è più ripida. La scelta del numero di suddivisioni è il più soggettivo dei tre punti precedenti: è intuitivo che all'aumentare del numero di gradini aumenta la qualità dell'approssimazione, e quindi in un certo senso saremmo portati a utilizzare infinite suddivisioni. Questo peraltro si scontra con l'esigenza di disporre di una rappresentazione approssimata "parsimoniosa", e quindi di adottare un numero finito di suddivisioni.

Lo schema precedente si può estendere al caso di funzioni in p variabili; scriviamo quindi $y = f(x)$ con $x \in \mathbb{R}^p$. Ci sono moltissimi modi per realizzare l'estensione dell'idea precedente dal caso $p = 1$ al caso p generico. La Figura 4.14 presenta una funzione in $\mathbb{R}^2$ e una sua funzione approssimante a gradini. Questa particolare forma di approssimazione è costituita da una funzione a gradini tale che le regioni aventi valore costante sono rettangoli, i cui lati sono paralleli agli assi coordinati.

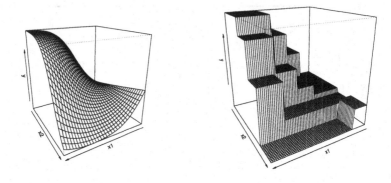

Figura 4.14. Una funzione continua in $\mathbb{R}^2$ e una approssimazione mediante funzione a gradini

Tali caratteristiche della funzione approssimante consentono di poterla rappresentare tramite un *albero binario*, presentato graficamente nel pannello di sinistra della Figura 4.15; il pannello di destra rappresenta la corrispondente partizione del dominio della funzione $f(x)$ e i valori della funzione approssimante in ciascun rettangolo.

L'albero è costituito da una struttura le cui componenti sono affermazioni di tipo logico, dette *nodi*, relative a qualcuna delle componenti di x, del tipo $x_2 < 1{,}725$. Si inizia esaminando l'affermazione riportata nel nodo alla *radice dell'albero*, che è posta in alto; se l'affermazione è vera si segue il ramo sottostante di sinistra, altrimenti quello di destra. Si procede con lo stesso schema, esaminando via via le affermazioni successive, fino a che non si raggiungono i nodi terminali, dette *foglie*, che forniscono il valore della funzione approssimate.

La rappresentazione grafica mediante un albero non è visivamente così attraente come quella prospettica della Figura 4.14, ma ha importanti vantaggi: l'albero è identificato da pochi elementi numerici, e quindi anche memorizzato in modo conveniente in un calcolatore. Un secondo importante elemento di vantaggio è che possiamo passare da una approssimazione ad una successiva più accurata suddividendo uno dei rettangoli componenti in due sottorettangoli con le stesse caratteristiche di quelli originari. Ciò corrisponde ad estendere un ramo dell'albero di un ulteriore livello di ramificazione.

Quest'ultima caratteristica porta immediatamente alla possibilità di costruire ricorsivamente una successione di approssimazioni via via più accurate, ciascuna ottenuta per raffinamento della precedente. La sequenza delle tre funzioni a gradini nella Figura 4.13 illustra questo fatto.

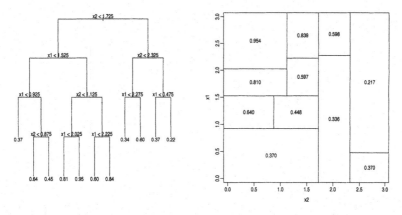

Figura 4.15. Albero corrispondente alla approssimazione del pannello di destra della Figura 4.14 (a sinistra) e partizione del dominio di $f(x)$ indotta dall'albero (a destra)

4.6.2 Alberi di regressione: crescita

Vogliamo utilizzare l'idea precedente di approssimazione mediante funzione a gradini per approssimare le funzioni che ci interessano, cioè le funzioni di regressione. Naturalmente nel nostro contesto la funzione di regressione $f(x)$ non è nota, ma la osserviamo indirettamente tramite n osservazioni campionarie che consideriamo generate dal modello (4.8) di pagina 74.

Per semplicità ripartiamo dal caso $p = 1$, e consideriamo i dati della Figura 4.16 che rappresenta i 60 dati già visti al Capitolo 2, suddivisi nei due gruppi 'di ieri' e 'di domani'. Ci proponiamo di stimare la curva di regressione $f(x)$ sottostante i dati tramite una funzione a gradini del tipo descritto prima, cioè del tipo

$$\hat{f}(x) = \sum_{j=1}^{J} c_j \, I(x \in R_j) \qquad (4.14)$$

dove $I(x \in A)$ è la *funzione indicatrice* dell'insieme A e $c_1, \ldots, c_J$ sono costanti. In generale, gli insiemi $R_1, \ldots, R_J$ sono rettangoli, in senso p-dimensionale, con i lati paralleli agli assi coordinati; nel caso specifico, con $p = 1$, ovviamente gli R_j si riducono a segmenti.

Per la scelta degli R_j e dei c_j abbiamo bisogno di una funzione obiettivo. Il criterio di riferimento è la devianza, ma la sua minimizzazione, anche se diamo per fissato il numero J di gradini, è un problema computazionalmente molto complesso. Pertanto operativamente si procede seguendo una logica sub-ottimale di *ottimizzazione passo-a-passo*, nel senso che si costruisce una sequenza di approssimazioni via via più raffinate, e ad ognuno di questi passi si minimizza la devianza relativamente al passaggio dall'approssimazione corrente a quella successiva.

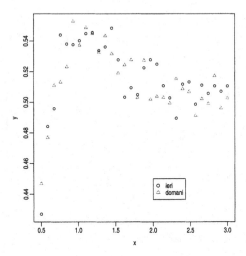

Figura 4.16. Diagramma di dispersione di 60 coppie di valori

Un aspetto cruciale è appunto il fatto che ad ogni passo si divide in due uno dei rettangoli già costruiti, e quindi anche la porzione dei dati appartenenti al rettangolo, e si ottimizza la devianza rispetto a questa operazione. Vi è quindi una operazione di *ottimizzazione miopica*. Seppure questo procedimento non garantisce una minimizzazione globale della devianza, esso fornisce comunque soluzioni accettabili, mantenendo una bassa *complessità computazionale*.

Questo procedimento può, almeno in linea di principio, essere applicato iterativamente attraverso suddivisioni successive di $\mathbb{R}^p$, fino a che non si individuano insiemi contenenti una singola osservazione campionaria, e corrispondentemente ottenere un albero con n foglie. Per essere di qualche utilità bisogna però che il numero di foglie sia minore di n, e preferibilmente molto minore. Pertanto, dopo la fase di *crescita dell'albero* con lo sviluppo completo o quasi completo di tutte le foglie, si procede ad una fase di *potatura dell'albero*. Descriviamo nel seguito l'algoritmo di crescita, e rimandiamo ad un paragrafo successivo la fase di potatura.

Per lo sviluppo dell'algoritmo di crescita, notiamo innanzitutto che, qualunque sia la divisione di $\mathbb{R}^p$ in iper-rettangoli, possiamo scomporre la devianza come segue:

$$
D = \sum_{i=1}^{n} \{y_i - \hat{f}(x_i)\}^2 = \sum_{j=1}^{J} \left\{ \sum_{i \in R_j} (y_i - \hat{c}_j)^2 \right\} = \sum_j D_j .
$$

Teniamo inoltre presente la proprietà generale che il minimo di $\sum_{i=1}^{n}(z_i - a)^2$ rispetto ad a si consegue per $a = M(z)$ dove $M(\cdot)$ indica l'operatore media aritmetica del vettore indicato.

Il procedimento di crescita parte con $J = 1$, $R_J = \mathbb{R}^p$, $D = \sum_i (y_i - M(y))^2$. Si procede poi iterativamente per più cicli, secondo lo schema seguente:

◇ una volta individuato un rettangolo R_j, il valore c_j appropriato è la media dei valori corrispondenti,

$$\hat{c}_j = M(y_i : x_i \in R_j);$$

◇ se suddividiamo la regione R_j in due parti, R'_j e R''_j (passando quindi a $J + 1$ foglie), l'addendo D_j di D viene sostituito da

$$D_j^* = \sum_{i \in R'_j} (y_i - \hat{c}'_j)^2 + \sum_{i \in R''_j} (y_i - \hat{c}''_j)^2$$

con un 'guadagno' $D_j - D_j^*$ in termini di abbassamento della devianza;
◇ si possono ispezionare tutte le p variabili esplicative e, per ciascuna di queste, tutti i possibili punti di suddivisione, selezionando quella variabile e quel suo punto di suddivisione che massimizzano $D_j - D_j^*$.

Ci si ferma quando $J = n$, almeno in linea concettuale. Di fatto, soprattutto se n è enorme, ci si ferma prima, ad esempio quando tutte le foglie contengono un numero di elementi campionari inferiore ad un valore preassegnato, oppure quando l'abbassamento percentuale di devianza è inferiore ad una soglia prefissata.

4.6.3 Alberi di regressione: potatura

La crescita dell'albero fino a n foglie è l'equivalente concettuale dell'interpolazione mediante un polinomio di grado $n - 1$ che passa esattamente per tutti i punti, ma non è molto utile. Dobbiamo quindi potare l'albero dei rami inutili o comunque poco utili.

Introduciamo quindi una funzione obiettivo che incorpora una penalizzazione per il *costo–complessità* dell'albero, cioè per la dimensione J dell'albero. Tale funzione obiettivo è data da

$$C_\alpha(J) = \sum_{j=1}^{J} D_j + \alpha J \qquad (4.15)$$

dove α è un parametro di penalizzazione; per un fissato α si seleziona l'albero che minimizza $C_\alpha(J)$. Il parametro di penalizzazione α è essenzialmente positivo, o al più nullo, fatto salvo il caso $\alpha = -\infty$ che viene incluso solo per convenienza matematica in alcune rappresentazioni, e che implica la selezione dell'albero completo.

Per conseguire la minimizzazione della (4.15) si procede eliminando sequenzialmente una foglia alla volta. Ad ogni passo si seleziona la foglia la cui eliminazione comporta il minor incremento di $\sum_j D_j$.

La questione si riduce quindi alla scelta di α, e per questo possiamo riconsiderare i vari metodi descritti al §3.5. Si può mostrare che l'opportuno adattamento del criterio AIC porta a scegliere $\alpha = 2\,\hat{\sigma}^2$, dove $\hat{\sigma}^2$ è la stima della varianza dell'errore residuo, ma non è ben chiaro come questo vada stimato. Inoltre è opinione diffusa che in questo ambito AIC tenda a sovraadattarsi ai dati. Sono quindi di utilizzo più diffuso il metodo della convalida incrociata, e quello della semplice suddivisione dei dati in insieme di stima e di prova, visti ai §§ 3.5.1-3.5.2.

La previsione di $f(x)$ su un nuovo dato x_0 si realizza "facendo cadere" l'osservazione dalla radice dell'albero disponibile. Questa si incanala lungo uno dei rami, a seconda delle componenti di x_0 che le competono, fino a raggiungere una foglia, e il valore associato alla foglia è $\hat{f}(x_0)$. Ripetendo questa operazione per ciascun elemento di un insieme di dati di prova, possiamo calcolare il termine $\sum_j D_j$ corrispondente da inserire in (4.15).

Per esemplificazione consideriamo i dati della Figura 4.16, utilizzando il sottogruppo di dati 'di ieri' per la crescita e il sottogruppo 'di domani' per la potatura. L'albero sviluppato a pieno utilizzando solo i dati 'di ieri' è rappresentato nel primo pannello della Figura 4.17; qui la lunghezza dei segmenti verticali è proporzionale alla caduta di devianza conseguita dalla suddivisione identificata dal nodo. Come si vede, dopo qualche ramificazione non c'è sostanziale guadagno apportato dai rami inferiori.

Il pannello in alto a destra rappresenta la funzione (4.15) con il termine $\sum_j D_j$ calcolato dai dati 'di domani'. L'indicazione del grafico porta alla scelta $J = 4$, che è associata ad $\alpha = 4{,}33 \times 10^{-4}$. L'albero opportunamente potato è rappresentato nel pannello in basso a sinistra, e la funzione $\hat{f}(x)$ si trova in basso a destra, sovrapposta ai punti.

In questo caso l'esigua numerosità campionaria consente di utilizzare la convalida incrociata.

Notiamo che la potatura è spesso molto radicale, e può facilmente portare ad un albero con un numero esiguo di nodi rispetto al numero di variabili presenti e al numero delle loro modalità, nel caso che siano categoriali o discrete. Questo fatto produce automaticamente un'operazione di selezione delle variabili rilevanti, per quanto riguarda le variabili che restano escluse. Viceversa per quelle che restano presenti nell'albero non è facile dare una graduatoria di importanza, dato che la caduta di devianza associata a ciascun nodo non è direttamente interpretabile a questo scopo. Questa difficoltà è legata ad almeno due aspetti: (a) la caduta di devianza associata ad un nodo quantifica il guadagno relativo a quella particolare dicotomizzazione della variabile e non della variabile nella sua interezza; (b) la logica di ottimizzazione miopica con cui si è costruito l'albero rende difficoltoso attribuire a posteriori significati globali ad aspetti locali.

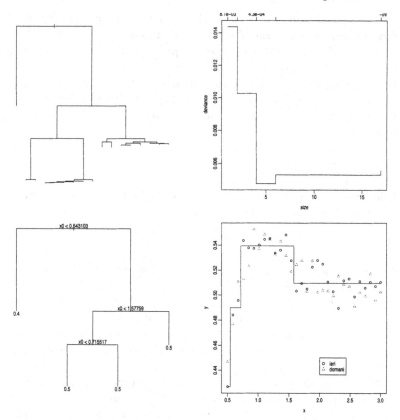

Figura 4.17. Dati della Figura 4.16 e sequenza della selezione dell'albero di regressione associato

4.6.4 Discussione

Dato che questo approccio è molto utilizzato nella pratica, è opportuno evidenziare i suoi pro e i contro, per avere degli elementi su cui basare la nostra scelta al proposito.

Pro

⋄ Semplicità e facilità di 'comunicazione', soprattutto nei confronti di persone di formazione non quantitativa. Infatti l'albero sembra essere una struttura logica usualmente utilizzata da molte persone, ad esempio medici e aziendalisti, seppure non sempre consapevolmente.

⋄ La funzione a gradini ha una rappresentazione matematica semplice e compatta, in termini di informazione da memorizzare.

⋄ Rapidità di calcolo. La procedura non è molto onerosa dal punto di vista computazionale. Inoltre si presta a sfruttare la potenzialità di *calcolo parallelo*, anche se finora questa possibilità non è stata adottata spesso.

◇ Uso di variabili discrete e categoriali. Anche se l'esposizione precedente faceva riferimento a variabili esplicative continue, non vi è particolare motivo per limitarsi a quelle, e il metodo procede allo stesso modo se alcune delle variabili sono discrete o qualitative.

◇ Forme robuste di devianza. Vista la costruzione, è immediato sostituire la devianza con un altro criterio, e la media con il corrispondente operatore. Ciò in particolare consente di utilizzare criteri ispirati a considerazioni di robustezza.

◇ Dati mancanti. È possibile introdurre varianti non particolarmente complicate che ammettono dati mancanti sia nella fase di costruzione dell'albero che in quello di utilizzo per previsione.

◇ Selezione delle variabili. Di fatto il metodo produce una automatica selezione delle variabili rilevanti.

Contro

◇ Instabilità del risultato. L'albero che si ottiene è spesso molto sensibile all'inserimento di nuovi dati o alla perturbazione di quelli esistenti.

◇ Difficile aggiornabilità. Se arrivano dati ulteriori, non è possibile aggiornare l'albero già costruito; bisogna rifare i conti da capo.

◇ Difficoltà ad approssimare talune funzioni matematicamente semplici, soprattutto se ripide, ma che si approssimerebbero molto bene con una retta o un'altra funzione semplice.

◇ Inferenza statistica. Non sono disponibili procedimenti formali di inferenza statistica, quali verifica d'ipotesi, stima intervallare e altro.

◇ Selezione delle variabili. Non è semplice valutare realmente l'ordine di importanza delle variabili mantenute nell'albero potato.

4.7 Reti neurali

Il termine *rete neurale* abbraccia un'amplissima famiglia di tecniche molto sviluppate nell'ambito del *machine learning*, e di cui descriviamo solo la versione più semplice.

Per illustrare l'idea facciamo riferimento alla Figura 4.18, dove sono messe in relazione p variabili esplicative, o di *input*, con q variabili risposta o di *output*. L'aspetto più particolare è la presenza di uno *strato* di r *variabili latenti*, quindi non osservate, che si frappongono tra i due precedenti gruppi nel senso che le variabili esplicative influenzano le variabili latenti e queste ultime influenzano le variabili risposta. Mentre il numero di variabili di *input* e di *output* è determinato dal problema, il numero r di variabili latenti è un ingrediente a nostra scelta. Nel diagramma della Figura 4.18, abbiamo $p = 4$, $r = 3$ e $q = 2$, e sono indicate anche delle 'variabili costanti' aggiuntive identicamente pari a 1.

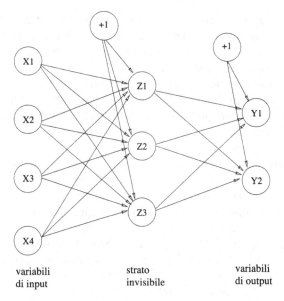

variabili
di input   strato
                            invisibile

variabili
di output

Figura 4.18. Diagramma di una semplice rete neurale

Il termine 'rete neurale' ha origine come modello matematico di quello che in passato si riteneva il meccanismo di funzionamento di cervello animale: ogni unità rappresenterebbe un neurone, e le connessioni le sinapsi. Al giorno d'oggi si sa che il cervello animale ha un funzionamento ben più complesso, ma il termine 'rete neurale' sopravvive.

Una rete neurale è sostanzialmente uno schema di regressione a due stadi, generalmente di tipo non lineare o almeno parzialmente non lineare. Indichiamo con x_h, z_j e y_k rispettivamente la generica variabile di *input*, latente e di *output*, e aggiungiamo le 'variabili costanti' x_0 e z_0 identicamente pari a 1. Allora lo schema precedente può essere espresso come

$$z_j = f_0 \left(\sum_{h \to j} \alpha_{hj}\, x_h \right), \qquad y_k = f_1 \left(\sum_{j \to k} \beta_{jk}\, z_j \right), \qquad (4.16)$$

dove gli α_{hj} e β_{jk} sono parametri da stimare, e le somme si estendono agli indici relativi a variabili per le quali è prevista una relazione di dipendenza. Nella Figura 4.18 queste dipendenze sono indicate dalla presenza di una freccia e riguardano tutte le variabili compatibili, ma questa non è una necessità.

Vediamo quindi che la struttura così costruita è quella di un *grafo* aciclico con archi orientati e dotati di *pesi*, determinati dai coefficienti α e β.

Per completare il quadro dobbiamo specificare le *funzioni di attivazione* f_0 e f_1. In problemi di regressione, dove generalmente le y_k sono non limitate, si suole porre

$$f_0(u) = \frac{e^u}{1 + e^u}, \qquad f_1(u) = u,$$

dove la scelta di f_0 è la funzione logistica, già vista al §2.4. Notiamo che è comunque necessario che almeno una delle due funzioni f_0 e f_1 sia non lineare per evitare che tutta la rete si riduca a un'insieme di relazioni lineari, eliminando di fatto lo strato latente.

Vi sono risultati matematici che garantiscono proprietà interessanti per l'impostazione precedente. In particolare si può mostrare che una rete neurale con unità di *output* lineari può approssimare qualunque funzione continua f uniformemente su insiemi compatti, aumentando opportunamente il numero di unità dello strato latente.

Sono possibili estensioni in varie direzioni. Una delle più comuni è di considerare più strati di variabili latenti. Un'altra estensione è l'introduzione di archi che saltano uno strato; nel caso di un solo strato latente come considerato qui, si tratta di inserire un arco diretto tra qualche variabile dello strato di *input* e di quello di *output*.

Ci sono due elementi da determinare: il numero r di unità nello strato latente, e l'insieme dei coefficienti α e β che entrano nelle (4.16). Non ci sono criteri facilmente utilizzabili in pratica per la scelta di r, se non quello di provarne diversi e confrontare l'esito.

Assumiamo quindi che r sia stato fissato e cerchiamo di stimare i coefficienti α e β, sulla base di osservazioni campionarie. Ciò si realizza minimizzando la solita funzione obiettivo

$$D = \sum_i \|y^{(i)} - f(x^{(i)})\|^2$$

dove ora $y^{(i)}$ indica il vettore q-dimensionale di variabili risposta relative alla i-ma osservazione, e analogamente $x^{(i)}$ è il corrispondente vettore p-dimensionale delle variabili esplicative, mentre $f(x)$ è il vettore la cui k-ma componente è

$$f(x)_k = f_1 \left\{ \sum_{j \to k} \beta_{jk} \, f_0 \left(\sum_{h \to j} \alpha_{hj} \, x_h \right) \right\}, \qquad (k = 1, \ldots, q).$$

Varianti più elaborate della funzione obiettivo precedente si ottengo inglobando un termine di penalizzazione, per evitare problemi di sovra-adattamento. Si considerano ad esempio funzioni del tipo

$$D_0 = D + \lambda \, J(\alpha, \beta) \qquad\qquad (4.17)$$

dove λ è un parametro positivo di regolazione e $J(\alpha, \beta)$ è una funzione di penalizzazione, secondo una strada già vista in precedenza, ad esempio nel §4.3.3. Tra le forme di penalizzazione più comunemente in uso vi sono

$$J(\alpha, \beta) = \int \sum_{h,k} \frac{\partial^2 y_k}{\partial x_h^2} \, \mathrm{d}x \approx \frac{1}{n} \sum_i \sum_{h,k} \frac{\partial^2 y_k^{(i)}}{\partial x_h^{(i)} \, \partial x_h^{(i)}}, \qquad J(\alpha, \beta) = \|\alpha\|^2 + \|\beta\|^2$$

$$(4.18)$$

di cui la prima penalizza in funzione dell'ampiezza delle derivate seconde e la seconda forma tende a stringere i parametri verso 0; questa seconda forma prende il nome di *weight decay*.

Queste formulazioni, tanto della D che della funzione di penalizzazione J hanno senso se le unità di misura delle variabili sono sostanzialmente analoghe. È quindi opportuno, come operazione preliminare, procedere alla loro normalizzazione, ad esempio riportandole tutte tra 0 e 1, almeno approssimativamente, tramite un opportuno cambio di scala. Per la scelta del parametro di regolazione λ, l'indicazione di Venables & Ripley (1997, p. 339) è di sceglierlo tra 10^{-4} e 10^{-2}.

È chiaro che la minimizzazione di D_0 richiede un procedimento di ottimizzazione numerica. Molto lavoro è stato investito per sviluppare algoritmi al proposito. Il metodo più comunemente associato a questo problema va sotto il nome di *back-propagation*, che gode di interessanti proprietà. Uno degli aspetti più rilevanti in questo contesto è una variante dell'algoritmo di *back-propagation* che consente di aggiornare successivamente le stime dei parametri in modo incrementale via via che nuovi dati sono messi a disposizione, consentendo un aggiornamento sequenziale delle stime.

Va sottolineato che l'esperienza pratica ha fornito ampia evidenza che la funzione obiettivo D_0 ha spesso molti punti di minimo locale, e quindi è particolarmente opportuno effettuare varie prove avviando l'algoritmo di ottimizzazione numerica da diversi punti iniziali. Questa difficoltà si ripercuote su un altro fronte: per la scelta di λ diventa difficile sfruttare tecniche quali la convalida incrociata, essendo che essa stessa è caratterizzata da un'ampia variabilità nella localizzazione del minimo.

Per illustrazione del metodo, consideriamo cilindrata e peso dei dati delle auto per prevedere la percorrenza urbana. Consideriamo uno strato latente con $r = 3$ nodi e minimizziamo la funzione D_0 con la penalità $J(\alpha, \beta)$ nella seconda delle forme indicate, e $\lambda = 10^{-3}$. Dopo svariate esecuzioni dell'algoritmo di minimizzazione, a partire da diversi punti iniziali per i parametri, si arriva a quello che sembra esser un punto di minimo accettabile. I risultati sono rappresentati nella Figura 4.19, di cui il primo diagramma presenta il grafo della rete neurale, corredato dai pesi stimati, e il secondo la rappresentazione prospettica della $f(x)$.

A conclusione presentiamo una rassegna degli elementi di vantaggio e svantaggio di questo approccio.

Pro

◇ Flessibilità. Il metodo consente di approssimare bene praticamente ogni funzione di regressione $f(x)$.

◇ Compattezza della rappresentazione. La funzione di regressione stimata è identificata da un numero limitato di componenti.

◇ Aggiornabilità sequenziale. Mediante opportune varianti dell'algoritmo di *back-propagation*, i coefficienti α e β possono essere aggiornati sequenzialmente via via che nuovi dati arrivano.

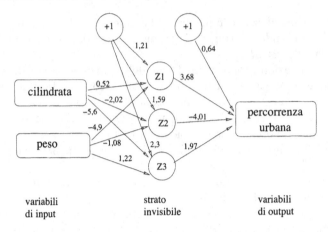

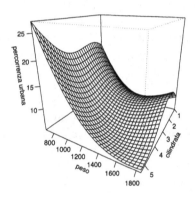

Figura 4.19. Dati delle auto: rete neurale 2–3–1 utilizzando cilindrata e peso per prevedere la percorrenza urbana, grafo e superficie della funzione stimata

Contro

◇ Arbitrarietà. Non ci sono criteri forti per scegliere il numero di nodi latenti r, e anche per la scelta di λ abbiamo solo indicazioni di massima.

◇ Difficoltà di stima. La funzione obiettivo D, o sue varianti, ha un andamento le cui proprietà sono difficili da determinare, in particolare per quanto riguarda l'esistenza di un solo punto di minimo. C'è al contrario evidenza empirica di una frequente presenza di molti minimi locali, e avviando l'algoritmo di ottimizzazione da punti diversi si ottengono risultati diversi.

◇ Inferenza. Non ci sono errori standard associati ai coefficienti o altre procedure inferenziali, ad esempio per ridurre il numero di coefficienti.

◇ Interpretazione. Ci sono pesanti difficoltà di interpretazione del risultato, soprattutto quando r cresce.

4.8 Un caso reale

I dati utilizzati finora per illustrare i vari metodi proposti, pur essendo ottenuti da casi reali, erano stati opportunamente semplificati per evitare che aspetti di dettaglio specifici del problema applicativo interferissero con l'esposizione del metodo. Qui vogliamo invece focalizzarci proprio sull'aspetto operativo e trattare un caso reale nella sua originale complessità. Il problema che tratteremo è stato affrontato da un gruppo di analisi di *marketing* in un'azienda di telecomunicazioni. Il nostro obiettivo, peraltro, non è di analizzare dettagliatamente le tematiche di *marketing* connesse, ma di presentare l'uso di metodi di *data mining* come strumento per le scelte aziendali.

4.8.1 Il problema e i dati

La direzione *marketing* di un'azienda di telecomunicazioni, nella sua sezione che cura e gestisce il rapporto con i clienti (*customer base management*), è interessata ad analizzare in maniera approfondita il comportamento di ciascun cliente relativo al suo traffico telefonico. Tra le molte analisi che si improntano per studiare le caratteristiche di traffico dei clienti, è spesso molto utile identificare uno strumento per la previsione del traffico di ogni singolo cliente nei mesi successivi. Si riesce così, non solo ad effettuare stime appropriate del traffico globale che forniscono elementi utili per le previsioni di bilancio aziendale, ma anche a fornire strumenti per la valutazione della qualità e del *valore* per l'azienda di ciascun singolo cliente. È così possibile organizzare eventuali azioni di *marketing* volte a stimolare l'utilizzo dei servizi offerti dall'azienda verso coloro che hanno un margine potenziale di aumento di traffico, ed evitare di effettuare le medesime azioni verso coloro che non le necessitano. Le previsioni di traffico si usano poi anche per rilevare eventuali comportamenti anomali osservati nell'attività dei clienti, particolarmente quelli che per l'azienda producono maggior valore, in modo da identificare il prima possibile situazioni di insoddisfazione o problemi legati all'utilizzo dei servizi principali che l'azienda offre, fino anche a identificare possibili situazioni di frode.

In questo contesto consideriamo un insieme di clienti che possiedono uno piano tariffario ritenuto di particolare interesse per l'azienda. Vogliamo affrontare il problema di prevedere il traffico per il prossimo mese utilizzando i dati a disposizione fino ad oggi. Come variabile risposta si sceglie quindi il numero di secondi totali di chiamate in uscita effettuati in un fissato mese.

Un tipico modo di procedere in questi casi si basa sull'idea che, sostanzialmente, il comportamento rispetto al traffico dell'insieme dei clienti può essere considerato stabile nel tempo, se ci si concentra su intervalli temporali ridotti. Sotto tale ipotesi di stazionarietà, la previsione del traffico nel mese t utilizzando dati e informazioni relativi ai mesi $t - 1, t - 2, \ldots, t - k$, può venire identificata in prima approssimazione, a prescindere da quale sia il mese t specifico. Quindi in prima battuta non terremo conto di componenti stagionali o cicliche nel modello, ma, seguendo l'uso comune in questo ambito, considereremo un modello costruito usando i dati relativi al mese t come buon strumento di previsione per ognuno dei mesi successivi.

L'approssimazione così introdotta può sembrare eccessiva e sarebbe infatti possibile considerare componenti che colgano eventuali effetti legati alla specificità dei mesi nella costruzione stessa del modello. Oppure, in contesti in cui i modelli previsivi sono aggiornati molto spesso, è possibile convalidare le previsioni effettuate attraverso l'uso di insiemi di verifica relativi a dati che fanno riferimento a mesi t diversi da quello usato per la stima. Per semplicità nel seguito ci concentriamo solo sull'ipotesi di stazionarietà.

È necessario ora scegliere le variabili esplicative, cioè da una parte determinare di quanti mesi può essere utile e opportuno 'andare indietro' nel tempo per continuare a trovare relazioni significative con la variabile risposta, e dall'altra identificare le variabili da rilevare per ciascun cliente. Alcune di queste variabili saranno da rilevare per tutti i mesi, come il numero di SMS inviati o il numero di chiamate al servizio di assistenza clienti (*customer care*), altre invece non dipendono dall'intervallo temporale di osservazione, come il sesso o la data di attivazione del servizio sottoscritto.

Dal DWH (cfr. § 1.1.3) aziendale abbiamo estratto un piccolo *data mart* che si riferisce a 30.619 clienti per i quali sono registrate le informazioni relative ad un totale di 99 variabili. Parte di queste sono caratteristiche intrinseche del cliente (ad es. sesso ed età) o della specifica relazione tra il cliente e l'azienda (ad es. data di attivazione o presenza di eventuali servizi aggiuntivi), e parte riguardano informazioni sul traffico rilevate per ciascuno di nove mesi consecutivi precedenti al mese di interesse. Infine vi è la variabile relativa alla durata complessiva delle chiamate in uscita nel decimo mese, che consideriamo come variabile risposta. I dati vengono presentati in maggior dettaglio al § B.4.

La presenza di un numero abbastanza elevato di unità statistiche permette la divisione dell'insieme dei dati in due parti, una che verrà usata per la stima, l'altra per la convalida dei risultati e per i confronti. Si è scelto di suddividere i dati disponibili in due parti di uguale numerosità, per cui i due insiemi ottenuti sono composti rispettivamente da 15.310 e da 15.309 clienti.

Prendiamo quindi ora in considerazione l'insieme di stima. Una prima analisi grafica descrittiva indica che la distribuzione della variabile risposta è fortemente asimmetrica e molto concentrata intorno allo zero. In particolare, si osserva che nell'insieme di stima sono presenti 5.131 unità che non hanno effettuato chiamate in uscita. Questa caratteristica dei dati comporta qualche difficoltà nell'utilizzo automatico dei modelli proposti in questo capitolo. È infatti evidente che la variabile risposta non può essere trattata come una variabile continua, ma presenta le caratteristiche di una variabile mista: è infatti la combinazione di una componente continua per parte delle osservazioni e di una componente discreta e dicotomica per quell'altra parte di unità che non hanno effettuato chiamate in quel mese.

È ragionevole allora cercare di sfruttare al meglio anche questa informazione per costruire il nostro modello di previsione della durata delle chiamate in uscita. Una possibilità è quella di organizzare un procedimento in due fasi. Prima si adatta un modello per la probabilità che la durata sia diversa da zero e poi, condizionatamente a questo evento si costruisce un modello per tale durata quando assume valori positivi.

Per la costruzione del modello che prevede una variabile indicatrice abbiamo bisogno di introdurre ancora alcuni elementi, che verranno presentati nel Capitolo 5; rimandiamo quindi al § 5.9.1 il trattamento di questo aspetto. Nel seguito di questo paragrafo descriveremo invece alcuni modelli adottati per la previsione della durata complessiva delle chiamate condizionatamente al fatto che ce ne siano state.

4.8.2 Alcuni modelli di previsione

Consideriamo quindi ora l'insieme che contiene le 10.179 unità che hanno durata totale delle chiamate nel mese di interesse positiva, tra quelle selezionate per la stima. Il pannello di sinistra della Figura 4.20 presenta l'istogramma della variabile risposta su questo insieme.

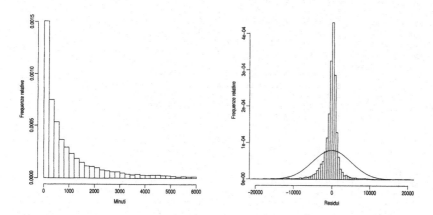

Figura 4.20. Clienti delle telecomunicazioni: istogrammi della distribuzione della durata delle chiamate in uscita per il mese di interesse (a sinistra) e dei residui del modello lineare con selezione delle variabili con procedura passo a passo, e sovrapposta la densità della distribuzione gaussiana di media zero e varianza pari alla varianza dei residui (a destra)

Il primo metodo di previsione usato è un modello lineare ottenuto utilizzando tutte le variabili a disposizione. Il modello adattato ai dati con 98 variabili esplicative presenta un $R^2 = 0,613$. Naturalmente la stima di molti parametri fornisce indicazioni che le relative variabili non sono significativamente influenti sulla variabile risposta. Si è impostata quindi una procedura *passo-a-passo* per la selezione delle variabili rilevanti. Dopo una lunga elaborazione del calcolatore, il modello finale contiene 56 variabili esplicative e presenta un $R^2 = 0,612$. Si osservi che in situazioni come queste, in cui si ha una numerosità elevatissima di osservazioni, non risulta utile effettuare un test di verifica di ipotesi, tramite il test F, sull'influenza congiunta di tutte le variabili eliminate sulla variabile risposta.

L'istogramma dei residui del modello con 56 variabili è presentato nel pannello di destra della Figura 4.20 e il sommario delle quantità rilevanti ottenute dalla stima dei parametri e delle quantità rilevanti dello stesso modello utilizzando l'ambiente R, è presentato nello schema seguente:

```
Residuals:
     Min      1Q   Median      3Q      Max
 -69152.5  -790.7    66.8   663.4 148323.2

Coefficients:
                   Estimate Std. Error t value Pr(>|t|)
(Intercept)        4.04e+03   2.97e+02   13.64  < 2e-16 ***
piano.tariff4      1.50e+04   4.92e+02   30.57  < 2e-16 ***
piano.tariff6     -3.78e+03   2.52e+02  -15.00  < 2e-16 ***
piano.tariff7     -4.02e+03   1.99e+02  -20.24  < 2e-16 ***
piano.tariff8     -3.78e+03   1.97e+02  -19.21  < 2e-16 ***
etacl             -2.92e+01   6.24e+00   -4.68 2.9e-06 ***
zona.attivaz2     -4.64e+01   1.24e+02   -0.37 0.70829
zona.attivaz3      4.87e+02   1.32e+02    3.70 0.00022 ***
zona.attivaz4     -2.87e+01   1.92e+02   -0.15 0.88146
vas1Y              3.93e+02   1.13e+02    3.46 0.00053 ***
q01.out.ch.peak   -4.26e+01   1.58e+01   -2.70 0.00698 **
q01.out.dur.peak   3.01e-02   1.26e-02    2.40 0.01635 *
q01.out.ch.offpeak 1.67e+01   5.91e+00    2.82 0.00481 **
q01.out.dur.offpeak 1.92e-01  4.45e-02    4.31 1.7e-05 ***
q01.out.val.offpeak -6.45e+01 1.30e+01   -4.98 6.4e-07 ***
q01.in.ch.tot      3.85e+00   1.33e+00    2.90 0.00370 **
q01.ch.cc         -6.54e+01   4.16e+01   -1.57 0.11609
q02.out.dur.peak  -4.37e-02   2.04e-02   -2.15 0.03180 *
q02.out.val.peak   1.81e+01   4.47e+00    4.05 5.1e-05 ***
q02.out.ch.offpeak 1.11e+01   6.85e+00    1.62 0.10539
q02.out.dur.offpeak -2.13e-01 4.24e-02   -5.03 5.1e-07 ***
q02.out.val.offpeak -1.28e+01 6.91e+00   -1.85 0.06398 .
q02.in.ch.tot     -3.82e+00   1.37e+00   -2.79 0.00525 **
q02.ch.cc         -1.08e+02   4.03e+01   -2.68 0.00736 **
q03.out.val.peak   4.94e+00   1.62e+00    3.05 0.00232 **
q03.out.dur.offpeak 1.20e-01  3.70e-02    3.25 0.00115 **
q03.out.val.offpeak 2.03e+01  8.81e+00    2.30 0.02129 *
q03.in.dur.tot    -3.06e-02   8.19e-03   -3.73 0.00019 ***
q04.out.ch.peak   -3.59e+00   1.27e+00   -2.82 0.00485 **
q04.out.dur.peak  -3.62e-02   1.90e-02   -1.90 0.05713 .
q04.out.val.peak   1.19e+01   4.29e+00    2.77 0.00568 **
q04.out.ch.offpeak -3.71e+01  5.00e+00   -7.42 1.3e-13 ***
q04.in.dur.tot     2.60e-02   9.58e-03    2.71 0.00678 **
q05.out.dur.peak   5.44e-02   1.66e-02    3.27 0.00108 **
q05.out.val.peak  -1.46e+01   3.37e+00   -4.34 1.4e-05 ***
q05.out.ch.offpeak 3.35e+01   6.69e+00    5.00 5.9e-07 ***
q05.out.val.offpeak 1.46e+01  9.44e+00    1.55 0.12220
q05.ch.cc          6.74e+01   3.93e+01    1.72 0.08637 .
q06.out.dur.peak  -4.48e-02   1.77e-02   -2.53 0.01134 *
q06.out.val.peak   1.14e+01   3.88e+00    2.93 0.00342 **
q06.out.ch.offpeak -5.43e+01  8.54e+00   -6.35 2.2e-10 ***
```

```
q06.out.dur.offpeak -1.11e-01  7.23e-02   -1.54  0.12357
q06.out.val.offpeak  2.04e+02  2.61e+01    7.82  5.8e-15 ***
q06.in.dur.tot       1.59e-02  9.45e-03    1.68  0.09219 .
q06.ch.sms          -4.29e+00  1.86e+00   -2.30  0.02139 *
q07.out.dur.peak    -3.59e-02  1.37e-02   -2.62  0.00893 **
q07.out.val.peak     1.26e+01  3.06e+00    4.12  3.8e-05 ***
q07.out.ch.offpeak  -2.34e+01  8.74e+00   -2.68  0.00728 **
q07.out.dur.offpeak -1.12e-01  7.72e-02   -1.45  0.14819
q07.out.val.offpeak  4.01e+01  2.66e+01    1.51  0.13233
q07.in.dur.tot      -1.86e-02  9.48e-03   -1.96  0.04975 *
q07.ch.cc           -3.23e+01  1.84e+01   -1.76  0.07900 .
q08.out.ch.peak     -2.71e+00  1.34e+00   -2.03  0.04280 *
q08.out.dur.peak     4.69e-02  1.36e-02    3.46  0.00055 ***
q08.out.val.peak    -1.37e+01  3.11e+00   -4.41  1.1e-05 ***
q08.out.ch.offpeak  -2.18e+01  9.03e+00   -2.42  0.01569 *
q08.out.dur.offpeak  2.48e-01  6.35e-02    3.90  9.5e-05 ***
q08.in.ch.tot        3.43e+00  1.19e+00    2.89  0.00389 **
q09.out.val.peak     1.34e+01  9.95e-01   13.51  < 2e-16 ***
q09.out.ch.offpeak   1.27e+02  8.67e+00   14.63  < 2e-16 ***
q09.out.dur.offpeak  1.47e+00  6.31e-02   23.35  < 2e-16 ***
q09.out.val.offpeak -1.99e+02  1.88e+01  -10.53  < 2e-16 ***
---
Signif. codes:  0 '***' 0.001 '**' 0.01 '*' 0.05 '.' 0.1 ' ' 1

Residual standard error: 5020 on 10117 degrees of freedom
Multiple R-Squared: 0.612,      Adjusted R-squared: 0.61
F-statistic:  262 on 61 and 10117 DF,  p-value: <2e-16
```

Immaginiamo che nessuno si sia soffermato a guardare i singoli numeri del sommario precedente! E infatti sembrano essere troppi ed inutili. In realtà contengono molte informazioni utili all'analista che sta cercando quali sono le motivazioni che spingono il cliente ad aumentare il suo traffico. Se si analizzano, perciò, in dettaglio i parametri stimati si possono ottenere interessanti suggerimenti per le scelte di *marketing*. Facciamo un solo semplice esempio di interpretazione: l'alto valore del parametro legato al primo servizio a valore aggiunto (vas1) ci indica che, al netto dell'effetto lineare di tutte le altre variabili presenti nel modello, la sottoscrizione di tale servizio è uno stimolo forte per l'utilizzo del telefono, e questo risultato può portare a scelte di *marketing* volte alla maggior diffusione di tale servizio aggiuntivo, come ad esempio una campagna pubblicitaria mirata o l'invio di una lettera con la presentazione del servizio aggiuntivo ai clienti che ancora non lo hanno sottoscritto.

Le previsioni che si ottengono applicando questo modello a nuovi dati potrebbero però portare anche a valori negativi per la durata totale delle chiamate; per evitare questo fastidioso problema si è deciso di fissare a 0,5 la previsione per tutte quelle unità a cui il modello assegnerebbe durate negative. La scelta di 0,5 è in questo caso sensata in quanto inferiore ad ogni altro valore presente nell'insieme di stima per la durata totale delle chiamate, ma non troppo piccolo da influire pesantemente sui risultati delle analisi che seguono tra poco.

Per valutare in maniera più completa la qualità di questi due modelli di previsione misuriamo la loro prestazione sull'insieme di verifica. L'errore di previsione quadratico ottenuto per i due modelli è rispettivamente di $257{,}74 \times 10^9$ e $258{,}52 \times 10^9$ per il modello completo e per quello ridotto.

I modelli ottenuti, come abbiamo visto nel § 2.1.1, minimizzano la funzione obiettivo (2.3) di pagina 19, che assegna la medesima importanza ad ogni entità osservata. Osserviamo peraltro che la durata totale mensile delle chiamate, la variabile che stiamo prevedendo, è certamente una quantità positiva e ci aspettiamo che assuma con maggior frequenza valori bassi o medi e solo raramente assuma valori alti, ci aspettiamo che presenti, cioè, una forma asimmetrica. Tale considerazione, corroborata anche dal pannello di destra della Figura 4.20 da cui è evidente che i residui del modello lineare non hanno una distribuzione gaussiana, ci spinge a considerare diverse funzioni obiettivo per la valutazione della stima.

Un semplice e diffuso accorgimento in questi casi è di considerare la funzione obiettivo in scala logaritmica:

$$D(\beta) = \sum_i \{\log(y_i) - f(x_i; \beta)\}^2 \qquad (4.19)$$

dove, come di consueto, le y_i indicano le osservazioni della variabile risposta, le x_i le corrispondenti osservazioni delle variabili esplicative, β il vettore dei parametri ignoti da stimare e la f la funzione identificata dal modello.

Per valutare i due modelli lineari appena stimati in termini di questa nuova funzione di perdita possiamo calcolare l'errore di previsione in scala logaritmica ottenuto sull'insieme di verifica, calcolando cioè la funzione

$$\sum_i \{\log(y_i) - \log(g(x_i; \hat{\beta}))\}^2$$

dove g è il predittore lineare stimato sulla scala originaria; i due modelli presentano errore di previsione su scala logaritmica di 113.472 per quello completo e di 112.061 per quello ridotto, confermando che il modello con meno variabili esplicative produce una previsione leggermente migliore.

È anche possibile adattare direttamente il modello lineare in modo da minimizzare la (4.19). Anche questa volta abbiamo adattato ai dati il modello con tutte le variabili esplicative e poi selezionando le variabili più rilevanti attraverso una procedura *passo-a-passo*. Gli errori di previsione sull'insieme di verifica di tutti i modelli adattati ai dati usando la scala originale e la scala logaritmica sono riassunti nella Tabella 4.4.

La Figura 4.21 presenta nel pannello di sinistra l'istogramma del logaritmo della durata delle chiamate in uscita del mese di interesse, e in quello di destra l'istogramma dei residui del modello su scala logaritmica ottenuto dalla procedura di selezione delle variabili passo a passo. Tali istogrammi sembrano avvalorare l'ipotesi che la funzione di perdita su scala logaritmica sia una ragionevole scelta per il problema in esame.

Un secondo gruppo di modelli che è stato adattato a questi dati è basato sui modelli GAM (cfr. §4.4). In questo caso, si è adattato ai dati un primo modello con tutte le variabili a disposizione e poi un secondo con le sole variabili risultate significative nel primo modello determinate attraverso il test di

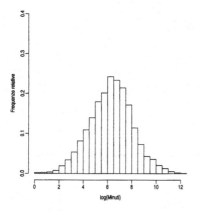
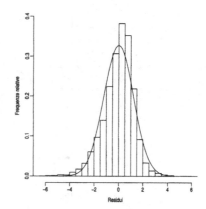

Figura 4.21. Clienti delle telecomunicazioni: istogrammi della distribuzione del logaritmo della durata delle chiamate in uscita per il mese di interesse (a sinistra) e dei residui del modello lineare su scala logaritmica con selezione delle variabili passo a passo, e sovrapposta la densità della distribuzione gaussiana con media zero e varianza pari alla varianza dei residui (a destra)

analisi della varianza presentato nel § 4.5.2; si è inoltre predisposto un modello GAM che utilizzasse solo le variabili relative all'ultimo mese osservato oltre a quelle caratteristiche del cliente, che non variano nel tempo. Anche per la determinazione della stima delle funzioni dei modelli additivi è stata considerata la scala logaritmica oltre all'originale. Nella Tabella 4.4 sono presentati gli errori di previsione dei sei modelli additivi ottenuti selezionando le variabili esplicative (tutte, solo le significative, solo quelle relative all'ultimo mese) e usando i due diversi criteri di stima (scala originale e scala logaritmica).

Per tutte le variabili continue sono state utilizzate le *spline* di lisciamento (cfr. §4.3.3) come stimatori non parametrici e si è fissato a 4 il numero di gradi di libertà equivalenti per ciascuna funzione di una variabile, come scelta del parametro di lisciamento delle *spline*. Le stime delle funzioni per il modello ottenuto sulla scala logaritmica con le sole variabili risultate significative sono presentate nella Figura 4.22.

Come per i coefficienti del modello lineare anche la vista di tutte queste figure può dare l'impressione di molta confusione e di inutilità. Anche in questo caso, invece, l'osservazione delle singole figure rilevanti possono portare ad utili conseguenze per le politiche aziendali. Un semplice esempio può essere la segnalazione che entrambi i servizi a valore aggiunto rilevati (vas1 e vas2) portano un aumento del traffico al netto degli altri elementi stimati. Per quanto riguarda le variabili di traffico si può osservare quanto strette sono le bande di variabilità della funzione legata alla durata delle chiamate *offpeak* nel nono mese, che lo identificano come predittore crescente molto importante per il traffico nel decimo mese; accanto a questo si può osservare l'andamento non monotono della curva legata alla stessa variabile del sesto mese.

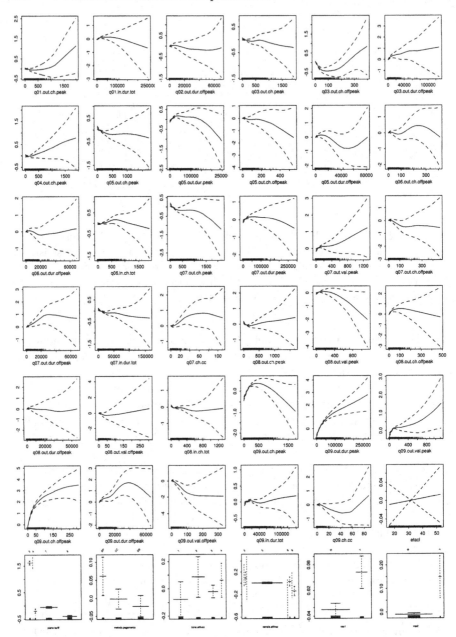

Figura 4.22. Clienti delle telecomunicazioni: modello GAM su scala logaritmica con solo le variabili esplicative significative

L'altra famiglia di modelli basati sulle *spline* che sono stati utilizzati per questa analisi sono i MARS (cfr. § 4.3.5). In questo caso la procedura sceglie da sé le variabili ritenute rilevanti per la previsione. Sono stati usati, quindi, solo due modelli uno sulla scala originale, l'altro sulla scala logaritmica. La Tabella 4.3 presenta il riassunto delle informazioni rilevanti utilizzate dal modello finale sulla scala originale. Anche gli errori di previsione di questi modelli sono inseriti nella Tabella 4.4, per facilitare i confronti con le altre previsioni.

Tabella 4.3. Clienti delle telecomunicazioni: stima relativa al modello MARS

prima variabile	primo nodo	seconda variabile	secondo nodo	parametri	err.std.
costante				988,29	251,77
q09.out.dur.offpeak				−2,84	0,85
q09.out.dur.offpeak	365,00			4,42	0,85
q09.out.val.peak				40,80	3,27
q09.out.val.peak		q09.out.dur.offpeak		0,34	0,01
q09.out.val.peak		q09.out.dur.offpeak	365,00	−0,34	0,01
piano.tariff				−119,08	56,43
piano.tariff		q09.out.val.peak		−8,77	0,78
q09.out.val.offpeak				−48,60	39,37
q05.out.val.offpeak				342,32	25,45
piano.tariff		q05.out.val.offpeak		−70,93	4,92
q05.out.val.offpeak		q09.out.val.peak		−0,44	0,13
q05.out.val.offpeak	48,07			−396,81	32,59
piano.tariff		q05.out.val.offpeak	48,07	183,68	12,05
q05.out.val.offpeak	48,07	q09.out.val.peak		−3,13	0,18
q05.out.val.offpeak		q09.out.val.offpeak		−2,53	1,03
q05.out.val.offpeak		q09.out.dur.offpeak		−0,001	0,01
q09.out.val.offpeak	29,22			−515,14	46,37
q09.out.val.peak	189,57			4,91	1,47
q05.out.val.offpeak		q09.out.val.peak	189,57	3,35	0,25
q05.out.val.offpeak		q09.out.val.offpeak	29,22	11,44	1,30

Su questi dati è stata adattata anche una rete neurale (cfr. § 4.7), sia su scala originale che su quella logaritmica. Si sono utilizzati 3 nodi per lo strato delle variabili latenti e per controllare il sovra-adattamento si è selezionato come parametro di *weight decay* $\lambda = 10^{-3}$. Gli errori di previsione sono inseriti nella Tabella 4.4.

Infine sono stati fatti crescere due alberi di regressione (cfr. § 4.6), uno sulla scala originale l'altro su quella logaritmica. Abbiamo visto che anche gli alberi, come i MARS, selezionano automaticamente le variabili maggiormente influenti sulla variabile risposta, sfruttando la fase di potatura; per questo neanche qui è stato necessario effettuare qualche operazione preliminare di riduzione dei modelli. L'insieme di stima è stato diviso in due parti una di 5.089 unità che sono state utilizzate per la fase di crescita dell'albero e l'altra di 5.090 unità usate per la potatura. La Figura 4.23 riporta il grafico delle devianze al variare del numero di nodi dell'albero per i due modelli su scala originale e trasformata, e la Figura 4.24 presenta i due alberi finali.

Si osservi che per il primo albero la funzione che descrive la devianza al variare del numero di nodi nel pannello di sinistra della Figura 4.23 presenta due minimi locali, e il minimo assoluto, che si raggiunge con una devianza

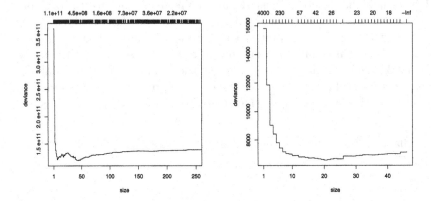

Figura 4.23. Clienti delle telecomunicazioni: devianze dei due alberi di regressione con durata delle chiamate sulla scala originale, a sinistra, e sulla scala logaritmica, a destra

sull'insieme di potatura di $119{,}52 \times 10^9$, si riferisce all'albero con 44 foglie, che corrisponde evidentemente ad un albero parecchio ramificato. Anche in questo caso non è ragionevole applicare automaticamente l'algoritmo che suggerisce la scelta dell'albero che minimizza la devianza sull'insieme di potatura.

Una più attenta analisi suggerisce di considerare entrambi i modelli proposti dalla curva della devianza, quindi anche quello corrispondente al minimo locale pari a $121{,}32 \times 10^9$, che indica un albero di 7 foglie. Infatti, accanto al criterio di previsione ottima, è sempre utile cercare un modello che risponda anche a criteri di semplicità (cfr. le riflessioni del Capitolo 1). Per cui se, come in questo caso, la devianza sull'insieme di potatura è molto simile per due diversi modelli, spesso si preferisce quello più semplice, a meno di altre considerazione legate all'interpretazione dei modelli stessi. Per questo nella Figura 4.24 abbiamo preferito disegnare l'albero finale del modello con 7 foglie; nella Tabella 4.4 abbiamo invece inserito gli errori di previsione sia dell'albero con 7 sia di quello con 44 nodi finali, in modo da identificare sull'insieme di verifica quale sia l'effettiva differenza tra i diversi modelli.

4.8.3 Confronti e discussione

Un'attenta analisi della Tabella 4.4 e degli altri elementi raccolti ci permette alcune riflessioni sui modelli e sulle stime.

La scelta della funzione obiettivo è ovviamente legata alla specifico problema di *marketing* a cui le analisi danno supporto. Nel caso che stiamo trattando le richieste erano varie, da una parte si chiedeva una previsione il più preciso possibile del traffico di ogni cliente per il mese di interesse per poter gestire ad esempio previsioni di bilancio, misure del *valore* di ciascun cliente o rimodulazione della rete; dall'altra era di interesse studiare gli strumenti operativi per

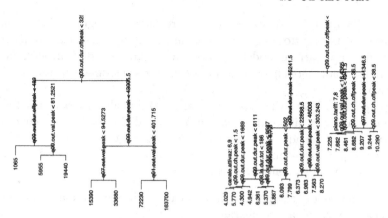

Figura 4.24. Clienti delle telecomunicazioni: alberi di regressione finali, adattati ai dati con durata delle chiamate sulla scala originale, a sinistra, e sulla scala logaritmica, a destra

Tabella 4.4. Clienti delle telecomunicazioni: errori di previsioni in scala originale e logaritmica per i diversi modelli adattati ai dati

modello	variabili	scala di ottimizzazione	errore quadratico scala originale	errore quadratico scala logaritmica
lineare	tutte	originale	257.736.193.454	113.472
lineare	solo signif.	originale	258.524.520.314	112.061
lineare	tutte	logaritmica	79.407.475.570.006.224	15.838
lineare	solo signif.	logaritmica	41.140.000.000.000.000	15.853
GAM	tutte	originale	392.419.005.268	94.137
GAM	solo signif.	originale	391.286.779.004	98.628
GAM	mese prec.	originale	299.872.658.074	109.552
GAM	tutte	logaritmica	666.446.084.652	229.497
GAM	solo signif.	logaritmica	2.929.561.551.420	13.605
GAM	mese prec.	logaritmica	1.668.869.970.637	13.779
MARS		originale	211.786.338.287	35.151
MARS		logaritmica	276.868.390.512	13.317
rete neurale		originale	604.876.539.104	35.151
rete neurale		logaritmica	601.084.507.392	36.875
albero	44 foglie	originale	324.547.309.675	20.252
albero	7 foglie	originale	252.187.094.517	32.852
albero		logaritmica	344.247.954.167	13.796

spingere i clienti con traffico medio o basso ad aumentare il loro utilizzo dei servizi offerti dall'azienda. Entrambe le funzioni obiettivo sono quindi state usate per fornire suggerimenti utili per i due tipi di richieste menzionate.

Scelta una funzione obiettivo, è evidente che i modelli ottimizzati rispetto a questo criterio siano migliori di quelli ottenuti minimizzando l'altra funzione;

dalla Tabella 4.4 si può osservare che le differenze tra analoghi modelli ottenuti con diversa ottimizzazione possono essere anche molto diversi tra loro (si veda ad esempio i risultati sui modelli lineari). Nel seguito quindi confronteremo in maniera separata i modelli ottenuti massimizzando ciascuna delle due funzioni obiettivo.

Per quanto riguarda la scala originale, cioè l'analisi volta a misurare il totale di traffico, e quindi di guadagni ottenuti dall'azienda, ci si concentra sul fatto che i clienti ad alto traffico sono clienti particolari e vanno considerati come molto più importanti dei clienti con traffico medio o basso. Si possono quindi riportare le seguenti osservazioni.

◇ Tutti i modelli si comportano in maniera sostanzialmente analoga con la sola eccezione della rete neurale.

◇ L'albero che l'insieme di potatura suggeriva come 'ottimo', cioè con 44 nodi finali, ha una prestazione peggiore di quello che selezionato come 'sub ottimo', con 7 foglie, che coniuga quindi insieme semplicità e precisione. Tale osservazione ci suggerisce che se studiati con attenzione e valutati in tutti gli aspetti rilevanti, gli alberi possono fornire risultati molto interessanti.

◇ Il modello preferibile in termini di errore di previsione è il MARS, che sarà quello effettivamente usato per effettuare una previsione precisa della durata totale delle chiamate nel prossimo mese.

◇ Accanto ad una previsione precisa della durata complessiva delle chiamate era molto importante, per i responsabili di *marketing*, avere una descrizione delle caratteristiche dei clienti che effettuano più chiamate, rispetto a coloro che non ne effettuano meno.

  ○ Una attenta analisi della Tabella 4.3 permette di avere una prima idea, seppur solo orientativa, del meccanismo che porta il modello MARS a prevedere la durata complessiva.

  ○ In realtà altri modelli aiutano molto di più a dare una interpretazione dei risultati. In questo caso, l'albero di regressione oltre alla buona prestazione in termini di errore di previsione, è di facilissima interpretazione e, come si è visto dalla Figura 4.24, offre semplici ma utili spunti per le azioni di *marketing*.

  ○ Oltre agli alberi, i modelli lineari e i GAM sono di semplice interpretazione, attraverso la tabella dei coefficienti presentata all'inizio di questo paragrafo per i primi e utilizzando grafici analoghi a quelli presentati nella Figura 4.22 per i secondi.

  ○ Le reti neurali presentano maggiori difficoltà nell'interpretazione delle relazioni. Inoltre in questo specifico caso sembrano avere anche delle prestazioni inferiori rispetto agli altri modelli.

Ragionamenti simili a quelli appena espressi possono essere effettuati considerando l'ultima colonna della Tabella 4.4, dove si considerano gli errori quadratici su scala logaritmica. In questo caso l'obiettivo è quello di limitare l'effetto sulle stime dei clienti migliori per cercare di cogliere in maniera più precisa le leve su cui la direzione *marketing* di quell'azienda possa agire per far aumentare il traffico dei clienti di minor valore.

Il modello migliore sembra essere ancora una volta il MARS seguito dal GAM e dall'albero di regressione. In questo caso il modello lineare sembra comportarsi un po' peggio degli altri probabilmente a causa di non linearità indotte dalla trasformazione logaritmica e che gli altri modelli, più flessibili, riescono a gestire.

Nell'analisi che opera sulla scala logaritmica sembra essere ancora più forte la necessità di dare interpretazione ai risultati ottenuti per poter fornire suggerimenti di azioni da effettuare sulla clientela, favorendo quindi l'utilizzo di un modello di tipo GAM che ha offerto, oltre a buone prestazioni in termini di errore di previsione, anche i grafici della Figura 4.22 che, come abbiamo visto, sono di facile lettura e interpretazione.

Conclusioni

◇ Si vuole un modello per la previsione del traffico di ciascun cliente in un fissato mese usando le informazioni sul cliente e sull'utilizzo dei suoi servizi nei mesi precedenti.

◇ Si hanno almeno due classi di obiettivi: (i) prevedere con maggior precisione possibile il totale del traffico nel mese di interesse (ii) identificare linee di azione per spingere i clienti che effettuano meno traffico ad aumentare il loro utilizzo dei servizi forniti dall'azienda.

◇ Per il primo obiettivo il modello prescelto è stato il MARS che presenta il minor errore di previsione sulla scala originale, quella appropriata per il problema di tipo (i).

◇ Per il secondo obiettivo il modello prescelto è stato il GAM che pur non presentando l'errore di previsione ottimale su scala logaritmica, appropriata per il problema di tipo (ii), prevede comunque sostanzialmente bene e offre una facile interpretazione del modello e un'indicazione per possibili azioni di *up sell*.

Note bibliografiche

Una presentazione più articolata, ma pur sempre a livello tecnicamente non elevato, dell'approccio non parametrico attraverso la regressione locale è fornita dal libro di Bowman & Azzalini (1997); il materiale è corredato da molte illustrazioni numeriche e grafiche basate sul *package sm* per S-plus, di cui è disponibile anche una versione per l'ambiente R. Per una trattazione matematicamente più avanzata dell'argomento, si veda il libro di Fan & Gijbels (1996). Loader (1999) estende l'approccio della regressione locale combinandolo con il concetto di verosimiglianza, in particolare nell'ambito dei modelli lineari generalizzati, e fornisce altri strumenti *software* per gli ambienti S-plus e R.

Trattazioni generali per le *spline* e le loro proprietà matematiche si trovano nei libri di de Boor (1978) e di Atkinson (1988, § 3.7). Il libro di Green & Silverman (1994) è stato tra i primi ad impiegare sistematicamente in ambito statistico le *spline* e loro varianti quali *thin-plate spline*, ed ha svolto un importante ruolo per la diffusione di questo strumento nella comunità statistica.

Il libro di Breiman et al. (1984) ha introdotto l'idea di alberi di regressione e alberi di classificazione (di cui parleremo più avanti) nonché la sigla stessa CART® che è poi diventata sinonimo della metodologia stessa. Questo libro è stato tra i primi in assoluto ad avviare una particolare filosofia dell'analisi dei dati e a prendere in considerazione problematiche che sarebbero successivamente diventate gli elementi caratterizzanti del contesto ora noto come *data mining*.

Per una trattazione completa dei modelli additivi e dei GAM, si rimanda al libro di Hastie & Tibshirani (1990, ristampato nel 1999) che costituisce il punto di culmine di una serie di pubblicazioni, iniziata dai due autori nel 1984 e continuata con una intensa attività per molti anni.

La letteratura sulle reti neurali è amplissima, spaziando dalle esposizioni molto tecniche a quelle molto operative. Tra le presentazioni più facilmente avvicinabili da un lettore di formazione statistica, particolarmente degne di nota sono quelle di Ripley (1996, Cap. 5) e di Hastie et al. (2001, Cap. 11). Una trattazione di taglio più prettamente matematico è quella di Fine (1999).

Esercizi

4.1. Dimostrare la (4.3).

4.2. Dimostrare le (4.5).

4.3. Dati n punti $(x_1, y_1), \ldots, (x_n, y_n)$, con le x_i uniche e crescenti, mostrare che la funzione che minimizza

$$\int_{x_1}^{x_n} (f''(t))^2 \, \mathrm{d}t$$

sotto al vincolo che $f(x_i) = y_i$ $(i = 1, \ldots, n)$ è una spline cubica naturale con nodi nei punti $x_1, \ldots, x_n$. Tale funzione è detta *spline di interpolazione*.

4.4. Mostrare che la funzione (4.9) di pagina 77 soddisfa le tre condizioni seguenti, tipiche delle *spline* cubiche:

1. f è una funzione cubica in ciascun sottointervallo $[\xi_j, \xi_{j+1})$,
2. f ha due derivate continue, e
3. f ha una derivata terza che è una funzione a gradini con salti nei nodi $\xi_1, \ldots, \xi_{j+1}$.

4.5. Dimostrare la (4.11).

4.6. Nell'algoritmo di crescita di un albero, mostrare che $D_j - D_j^* > 0$, tranne in un caso degenere (quale?).

4.7. Se l'algoritmo di crescita di un albero sta esaminando la generica variabile x_r, come si determina in modo efficiente il valore del punto di suddivisione del suo campo di variazione? (NB. si intende che ci si riferisce al campo di variazione residuo, dopo le selezioni già effettuate ai cicli precedenti).

Metodi di classificazione

5.1 Previsione di variabili qualitative

Uno dei problemi applicativi più frequenti è quello di dover allocare un'unità a una *categoria* o *classe* tra K possibili alternative utilizzando le osservazioni relative a delle variabili rilevate su quella unità.

Gli esempi che seguono illustrano alcune situazioni di questo genere, evidenziando soprattutto situazioni tipiche del contesto aziendale, anche se si potrebbero presentare altrettanto facilmente esempi tratti da contesti del tutto diversi.

⋄ Una banca si trova a dover decidere della solvibilità di un cliente che chiede un prestito. Il problema è allora di attribuire il cliente alla categoria 'debitori solventi' oppure dei 'debitori insolventi' che sono due classi mutuamente esclusive ed esaustive, presumendo cioè che la banca abbia una sua regola convenzionale per allocare i clienti morosi ad una delle due categorie. Per poter compiere tale classificazione la banca ha a disposizione varie informazioni sul cliente, sia di natura anagrafica che della sua storia pregressa come cliente. Nell'ambito delle aziende di credito questo tipo di problema è associato alle tematiche *credit scoring* e *credit rating*.

⋄ Una società di assicurazioni vuole valutare se un cliente che stipula una polizza RCA avrà 0, 1, 2 o più incidenti nel prossimo anno. Qui le informazioni disponibili sono quelle anagrafiche del cliente, quelle sulle caratteristiche dell'auto, e i dati sulla storia assicurativa rilevabili dall'attestato di rischio. In ambito aziendale questo tipo di problema è associato, seppure indirettamente, alla tematica del *identificazione del prezzo* (nelle aziende spesso indicato col termine inglese *pricing*).

⋄ Una compagnia aerea vuole prevedere quali dei suoi clienti, possessori di 'carta fedeltà', effettuerà un volo intercontinente verso una destinazione di villeggiatura entro i prossimi 12 mesi. Ai clienti con un'alta propensione in tal senso intende proporre un'azione promozionale, cercando invece di evitare l'invio del catalogo a persone non interessate. In questo caso, i clienti sono divisi nei due gruppi di chi effettuerà e di chi non effettuerà un volo del tipo indicato, e le informazioni disponibili per la previsione sono quelle presenti nel *data base* aziendale delle carte-fedeltà. In ambito aziendale questo tipo di problema è associato alle tematiche *up sell* e *cross sell*.

◇ Una azienda di automobili vuole individuare dei potenziali clienti tra coloro che entro i prossimi sei mesi acquisteranno una nuova auto del segmento "F: alta-gamma", per spedire a questo gruppo selezionato una *brochure* di presentazione del suo nuovo modello di automobile del segmento F. Ha quindi bisogno di rivolgersi ad un'azienda specializzata per la fornitura di liste di potenziali clienti; queste sono formate partendo da amplissime raccolte di dati ottenuti da fonti diverse, ma che comunque concorrono alla formazione di *profili* di comportamento economico individuale. In ambito aziendale questo tipo di problema è associato alla gestione dei *prospect*.

Notiamo che il numero K e la natura delle classi presenti in ciascun problema sono entità ben definite, nel senso che il criterio di allocazione deve essere tale da poter stabilire in modo non equivoco l'appartenenza di ciascuna unità ad una ed una sola classe. In tutti gli esempi precedenti avevamo $K = 2$, tranne nel secondo dove $K = 3$. La prevalenza degli esempi con $K = 2$ corrisponde ad una prevalenza nelle situazioni reali.

L'obiettivo è dunque quello di costruire una regola per comporre le osservazioni disponibili sulle variabili relative ad un individuo, per allocarlo ad una delle classi. Quanto segue è basato sull'ipotesi che si disponga di un certo insieme di n casi per i quali è nota la classe di appartenenza, in aggiunta alle variabili osservate. In questo caso possiamo cercare di utilizzare questa informazione per costruire la regola di classificazione.

Il problema può essere considerato analogo a quello trattato nel Capitolo 4, con la variante che qui la variabile risposta y è di tipo categoriale con K livelli, in quanto rappresentata dalla classe di appartenenza. Indichiamo con $y_1, \ldots, y_n$ le classi di appartenenza degli elementi del campione, e con n_k il numero di unità appartenenti alla k-ma classe, per $k = 1, \ldots, K$.

Pertanto, a fianco di metodi che sono stati specificamente sviluppati in questo contesto, molte delle tecniche che presenteremo nel seguito sono una rivisitazione di quelle viste nel Capitolo 4. Sono peraltro necessari alcuni adattamenti; uno di questi riguarda la usuale misura di discrepanza (2.10) a pagina 20 tra valori osservati e stimati che qui non è adeguata. Un aspetto connesso è quello che abbiamo $K(K-1)$ possibili forme di *errata classificazione*, e le misure di adeguatezza dei vari metodi vanno costruite in questo contesto.

5.2 Un'illustrazione attraverso un problema di *marketing*

5.2.1 Previsione attraverso la regressione logistica

Di fatto abbiamo già incontrato un metodo utilizzabile per affrontare problemi di classificazione quando $K = 2$, cioè la regressione logistica considerata al § 2.4. Infatti questo procedimento prevede una variabile risposta di tipo categoriale, con due livelli di solito indicati con '0' e '1', tale che un'opportuna trasformata della probabilità di esito '1' si può esprimere come combinazione lineare delle variabili esplicative. Possiamo allora utilizzare questo strumento per affrontare un primo esempio di classificazione e per esaminare più in dettaglio ulteriori aspetti della questione.

Consideriamo dei dati relativi alla preferenza dei consumatori tra due marchi di succo di frutta, in alcuni supermercati degli USA, considerando $n = 1070$ acquisti che abbiano incluso un succo di frutta; la fonte e altre informazioni sui dati stessi sono riportate al § B.5. Per prevedere la scelta del consumatore tra le due marche possibili, CH e MM, utilizziamo altre variabili disponibili, quali: i prezzi delle due marche, `prezzoCH` e `prezzoMM`; gli sconti applicati, `scontoCH` e `scontoMM`; un indicatore di fedeltà per MM, `fedeleMM`; un identificativo della settimana e uno del negozio in cui avviene la vendita. L'indicatore `fedeleMM` riflette la frazione di preferenze accordata in acquisti precedenti alla marca MM; è anche disponibile un analogo indicatore `fedeleCH`, tale che la loro somma è costantemente 1, e quindi va considerato uno solo dei due.

Secondo lo schema già introdotto al § 3.5.1, selezioniamo una porzione casuale del 75% dall'insieme complessivo, e questa verrà usata per le operazioni di stima e altre connesse. Il restante 25% sarà usato successivamente per la valutazione dei risultati ottenuti.

La Figura 5.1 mostra graficamente il comportamento delle variabili singolarmente prese. I primi sei pannelli sono diagrammi a scatola delle variabili continue, stratificate rispetto alla variabile risposta. L'ultimo pannello mostra il diagramma a barre della percentuale dei casi in cui è stato preferito MM, stratificato per negozio.

Come primo strumento di classificazione dei clienti rispetto alla loro preferenza nell'acquisto costruiamo quindi un modello di regressione logistica per la probabilità π di scegliere MM, utilizzando le variabili esplicative indicate sopra. Analiticamente il modello prende la forma

$$
\begin{aligned}
\text{logit}(\pi) = {} & \beta_0 + \beta_1 \, \mathtt{settimana} + \beta_2 \, \mathtt{prezzoCH} + \beta_3 \, \mathtt{prezzoMM} \\
& + \beta_4 \, \mathtt{scontoCH} + \beta_5 \, \mathtt{scontoMM} \\
& + \beta_6 \, \mathtt{fedeleMM} + \beta_7^\top \, I_{\mathtt{negozio}}
\end{aligned}
\tag{5.1}
$$

dove la notazione $I_{\mathtt{fattore}}$ rappresenta un insieme di variabili indicatrici in numero pari ai livelli della variabile qualitativa `fattore`, diminuito di uno; in questo caso il parametro β_j corrispondente è un vettore di dimensione compatibile. La parametrizzazione adottata qui per la variabile qualitativa è quella

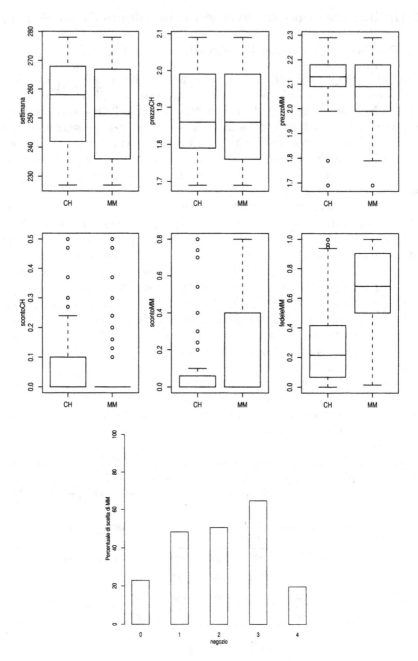

Figura 5.1. Dati dei succhi di frutta: rappresentazioni grafiche preliminari

cosiddetta *d'angolo*, per cui la prima modalità viene presa come riferimento e i parametri relativi alle altre modalità rappresentano gli scarti da questa. Il procedimento di stima dà luogo al sommario riportato nella Tabella 5.1.

Tabella 5.1. Dati dei succhi di frutta: regressione logistica con modello (5.1)

	stima	errore std	valore−t	valore−p
(Intercetta)	−3,816	2,059	−1,85	0,064
settimana	−0,002	0,013	−0,13	0,895
prezzoCH	4,435	2,114	2,10	0,036
prezzoMM	−3,706	1,006	−3,68	0,000
scontoCH	−3,648	1,140	−3,20	0,001
scontoMM	2,095	0,500	4,18	0,000
fedeleMM	5,864	0,448	13,09	0,000
negozio1	0,551	0,315	1,75	0,080
negozio2	0,656	0,285	2,30	0,021
negozio3	0,574	0,368	1,56	0,119
negozio4	0,039	0,419	0,09	0,927

$D = 631,63$ con 791 g. d. l.

Alla luce dei valori-p della Tabella 5.1 togliamo dal predittore lineare il termine `settimana`. L'esito della stima dei parametri del modello ridotto

$$\text{logit}(\pi) = \beta_0 + \beta_1 \, \texttt{prezzoCH} + \beta_2 \, \texttt{prezzoMM}$$
$$+\beta_3 \, \texttt{scontoCH} + \beta_4 \, \texttt{scontoMM} \qquad (5.2)$$
$$+\beta_5 \, \texttt{fedeleMM} + \beta_6^\top \, I_{\texttt{negozio}}$$

è riportato nella Tabella 5.2, che ora contiene solo variabili significative per almeno una modalità. L'appropriatezza della riduzione è confermata dal test del rapporto di verosimiglianza $D_2 - D_1$, che è praticamente nullo sulla scala della distribuzione di riferimento χ^2_2.

5.2.2 Tabella di errata classificazione e curva *lift*

Utilizziamo ora il modello (5.2) sulla porzione di dati non utilizzati finora per classificare le restanti unità, e verificare quindi la capacità previsiva del modello individuato. Per allocare una nuova unità si valuta la probabilità di scelta di MM secondo il modello individuato e si attribuisce l'unità ad una o all'altra categoria a seconda che questa probabilità sia superiore o inferiore a $\frac{1}{2}$.

Possiamo quindi costruire la tabella a doppia entrata che conta il numero di casi previsti correttamente o meno, per ciascuna delle due modalità possibili. Questa è detta *tabella di errata classificazione* o anche *matrice di confusione* ed è presentata nella Tabella 5.3.

Tabella 5.2. Dati dei succhi di frutta: regressione logistica con modello (5.2)

	stima	errore std	valore$-t$	valore$-p$
(Intercetta)	2,056	2,015	1,02	0,308
prezzoCH	4,241	1,520	2,79	0,005
prezzoMM	-3,744	0,963	-3,89	0,000
scontoCH	-3,695	1,084	-3,41	0,001
scontoMM	2,082	0,491	4,24	0,000
fedeleMM	5,868	0,447	13,12	0,000
negozio1	0,543	0,309	1,76	0,079
negozio2	0,651	0,283	2,30	0,021
negozio3	0,593	0,338	1,75	0,079
negozio4	0,055	0,401	0,14	0,892

$D = 631{,}64$ con 792 g. d. l.

Tabella 5.3. Dati dei succhi di frutta: tabella di errata classificazione del campione di verifica in base al modello (5.2)

Previsione	Risposta effettiva		
	CH	MM	totale
CH	150	23	173
MM	19	76	95
totale	169	99	268

Siccome vogliamo confrontare tra loro varie procedure di classificazione, cerchiamo un indice sintetico della qualità del risultato ottenuto; introduciamo quindi delle *misure di adeguatezza* della previsione. La più immediata tra queste è costituita semplicemente dalla frazione di casi totali correttamente classificati, o equivalentemente da quelli erroneamente classificati; in questo caso si ottiene rispettivamente

$$(150 + 76)/268 = 0{,}843 \qquad e \qquad (19 + 23)/268 = 0{,}157.$$

Essendo due quantità equivalenti dal punto di vista informativo, basta considerarne una: per convenzione, scegliamo di fare riferimento alle frequenze di errore.

Peraltro questo modo di procedere è un po' riduttivo: ci sono vari motivi per tener conto separatamente dei due tipi di errore. Se l'evento 'positivo' è l'acquisto di MM, i clienti di MM da noi classificati come acquirenti di CH sono detti *falsi negativi*, riprendendo un termine originario del contesto medico; viceversa i clienti di CH da noi classificati come acquirenti di MM sono detti *falsi positivi*. La situazione è schematizzata nella Tabella 5.4 dove i termini n_{ij} nella porzione di sinistra corrispondono alle frequenze assolute dei quattro esiti possibili; quindi n_{12} è la numerosità di falsi negativi e n_{21} quella di falsi positivi.

Tabella 5.4. Matrice di confusione e di probabilità di errori

Previsione	Risposta effettiva				Previsione	Risposta effettiva	
	−	+	totale			−	+
−	n_{11}	n_{12}	$n_{1\cdot}$		−	$1-\alpha$	β
+	n_{21}	n_{22}	$n_{2\cdot}$		+	α	$1-\beta$
totale	$n_{\cdot1}$	$n_{\cdot2}$	n		totale	1	1

In altri contesti della statistica questo tipo di problema è visto entro il paradigma della verifica d'ipotesi. Allora il falso positivo corrisponde all'errore di I tipo, e il falso negativo corrisponde all'errore di II tipo, come riportato nella porzione di destra della Tabella 5.4. Secondo la terminologia della verifica d'ipotesi allora

$$\alpha = \mathbb{P}\{\text{falso positivo}\}, \qquad \beta = \mathbb{P}\{\text{falso negativo}\}.$$

Queste due probabilità sono ignote, e non fissate da noi, ma al più possono essere stimate tramite

$$\hat{\alpha} = n_{21}/n_{\cdot1}, \qquad \hat{\beta} = n_{12}/n_{\cdot2}.$$

Una prima considerazione a questo riguardo è che il *costo* di un'errata classificazione, cioè il danno connesso ad un errore non è lo stesso nelle due situazioni possibili e, a seconda di qual è l'obiettivo applicativo che ci proponiamo, possiamo dare più peso ad uno o all'altro tipo di errore. Ad esempio, se siamo interessati a individuare le caratteristiche di chi sceglie MM, vogliamo minimizzare l'errore nell'identificazione di questi soggetti.

Pertanto consideriamo le frazioni di errore relative a ciascuna sub-popolazione osservata, distinguendo quindi tra i falsi positivi, e i falsi negativi. Un altro modo per tener conto delle osservazioni precedenti è quello di utilizzare in modo un poco diverso il modello selezionato: il modello logistico di per sé fornisce una probabilità, e non è inderogabile utilizzare $\frac{1}{2}$ come valore di soglia per allocare le unità alle due categorie. Spostando il valore di soglia possiamo graduare il peso assegnato alle due categorie.

Anche se per alcuni aspetti è conveniente disporre di indicatori molto sintetici e globali delle prestazioni di una procedura di classificazione, quali le semplici frazioni considerate sopra, in realtà è utile cercare di valutare in modo più analitico la capacità di previsione dei vari metodi.

Tra i vari strumenti in uso, uno particolarmente diffuso è costituito dalla *funzione lift* che fornisce una misura di miglioramento ottenuto dal modello in considerazione rispetto alla classificazione casuale con probabilità uniforme pari alla frazione osservata nell'insieme di verifica.

Un modo per introdurre questo strumento fa riferimento alla questione precedente del punto di soglia su cui discriminare i clienti. Se ci poniamo nell'ottica dell'azienda CH che cerca di acquisire nuovi clienti, un errore di previsione relativamente ai clienti di MM è quello che più preoccupa; vogliamo evidenziare in modo particolare la capacità previsiva di questo insieme. Possiamo quindi riprendere la risposta fornita dal modello, in termini di valori di probabilità stimate; queste stanno nell'intervallo tra 0 e 1, ed è stata una nostra semplificazione dicotomizzarla rispetto ad una soglia. Un modo per graduare tale soglia è di ordinare le unità secondo la probabilità che il modello ha assegnato, e poi verificare se le porzioni di unità di maggior probabilità prevista sono quelle a cui corrisponde una effettiva maggior frequenza di eventi, in questo esempio di scelta di MM.

La Figura 5.2 mostra il risultato di una tale operazione, in due varianti. Per ambedue i pannelli i punti più a sinistra della spezzata corrispondono a porzioni di soggetti per i quali la probabilità stimata era più alta, e l'ordinata rappresenta la proporzione di acquirenti di MM osservata per quei soggetti divisa per la proporzione media calcolata su tutti i dati. Nel pannello di sinistra il calcolo è stato compiuto per ogni possibile frazione di soggetti, ordinati secondo la probabilità stimata; in quello di destra si vede una forma di lisciamento della stessa curva in cui i punti calcolati si riferiscono ad una frazione del 10%, 20%,...,100% dei dati. La variante lisciata è quella più comunemente in uso, sia per ottenere un andamento più regolare, sia per semplicità di calcolo.

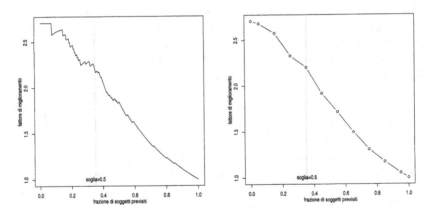

Figura 5.2. Dati dei succhi di frutta: curva *lift* per il modello logistico, a sinistra la curva calcolata per ogni possibile frazione di soggetti e a destra per dati raggruppati

Nel pannello di sinistra della Figura 5.2 è anche riportata una linea tratteggiata verticale che corrisponde alla classificazione dei soggetti usando come soglia della probabilità il valore indicato. Per ogni fissato valore di tale soglia resta individuata una tabella di errata classificazione, del tipo presentato nella Tabella 5.4. Da questa si può estrarre l'ordinata della curva *lift* relativa all'evento '+', rappresentata da

$$\frac{n_{22}/n_{2.}}{n_{.2}/n}.$$

Con riferimento alla Tabella 5.3 costruita utilizzando la soglia $\frac{1}{2}$ l'ordinata della curva *lift* relativa all'evento 'acquisto di MM' risulta essere $(76/95)/(99/268)=2{,}17$ che è il valore osservato sulla Figura 5.2; nel pannello di sinistra il valore dell'ordinata è soggetto ad un'approssimazione dovuta al fatto che abbiamo costruito la curva *lift* raggruppando i dati in 10 gruppi.

Per meglio apprezzare il valore dell'informazione presente su questo tipo di grafico e anche la motivazione del termine *lift*, facciamo riferimento ad un esempio specifico di altra natura. Supponiamo che un'azienda voglia compiere un'azione promozionale rivolta a dei clienti ormai noti, ai quali si rivolge in modo individuale, ad esempio tramite una lettera. Per motivi di costo, si decide di spedire un numero limitato N di lettere, e quindi sorge il problema di selezionare i clienti a cui spedire la lettera.

L'opzione banale senza sfruttare alcuna informazione sui clienti è quella di spedire la lettera ad N clienti scelti a caso. Supponiamo invece di disporre di un modello di regressione logistica per la probabilità di risposta positiva all'azione promozionale, costruito sulla base dei dati disponibili a seguito di azioni promozionali analoghe già effettuate. È chiaro che, se sfruttiamo le indicazioni del modello, spediremo la lettera agli N soggetti che hanno probabilità di risposta positiva più alta.

La curva *lift* associata a questo modello ci consente di quantificare il *miglioramento atteso* a seguito dell'utilizzo del modello logistico rispetto alla scelta casuale. In corrispondenza all'ascissa pari alla proporzione tra N e la numerosità della popolazione dei clienti, l'ordinata della curva *lift* rappresenta il rapporto tra la probabilità di successo per i clienti selezionati dal modello rispetto a quelli scelti a caso.

Un'ulteriore osservazione riguarda la asimmetria del comportamento del *lift* rispetto alla scelta di evento 'favorevole' e 'sfavorevole': scambiando la scelta dell'evento di interesse si ottengono grafici diversi.

5.2.3 Curva ROC

Un altro strumento per valutare la adeguatezza di un criterio di classificazione è fornito dalla *curva ROC* (*Receiver Operating Characteristic*). Questa è stata introdotta negli anni della II Guerra Mondiale nel contesto della teoria delle comunicazioni, in particolare di segnali radio, ed è stata poi ampiamente utilizzata in altri ambiti applicativi, tra cui in particolare in controllo della qualità e in statistica medica.

Riprendiamo in esame la Tabella 5.3 che ci consente di quantificare la proporzione di falsi positivi rispetto al totale di individui positivi, qui 19/169, e l'analoga proporzione di falsi negativi, qui 23/99. Questi valori sono peraltro determinati dal valore di soglia adottato, che per la tabella in questione è $\frac{1}{2}$. Pensiamo ora di far variare tale soglia sull'intero intervallo da 0 a 1, e di

calcolare in corrispondenza le proporzioni associate di falsi positivi e negativi.
È d'uso associare a queste proporzioni il termine di

◇ *sensibilità* per la proporzione di previsti positivi rispetto al numero di
  positivi effettivi, ovvero $1 - \beta$;
◇ *specificità* per la proporzione di previsti negativi rispetto al numero di
  negativi effettivi, ovvero $1 - \alpha$.

Queste due quantità vengono comunemente stimate tramite

$$\text{sensibilità} \approx \frac{n_{22}}{n_{12} + n_{22}}, \qquad \text{specificità} \approx \frac{n_{11}}{n_{11} + n_{21}} .$$

Ottenute queste frazioni per ciascuno dei possibili valori di soglia, la curva
ROC è costituita dai punti di coordinate $(1 - \text{specificità}, \text{sensibilità})$.

Il risultato per i dati dei succhi di frutta si trova rappresentato nel pannello
di sinistra della Figura 5.3; il pannello di destra contiene una versione lisciata
dei punti stessi. Come per la curva *lift*, questo lisciamento è stato ottenuto
raggruppando i dati in porzioni di un decimo ciascuna.

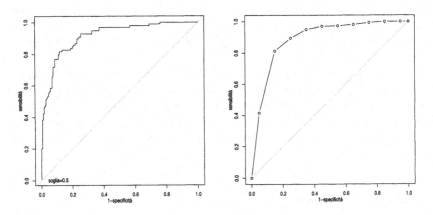

Figura 5.3. Dati dei succhi di frutta: curva ROC per il modello logistico

Per interpretare questa curva teniamo presente che la bisettrice dell'angolo
nell'origine corrisponde alla classificazione casuale dei soggetti. Ovviamente
cercheremo di ottenere una regola di classificazione la cui curva ROC stia più
sopra possibile della diagonale.

5.2.4 Estensione a K categorie

Il caso in cui $K > 2$ può essere trattato estendendo la metodologia precedente
come segue. Se indichiamo con $0, 1, \ldots, K - 1$ le K classi, e con $\pi_k(x)$ la
probabilità che $y = k$ in corrispondenza del valore fissato di x, si assume che
valgano relazioni del tipo

$$\log \frac{\pi_k(x)}{\pi_0(x)} = \eta_k(x), \tag{5.3}$$

dove $\eta_k(x)$ è una combinazione lineare delle variabili esplicative, del tipo $x^\top \beta$ dove le componenti del vettore β variano con k, per $k = 1, \ldots, K-1$. Una semplice manipolazione algebrica porta a scrivere

$$\frac{1}{\pi_0(x)} \sum_{k=1}^{K-1} \pi_k(x) = \sum_{k=1}^{K-1} e^{\eta_k(x)}$$

e quindi, sommando 1 ad ambedue i membri,

$$\pi_k(x) = \frac{e^{\eta_k(x)}}{1 + \sum_r e^{\eta_r(x)}}, \qquad \text{per } k = 1, \ldots, K-1,$$

$$\pi_0(x) = \frac{1}{1 + \sum_r e^{\eta_r(x)}}. \tag{5.4}$$

Queste relazioni estendono la (2.38) di pagina 42 e il modello che ne deriva è detto di *regressione logistica multidimensionale*. In linea di principio è anche possibile che ognuna delle funzioni $\eta_k(x)$ usi variabili esplicative diverse, ma questo non cambia concettualmente la sostanza.

La stima dei $p(K-1)$ parametri di questo modello può aver luogo attraverso l'adattamento ai dati di $K-1$ modelli di regressione logistica. Ciascuno di questi modelli viene applicato al confronto tra la classe 0 e la classe k, condizionatamente al fatto che il soggetto appartenga ad una di queste due classi. Siccome

$$\log \frac{\mathbb{P}\{y = k | y = 0 \cup y = k\}}{\mathbb{P}\{y = 0 | y = 0 \cup y = k\}} = \log \frac{\pi_k(x)/(\pi_0(x) + \pi_k(x))}{\pi_0(x)/(\pi_0(x) + \pi_k(x))} = \eta_k(x)$$

si verifica che i parametri che vengono così stimati sono quelli di interesse per il modello multidimensionale.

È da rilevare che la scelta dello 0 come classe di riferimento nella (5.3) è arbitraria, ma irrilevante, in quanto si potrebbe utilizzare una qualsiasi altra classe allo scopo, e le probabilità risultanti dalle (5.4) resterebbero invariate.

5.3 Classificazione mediante la regressione lineare

Abbiamo affrontato il nostro primo problema di classificazione tramite un metodo piuttosto semplice e familiare: la regressione logistica. Ci sono metodi più sofisticati, ma ora parliamo di uno ancora più semplice e familiare: la regressione lineare. Del resto i metodi semplici sono spesso quelli che danno esito migliore.

5.3.1 Caso di due categorie

Consideriamo in prima battuta il caso di $K = 2$ classi, contraddistinte convenzionalmente da 0 e 1. Possiamo allora istituire uno schema di regressione lineare in cui la variabile risposta y è costituita appunto dalle etichette 0 e 1 delle due classi, e usare il valore $\hat{y} = \frac{1}{2}$ come soglia di discriminazione per la previsione delle due categorie, nel senso che allochiamo un soggetto al gruppo 1 se il corrispondente $\hat{y}$ supera $\frac{1}{2}$ e al gruppo 0 nel caso contrario.

Per illustrare il metodo consideriamo i dati simulati presenti in ciascuno dei due pannelli della Figura 5.4. Qui abbiamo due variabili esplicative continue, indicate con z_1 e z_2, e l'appartenenza dei punti ai due gruppi è contraddistinta mediante il simbolo usato. Ci sono 120 punti di una categoria e 80 dell'altra.

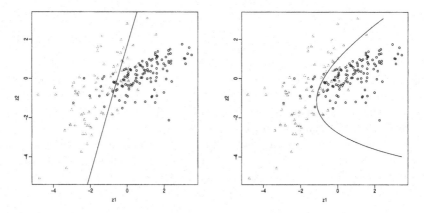

Figura 5.4. Dati simulati con due gruppi, classificazione mediante regressione lineare semplice e quadratica

La forma più semplice di regressione lineare che possiamo considerare è

$$y = \beta_0 + \beta_1 z_1 + \beta_2 z_2 + \varepsilon. \tag{5.5}$$

È il caso di rilevare che la natura di ε implicata dalla scrittura è veramente originale, nel senso che deve essere una variabile casuale tale per cui le sue realizzazioni sommate alla parte deterministica danno 0 oppure 1. Peraltro l'assunto veramente cruciale affinché il criterio dei minimi quadrati fornisca risposte sensate è che $\mathbb{E}\{\varepsilon\} = 0$, ma in effetti questo non è un assunto quando il modello include un'intercetta dato che l'eventuale valore non nullo può essere inglobato in β_0.

Dalle stime prodotte dal criterio dei minimi quadrati otteniamo che $\mathbb{R}^2$ viene bipartito in due porzioni dalla linea per cui

$$\hat{y} = \hat{\beta}_0 + \hat{\beta}_1 z_1 + \hat{\beta}_2 z_2 = \frac{1}{2}$$

dove abbiamo usato una notazione autoesplicativa. Questa è la retta riportata nel pannello di sinistra della Figura 5.4.

Elaborando su questa impostazione possiamo estendere il procedimento inserendo nel predittore lineare funzioni non lineari delle z_1 e z_2. La scelta più semplice è quella delle funzioni polinomiali, quale ad esempio la forma quadratica

$$\beta_0 + \beta_1 z_1 + \beta_2 z_2 + \beta_3 z_1^2 + \beta_4 z_1 z_2 + \beta_5 z_2^2.$$

Procedendo alla stima dei parametri ed eguagliando a $\frac{1}{2}$ la funzione risultante, si perviene alla bipartizione di $\mathbb{R}^2$ indicata dalla linea di separazione nel secondo pannello della Figura 5.4.

Applichiamo ora questo procedimento ai dati dei succhi di frutta, utilizzando le variabili già indicate nella Figura 5.1. Ovviamente con molte variabili in gioco non è più possibile produrre un grafico del tipo analogo alla Figura 5.4. Le frequenze di corretta ed errata classificazione nel campione di verifica sono identiche a quelle riportate nella Tabella 5.3, e quindi anche le percentuali di errore. Le curve *lift* e ROC sono praticamente indistinguibili da quelle del modello logistico, e quindi non riportate. Si riporta invece nella Figura 5.5 il diagramma di dispersione dei valori $\mathrm{logit}(\hat{\pi})$ del modello logistico, rispetto ai valori previsti con il modello lineare; questo mostra una stupefacente concordanza tra le due regole di classificazione, almeno per il valore di soglia $\frac{1}{2}$, che corrisponde a 0 sulla scala logit. Questa sostanziale equivalenza dei due metodi è abbastanza comune, seppure non costituisca una regola assoluta.

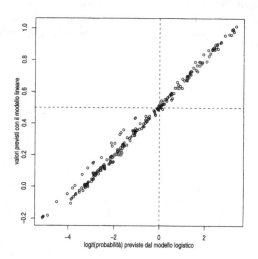

Figura 5.5. Dati dei succhi di frutta: diagramma di dispersione dei valori $\mathrm{logit}(\hat{\pi})$ previsti dal modello logistico e i valori previsti dal modello lineare

5.3.2 Caso di K categorie

Il caso in cui $K > 2$ può essere affrontato con un'estensione del procedimento precedente, ricorrendo all'idea di modello lineare multidimensionale descritto al § 2.1.3. Si costruisca la matrice Y di dimensione $n \times K$ formata dalle variabili indicatrici delle modalità della y. Le colonne di Y sono linearmente dipendenti, nel senso che la somma per riga è identicamente pari a 1, ma in questo caso ci risulta conveniente non eliminare una colonna.

Possiamo quindi impostare uno schema di regressione lineare multipla multidimensionale del tipo (2.20),

$$Y = XB + E,$$

dove X rappresenta la matrice di regressione $n \times p$, B la matrice $p \times K$ dei parametri, e per le colonne della matrice di errore E valgono i commenti fatti per ε nella (5.5).

Una volta stimata la matrice B tramite la (2.21), possiamo allocare un nuovo punto x_0 ($x_0 \in \mathbb{R}^p$) ad una delle classi calcolando

$$\cdot\, \hat{y}_0 = \hat{B}^\top x_0,$$

e assegnando x_0 alla classe per cui la componente $\hat{y}_0$ è maggiore ($\hat{y}_0 \in \mathbb{R}^K$).

Per illustrazione numerica, facciamo riferimento alla Figura 5.6, relativa a tre gruppi di dati simulati, di cui due sono coincidenti con quelli della Figura 5.4 e il nuovo insieme contiene 100 punti. I due pannelli della nuova figura corrispondono a quelli della Figura 5.4 nel senso che per il primo si è utilizzato un piano di regressione e per il secondo una polinomiale di secondo grado.

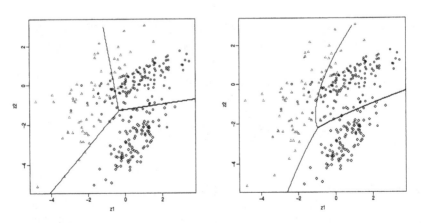

Figura 5.6. Dati simulati con tre gruppi, classificazione mediante regressione lineare semplice e quadratica

5.3.3 Discussione

L'impiego di modelli lineari per la classificazione costituisce un po' una forzatura della loro ragion d'essere. Il campo di esistenza della y è $\{0,1\}$ che male si accorda con l'impostazione logica dei minimi quadrati, in quanto una funzione lineare di regressione non resta confinata entro questo insieme. Una conseguenza di questo fatto è già stata menzionata a proposito della natura del termine di errore ε della (5.5). A sua volta questo provoca una difficoltà all'utilizzo di metodi inferenziali: le usuali ipotesi di omoschedasticità e di non correlazione degli errori in questo caso non si possono garantire. Quindi gli usuali errori standard e altre procedure di inferenza non sono sostenuti appieno da una teoria ferma, anche se alcune prove numeriche danno indicazioni sostanzialmente confortanti, nel senso che approssimativamente gli errori standard sono sostanzialmente validi.

Un'osservazione è opportuna circa l'interpretazione dei parametri del modello. Siccome le etichette 0 e 1 sono convenzionali, i parametri variano se si scelgono altre etichette. Per quanto riguarda i termini non costanti del predittore lineare, la stima del parametro e il corrispondente errore standard variano in proporzione, per cui l'interpretazione complessiva non viene modificata. Per quanto riguarda l'intercetta invece questa ha un valore puramente arbitrario; infatti cambia appena rinominiamo le classi con altri valori, ad esempio -1 e 1, e gli errori standard associati cambiano vistosamente passando anche da una situazione di non "significatività" ad una di forte "significatività". Peraltro il termine costante è necessario nel modello lineare per garantire che $\mathbb{E}\{\varepsilon\} = 0$ per ogni scelta delle etichette, e quindi è opportuno non rimuoverlo.

Un aspetto problematico specifico di questo approccio è costituito dalla possibile 'mascheratura' di qualche classe, nel senso che si può arrivare ad una regola di classificazione per la quale un nuovo individuo non viene mai allocato ad una certa classe; questa classe viene 'tenuta in ombra' dalle altre, e si dice che è mascherata dalle altre. Per una illustrazione più articolata del problema, si veda Hastie et al. (2001, p. 83–84). Il rimedio è quello di considerare nel predittore lineare espressioni polinomiali delle variabili esplicative fino all'ordine $K - 1$, il che comporta un numero $O(p^{K-1})$ di termini.

A conclusione presentiamo uno schema riassuntivo di elementi di vantaggio e svantaggio di questo approccio.

Pro

◇ Familiarità del metodo. La regressione lineare è uno dei più diffusi strumenti statistici, di uso corrente e quindi molto familiare.

◇ Semplicità di calcolo. Il metodo di calcolo è non iterativo con complessità computazionale minima. Anzi, è possibile fare ricorso a formule di aggiornamento ricorsivo, presentate nell'Algoritmo 2.1, e questo fatto consente di utilizzare il metodo anche in applicazioni in tempo reale.

◇ Efficacia. Pur nella sua semplicità il metodo produce risultati soddisfacenti, competitivi con quelli di metodi più sofisticati.

Contro

◇ Forzatura dell'uso del modello lineare. Il campo di esistenza della y non è per nulla assimilabile all'insieme dei valori di una funzione lineare.

◇ Problemi di mascheratura. Se non si è accorti si corre il rischio di oscurare una classe. Ovvero, per evitare questo, può essere necessario introdurre un numero elevato di termini nel predittore lineare se p e K sono non piccoli.

◇ Difficoltà negli aspetti inferenziali. Non c'è una base teorica completamente soddisfacente a supporto delle procedure inferenziali.

Accanto a questi aspetti, ci sono poi le considerazioni standard relative all'adozione di un metodo parametrico, sia in senso positivo che negativo.

5.4 Analisi discriminante

La regressione lineare e la regressione logistica non sono in effetti strumenti specificamente ideati per la classificazione. L'impostazione 'propria' del problema è secondo lo schema che segue, dove facciamo riferimento ad una variabile casuale p-dimensionale X, che per ora assumiamo continua, ed una variabile casuale categoriale y che rappresenta la classe a cui un soggetto appartiene; per semplicità di notazione non distinguiamo tra la variabile casuale y e le sue determinazioni, anche perché non darà luogo a confusione.

La popolazione complessiva è composta di K subpopolazioni (classi), aventi la funzione di densità di probabilità rispettiva $p_1(x), \ldots, p_K(x)$, per la distribuzione di X, e con peso $\pi_1, \ldots, \pi_K$ rispetto al totale della popolazione ($\sum_k \pi_k = 1$). Quindi la densità per la popolazione complessiva è

$$p(x) = \sum_{k=1}^{K} \pi_k \, p_k(x) \,. \tag{5.6}$$

Per il momento argomentiamo come se i vari ingredienti della $p(x)$ fossero noti. A priori la probabilità che un soggetto non ancora classificato appartenga alla k-ma subpopolazione è data da π_k. Se per quel soggetto è noto il valore assunto da X, indichiamolo con x_0, allora per il teorema di Bayes la probabilità a posteriori che quel soggetto appartenga al gruppo k è data da

$$\mathbb{P}\{y = k | X = x_0\} = \frac{\pi_k p_k(x_0)}{p(x_0)}$$

o equivalentemente il confronto di probabilità tra classe k e classe m avviene sulla base di

$$\log \frac{\mathbb{P}\{y = k | X = x_0\}}{\mathbb{P}\{y = m | X = x_0\}} = \log \frac{\pi_k}{\pi_m} + \log \frac{p_k(x_0)}{p_m(x_0)} \,.$$

Quindi ci rifacciamo a confrontare le varie classi attraverso la rispettiva *funzione discriminante*

$$d_k(x_0) = \log \pi_k + \log p_k(x_0)$$

che è sostanzialmente legata alla probabilità a posteriori delle classi. Quel valore di k che massimizza la funzione discriminate individua il gruppo a cui attribuiamo il nuovo soggetto.

Quanto descritto costituisce l'impianto dell'*analisi discriminante*. Per rendere operativo il procedimento dobbiamo però conoscere, e quindi di fatto stimare dai dati, gli ingredienti della (5.6). Per quanto riguarda i π_k, è naturale stimarli con $\hat{\pi}_k = n_k/n$, a meno di non avere informazioni ulteriori. Invece per i $p_k(x)$ si aprono varie strade: approccio parametrico o non parametrico; entro quello parametrico ci sono varie opzioni circa la famiglia di funzioni di densità da considerare, e in quello non parametrico ci sono varie alternative tra i metodi di stima.

Qui di seguito sviluppiamo gli schemi più classici, le cui origini risalgono al lavoro di Fisher (1936), e che si collocano entro l'ambito parametrico. Non tratteremo invece l'approccio non parametrico, e ciò perché di fatto non ha trovato finora larga applicazione, sia perché non si presta facilmente a combinare assieme variabili quantitative e qualitative, sia perché incorre piuttosto rapidamente nella maledizione della dimensionalità, e quindi non si presta bene all'impiego nei problemi che trattiamo con particolare interesse qui.

5.4.1 Analisi discriminante lineare

L'ipotesi parametrica più semplice per l'analisi discriminante è quella in cui ciascuna densità $p_k(x)$ è normale multipla con parametri dipendenti da k, diciamo $N_p(\mu_k, \Sigma_k)$, tale per cui risulta

$$p_k(x) = \frac{1}{(2\pi)^{p/2} \det(\Sigma_k)^{1/2}} \exp\left\{ -\tfrac{1}{2}(x - \mu_k)^\top \Sigma_k^{-1}(x - \mu_k) \right\} \qquad (5.7)$$

per $k = 1, \ldots, K$. Per un breve richiamo della distribuzione normale multipla, si veda l'Appendice A.2.3.

Nel caso semplificato che tutte le matrici di varianza siano uguali ad una stessa Σ, la funzione discriminante prende la forma

$$d_k(x) = \log \pi_k - \tfrac{1}{2}\mu_k^\top \Sigma^{-1}\mu_k + x^\top \Sigma^{-1}\mu_k$$

che è una funzione lineare in x, da cui il nome di *analisi discriminante lineare* (in breve LDA, da *Linear Discriminant Analysis*) per il procedimento stesso.

La stima dei parametri non presenta difficoltà in quanto è immediato porre

$$\hat{\mu}_k = \frac{1}{n_k} \sum_{i \,:\, y_i = k} x_i, \qquad \hat{\Sigma} = \frac{1}{n - K} \sum_{k=1}^{K} \sum_{i \,:\, y_i = k} (x_i - \hat{\mu}_k)(x_i - \hat{\mu}_k)^\top$$

dove il denominatore $n - K$ segue dalla stessa logica del denominatore della (2.11) a pagina 21, e x_i indica la determinazione di X relativa alla i-ma unità campionaria. Quindi il numero complessivo di parametri stimati è $p K + p(p + 1)/2$.

Riconsideriamo i dati simulati della Figura 5.6 e utilizziamo come forme del predittore lineare le stesse del § 5.3. La Figura 5.7 è stata ottenuta utilizzando il generico termine x_i del tipo

$$x_i = (z_{i1},\, z_{i2})^\top, \qquad x_i = (z_{i1},\, z_{i2},\, z_{i1}^2,\, z_{i1}\, z_{i2},\, z_{i2}^2)^\top$$

rispettivamente per il pannello di sinistra e quello di destra, che quindi usano $p = 2$ e $p = 5$ componenti; qui z_{i1} indica la i-ma osservazione di z_1, e analogamente per z_{i2}.

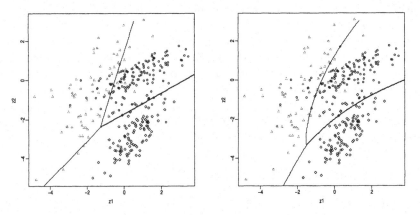

Figura 5.7. Dati simulati con tre gruppi, classificazione mediante analisi discriminare lineare

Si può peraltro pervenire alla funzione discriminante lineare indicata sopra senza ricorrere all'ipotesi di normalità multipla, appoggiandosi solo ad ipotesi del secondo ordine. Questo fatto giustifica l'utilizzo della tecnica anche quando X non è una variabile normale multipla, e anzi può avere componenti non continue. Lo sviluppo dell'analisi discriminante lineare attraverso ipotesi del secondo ordine è stata in realtà la strada seguita in origine da Fisher (1936), ma a fini espositivi è più semplice seguire l'impostazione basata sulla distribuzione normale.

5.4.2 Analisi discriminante quadratica

Se eliminiamo la condizione che le K matrici di varianza siano uguali, dalla espressione della densità (5.7) otteniamo la funzione discriminante

$$\delta_k(x) = \log \pi_k - \tfrac{1}{2}(x - \mu_k)^\top \Sigma_k^{-1}(x - \mu_k) - \tfrac{1}{2}\log|\Sigma_k|$$

che è una funzione quadratica in x, e quindi la corrispondente procedura è detta *analisi discriminante quadratica* (in breve QDA, da *Quadratic Discriminat Analysis*).

La stima dei vettori medi μ_k è la stessa vista al paragrafo precedente mentre la stima di Σ_k è data da

$$\hat{\Sigma}_k = \frac{1}{n_k - 1} \sum_{i\,:\,y_i=k} (x_i - \hat{\mu}_k)(x_i - \hat{\mu}_k)^\top$$

e quindi in totale ora vi sono $K\,p + K\,p(p+1)/2$ parametri distinti stimati.

Applicando questo procedimento ai dati utilizzati per le precedenti figure e impiegando le stesse trasformazioni delle variabili z_1 e z_2 nelle componenti di x, otteniamo le regioni di classificazione indicate nella Figura 5.8.

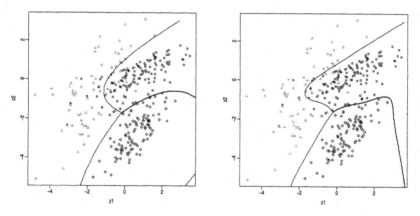

Figura 5.8. Dati simulati con tre gruppi, classificazione mediante analisi discriminare quadratica

È il caso di sottolineare che, a differenza della analisi discriminante lineare, quella quadratica è strettamente legata all'ipotesi distributiva gaussiana. Perlatro il secondo diagramma è stato prodotto violando di certo questa assunzione, dato che non può essere vero che z_1^2 e z_2^2 abbiano distribuzione normale, neppure approssimativamente, visto che z_1 e z_2 assumono valori a cavallo dello 0. A dispetto di ciò, le regioni rappresentate hanno un andamento più che ragionevole.

Applichiamo ora le due varianti viste dell'analisi discriminante ai dati dei succhi di frutta, utilizzando in ambedue i casi il predittore lineare della (5.1) a pagina 123. Le frequenze di corretta ed errata classificazione sono riportate nella Tabella 5.5, da cui si ottiene che le percentuali di errata classificazione complessiva sono 42/268=0,157 e 46/268=0,172, rispettivamente per la variante lineare e quadratica.

Tabella 5.5. Dati dei succhi di frutta: tabella di errata classificazione del campione di verifica usando analisi discriminante lineare e quadratica

Previsione	Risposta effettiva		
con LDA	CH	MM	totale
CH	147	20	167
MM	22	79	101
totale	169	99	268

Previsione	Risposta effettiva		
con QDA	CH	MM	totale
CH	145	22	167
MM	24	77	101
totale	169	99	268

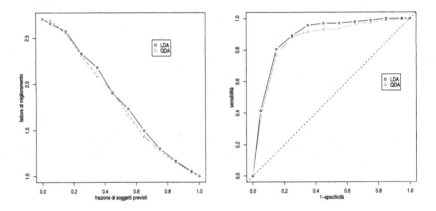

Figura 5.9. Dati dei succhi di frutta: curve *lift* (a sinistra) e ROC (a destra) per l'analisi discriminante

5.4.3 Discussione

Pro

◇ Appropriatezza del metodo. Il metodo è stato sviluppato specificamente per il problema di classificazione; non si tratta di un adattamento di un procedimento di altra origine.

◇ Informazioni a priori. Se disponibili, queste possono essere inglobate facilmente nella stima della probabilità a priori, eventualmente con un metodo bayesiano.

◇ Semplicità di calcolo. Sia la stima dei parametri che il calcolo delle funzioni discriminanti sono estremamente semplici da un punto di vista computazionale, e si prestano bene anche per applicazioni in tempo reale.

◇ Qualità e stabilità dei risultati. L'esperienza accumulata negli anni sull'analisi discriminante ha evidenziato una notevole affidabilità del metodo per produrre risultati validi in un gran numero di casi, e stabili rispetto all'ingresso di nuovi dati.

◇ Robustezza rispetto alle ipotesi. Anche quando le assunzioni previste dal metodo sono violate, tende a produrre risultati validi.

Contro

◇ Ipotesi restrittive. Il metodo è costruito sotto ipotesi piuttosto dettagliate, almeno nella variante quadratica.

◇ Selezione e graduatoria delle variabili. Non ci sono tecniche semplici per valutare se una certa variabile precedentemente considerata può essere rimossa senza danno sostanziale, fatto salvo il metodo universale di provare su un insieme di verifica. Analogo discorso vale per il problema connesso di evidenziare quali sono le variabili più influenti per la classificazione.

◇ Numero di parametri. Nel caso che p e/o K siano non piccoli, l'analisi discriminante quadratica porta rapidamente ad un elevato numero di parametri. In particolare alcune delle matrici di covarianza Σ_k potrebbero non essere identificabili, ovvero le loro stime possono risultare singolari.

◇ Non robustezza delle stime. Le stime dei parametri richiesti sono calcolate in modo molto rapido con il metodo dei momenti, ma appunto per questo non sono robuste rispetto alla presenza di valori anomali. Si può tuttavia pensare a forme di stima robusta.

5.5 Uso di alcuni metodi non parametrici

Finora ci siamo occupati di procedimenti parametrici, che anche in questo ambito presentano le stesse potenzialità e i limiti già discussi al § 4.1. È quindi opportuno esplorare anche la direzione dei metodi non parametrici. Nel seguito del capitolo considereremo alcune tra le varie opzioni possibili, che consistono sostanzialmente nell'adattamento al problema di classificazione delle procedure discusse al Capitolo 4.

Analogamente a quanto visto al § 2.4 per la regressione logistica rispetto alla regressione lineare, è possibile adattare le diverse tecniche di regressione non parametrica al problema di classificazione, considerando come variabile risposta qualitativa la variabile indicatrice che identifica la classe di appartenenza di ciascuna unità. Per mettere in relazione questa variabile risposta con le variabili esplicative, si può pensare, proprio come nei GLM (cfr. § 2.4), a una funzione legame che trasformi la scala del predittore non parametrico nella scala della variabile risposta. Consideriamo ad esempio il caso in cui $K = 2$; la funzione legame è ancora una volta la funzione logit (2.40), e il predittore non parametrico è una funzione f ignota; si ottiene quindi il modello

$$\text{logit}\left(\mathbb{E}\{Y|x_1,\ldots,x_p\}\right) = f(x).$$

Se sono disponibili una o due variabili esplicative la funzione di regressione può essere stimata in maniera non parametrica utilizzando una delle tecniche descritte nei §§ 4.2 e 4.3. La Figura 5.10 presenta i risultati della classificazione che si ottiene se si applicano il loess e le *thin plate spline*, rispettivamente nei pannelli di sinistra e di destra, ai dati simulati già incontrati nella Figura 5.4.

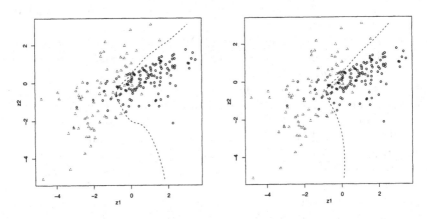

Figura 5.10. Dati simulati con due gruppi, classificazione mediante *loess* e *thin plate spline*

L'estensione al caso di K categorie è possibile seguendo lo stesso schema proposto al § 5.2.4 e utilizzando come funzione legame la funzione multilogit (5.4) di pagina 131.

Quando sono presenti diverse variabili esplicative, come per la regressione parametrica, si richiede una forma seppure debole di struttura ai modelli per poter ridurre la sia complessità concettuale che computazionale. I modelli additivi generalizzati, introdotti al § 4.4, possono essere utilizzati come tecnica di classificazione, scegliendo opportunamente distribuzione della variabile risposta e funzione legame. Nel caso in cui $K = 2$ si usa anche qui, come nel contesto parametrico, la funzione logit e si ipotizza una distribuzione binomiale per la variabile indicatrice della classe. Consideriamo quindi il modello

$$\text{logit}(\pi) = \alpha + \sum_{j=1}^{p} f_j(x_j)$$

dove π è la probabilità di appartenere a una delle due classi; per ottenere le stime non parametriche delle $f_j(x_j)$ si utilizza una modifica dell'algoritmo di *backfitting*, che in questo contesto è detto del *punteggio locale* ed è presentato nell'Algoritmo 5.1.

Algoritmo 5.1 'Punteggio locale' (*local scoring*) per il modello additivo logistico

1. Inizializzazione:
$$\hat{f}_j \leftarrow 0, \qquad j = 1, \ldots, p$$

   (a) se le y_i sono tutte 0 oppure 1, si pone $\hat{\alpha} \leftarrow 0$ oppure 1, e l'algoritmo termina;

   (b) altrimenti si pone

$$\hat{\alpha} \leftarrow \log(\bar{y}/(1-\bar{y})), \qquad \hat{\eta}_i \leftarrow \hat{\alpha} + \sum_{j=1}^{p} \hat{f}_j(x_{ij}), \qquad \hat{p}_i \leftarrow \frac{1}{1 + \exp(-\hat{\eta}_i)}$$

   dove $\bar{y}$ è la media delle y_i.

2. Ciclo per $j = 1, 2, \ldots, p, 1, 2, \ldots, p, 1, 2, \ldots$:

   (a) si pone

$$z_i \leftarrow \hat{\eta}_i + \frac{y_i - \hat{p}_i}{\hat{p}_i(1 - \hat{p}_i)}, \qquad w_i \leftarrow \hat{p}_i(1 - \hat{p}_i),$$

   (b) si adatta un modello additivo alla variabile z_i con pesi w_i, usando l'algoritmo di *backfitting* pesato e ottenendo nuove stime per $\hat{\alpha}$ e $\hat{f}_j$,

   fino a quando le funzioni $\hat{f}_j$ si stabilizzano.

Il risultato dell'applicazione del modello GAM ai dati dei succhi di frutta è presentato nella Figura 5.11, dove sono rappresentate le funzioni stimate utilizzando come lisciatori delle componenti del modello le *spline* di lisciamento.

La Tabella 5.6 presenta gli elementi essenziali dell'analisi della varianza del modello GAM ottenuto.

Tabella 5.6. Dati dei succhi di frutta: tabella di analisi della varianza per il modello GAM

Componente	devianza	g. d. l.	valore−p
s(settimana)	0,4	1,90	0,55
s(prezzoCH)	2,9	2,90	0,77
s(prezzoMM)	6,2	2,90	0,92
s(scontoCH)	20,0	4,84	0,11
s(scontoMM)	22,8	4,12	0,08
s(fedeleMM)	274,2	5,15	0,58
negozio	10,9	4,00	0,04
Totale	472,4	27,65	

La Tabella 5.7 presenta la matrice di confusione per il classificatore così ottenuto utilizzato per prevedere la classificazione sui dati di verifica; da questa tabella si ricava l'errore globale che è del 19,4%.

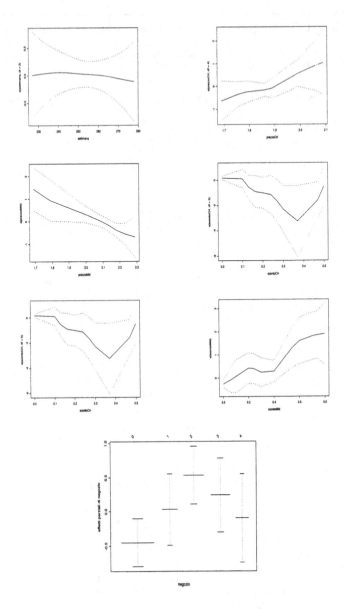

Figura 5.11. Dati dei succhi di frutta: effetto delle variabili sulla classificazione mediante modello GAM. Per le variabili continue sono presentate le funzioni f_j stimate attraverso *splines* di lisciamento, che colgono l'effetto parziale di ciascuna variabile esplicativa sulla risposta; l'effetto parziale della variabile qualitativa è rappresentato dal livello stimato per ciascuna modalità. Nei grafici sono anche indicate le bande di confidenza al 95% approssimate per ciascuna funzione

Tabella 5.7. Dati dei succhi di frutta: matrice di confusione del campione di verifica usando modello GAM

Previsione con GAM	Risposta effettiva CH	MM	totale
CH	135	18	153
MM	34	81	115
totale	169	99	268

Anche per i MARS (cfr. § 4.3.5) sono state proposte generalizzazioni per affrontare il problema della classificazione. Nel caso di $K = 2$, la strada più semplice consiste nel considerare la variabile di classificazione come una variabile quantitativa che assume valori 0 e 1 e utilizzare l'algoritmo del MARS proposto per la regressione. Se $K > 2$ si può ricodificare la variabile risposta in K variabili dicotomiche ed applicare l'algoritmo delle *multivariate adaptive regression splines* a ciascuna delle variabili, come già visto per l'utilizzo del modello lineare (cfr. § 5.3). Anche qui si assegnerà ogni unità alla classe che avrà associato il più alto valore previsto per la variabile risposta.

Un altro modo di generalizzare i MARS al problema della classificazione è detto PolyMARS e si basa sul modello multilogit. Come per il caso della regressione, il modello viene fatto crescere, ma questa volta per determinare a ogni passo la base da inserire si utilizza un'approssimazione quadratica della log-verosimiglianza multinomiale. Il modello allargato viene poi adattato ai dati usando il criterio della massima verosimiglianza.

La matrice di confusione per un modello PolyMARS stimato sui dati dei succhi di frutta è mostrata nella Tabella 5.8; l'errore globale di questo metodo di previsione è del 16,4%. La Figura 5.12 presenta la curva *lift* e la curva ROC dello stesso modello.

Tabella 5.8. Dati dei succhi di frutta: matrice di confusione del campione di verifica usando modello PolyMARS

Previsione con PolyMARS	Risposta effettiva CH	MM	totale
CH	149	24	173
MM	20	75	95
totale	169	99	268

5.6 Alberi di classificazione

Vogliamo adattare l'idea di albero di regressione, presentata al § 4.6, al caso in cui la variabile risposta è *qualitativa* (categoriale), a K livelli. La Figura 5.13

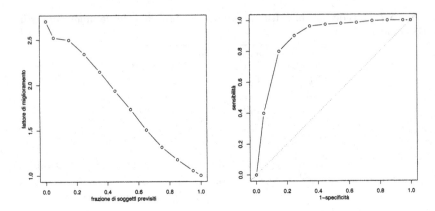

Figura 5.12. Dati dei succhi di frutta, la curva *lift* e la curva ROC per il modello PolyMARS

si riferisce ad un caso semplice, con $p = 1$ variabili esplicative e $K = 2$. Nella realtà operativa useremo questo approccio con p (e talvolta K) maggiore.

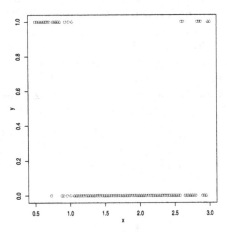

Figura 5.13. Dati simulati di una variabile risposta categoriale a due livelli con una esplicativa

Se indichiamo con 0 e 1 le due classi e con $p(x) = \mathbb{P}\{y = 1|x\}$ la probabilità che un individuo con caratteristiche x appartenga alla classe 1, approssimiamo $p(x)$ mediante una funzione a gradini del tipo

$$\hat{p}(x) = \sum_{j=1}^{J} P_j \, I(x \in R_j) \tag{5.8}$$

analoga alla (4.14) di pagina 95, dove questa volta P_j, con $P_j \in (0,1)$, rappresenta la probabilità che $y = 1$ per la regione R_j.

L'albero alla fine risultante è del tipo mostrato in Figura 5.14, nel pannello di sinistra, e la stima di $p(x)$ è mostrata a destra. L'unico elemento di diversità rispetto alla Figura 4.17 di pagina 99 è che alle foglie viene associato un indicatore di classe, quale 0 o 1, e non il valore della funzione $p(x)$ in quella regione. In altre parole, quando si 'fa cadere' una nuova osservazione x giù dalla radice dell'albero e raggiunge una foglia con associata la probabilità $\hat{p}(x)$, questa verrà allocata alla classe $C(\hat{p}(x))$ dove $C(p) = 0$ se $p \le \frac{1}{2}$, e $C(p) = 1$ se $p > \frac{1}{2}$.

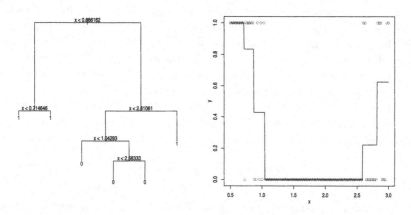

Figura 5.14. Dati simulati di una variabile risposta categoriale a due livelli con una esplicativa: albero e stima di $p(x)$

Per stimare i P_j della (5.8) usiamo anche qui la media aritmetica,

$$\hat{P}_j = M(y_i : x_i \in R_j) = \frac{1}{n_j} \sum_{i \in R_j} I(y_i = 1),$$

che prende la forma di frequenza relativa di elementi 1 nella regione R_j.

Data la natura dicotomica della y, la devianza 'del modello lineare' come funzione obiettivo non è la più opportuna. Una scelta molto più appropriata è la devianza connessa alla distribuzione binomiale

$$D = -2 \sum_{i=1}^{n} \{ y_i \log \hat{p}_i + (1 - y_i) \log(1 - \hat{p}_i) \},$$

la quale può essere riscritta accorpando gli elementi i appartenenti alla stessa regione R_j, dove la probabilità vale costantemente P_j, e quindi

$$D = \sum_{j=1}^{J} -2n_j [\hat{P}_j \log \hat{P}_j + (1 - \hat{P}_j) \log(1 - \hat{P}_j)] = \sum_j D_j.$$

Possiamo ottenere un'interpretazione interessante e fruttuosa di ulteriori sviluppi riscrivendo la devianza come

$$D = 2n \sum_j (n_j/n)\, Q(\hat{P}_j)$$

che, a meno della costante $2n$, è una media delle *entropie*

$$Q(P_j) = - \sum_{k=0,1} P_{jk} \log P_{jk} = -\{P_{j1} \log P_{j1} + P_{j0} \log P_{j0}\}$$
$$= -\{P_{j1} \log P_{j1} + (1 - P_{j1}) \log(1 - P_{j1})\}$$

pesate con la numerosità delle foglie; qui P_{jk} è la probabilità dell'esito k, cioè $P_{j1} = P_j$ e $P_{j0} = 1 - P_j$. I termini $Q(\cdot)$ sono detti misure di *impurità*, in quanto costituiscono un indicatore del fatto che gli elementi di una certa foglia siano disomogenei rispetto alla variabile risposta. Infatti $Q(p) = 0$ se $p = 0$ oppure $p = 1$, e cresce via via che ci si sposta dalle estremità dell'intervallo $(0,1)$ verso $\frac{1}{2}$, che corrisponde alla massima eterogeneità.

La scrittura precedente di D suggerisce che possiamo sostituire l'entropia con altre misure di impurità. Tra le alternative possibile, una variante spesso usata per l'algoritmo di crescita è di quantificare l'impurità con l'*indice di Gini*

$$Q(P_j) = \sum_{k=0,1} P_{jk}\,(1 - P_{jk}).$$

Con questi adattamenti, l'algoritmo di crescita è del tutto analogo a quello degli alberi di regressione. Anche l'algoritmo di potatura procede come nel caso precedente. Spesso nella (4.15) di pagina 97 è usato il semplice errore di classificazione

$$\frac{1}{n_j} \sum_{i \in R_j} I\left(y_i \neq C(\hat{p}(x_i))\right).$$

come misura di discrepanza al posto di $\sum_j D_j$, in alternativa all'analoga quantità calcolata come somma di impurità.

Utilizziamo ora questi strumenti per i dati dei succhi di frutta. Nella fase di crescita dell'albero adottiamo l'entropia come indice di impurità, basandoci su un campione di 600 elementi, tratti dalle 802 osservazioni dell'insieme di stima. Per la potatura usiamo le restanti 202 osservazioni per le quali usiamo ancora l'entropia come misura di adeguatezza. L'andamento della devianza risultante è mostrato nel pannello di sinistra della Figura 5.15, da cui si seleziona la dimensione $J = 6$ per l'albero, mostrato nel pannello di destra.

L'albero ottenuto evidenzia l'importanza della variabili `fedeleMM` e degli sconti. Notiamo inoltre che le due foglie più a destra potrebbero essere potate, a fini della classificazione in senso stretto, e la loro distinzione riguarda il valore di probabilità associato, che è 0,72 per quella a sinistra e 1 per l'altra.

La matrice di confusione è presentata nella Tabella 5.9 e indica un errore globale del 19,4%. Le curve *lift* e ROC sono riportare nella Figura 5.16.

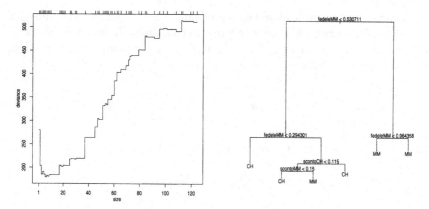

Figura 5.15. Dati dei succhi di frutta: albero di classificazione

Tabella 5.9. Dati dei succhi di frutta: matrice di confusione del campione di verifica usando un albero di classificazione

Previsione	Risposta effettiva		
con LDA	CH	MM	totale
CH	135	18	153
MM	34	81	115
totale	169	99	268

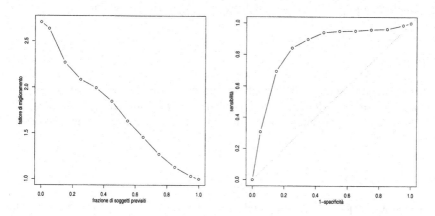

Figura 5.16. Dati dei succhi di frutta: curve *lift* (a sinistra) e ROC (a destra) per l'albero di classificazione

Nel caso $K > 2$, il procedimento precedente richiede qualche adattamento, come segue. La funzione $p(x)$ prende valori nel simplesso K-dimensionale, cioè i suoi valori sono probabilità $p_1(x), \ldots, p_K(x)$ che sommano 1. Gli indici di impurità vanno corrispondentemente estesi, cioè

$$\text{entropia} = -\sum_{k=1}^{K} P_{jk} \log P_{jk}, \qquad \text{Gini} = \sum_{k=1}^{K} P_{jk} (1 - P_{jk}),$$

ognuno dei quali può essere inserito nella funzione obiettivo

$$D = 2n \sum_{j} (n_j/n) \, Q(\hat{P}_j).$$

dove ora $\hat{P}_j$ è un vettore K-dimensionale, i cui valori stimano le componenti $p_1(x), \ldots, p_K(x)$.

Per illustrazione numerica, consideriamo i dati presentati nella Figura 5.6 dove $K = 3$. L'esito della procedura precedente dà luogo ai grafici della Figura 5.17, dove il primo pannello presenta l'albero completamente sviluppato usando l'entropia come misura di impurità, il secondo presenta la devianza ottenuta mediante convalida incrociata dividendo l'insieme in dieci porzioni e che porta a selezionare $J = 9$; gli ultimi due pannelli si riferiscono all'albero potato e alla corrispondente rappresentazione in $\mathbb{R}^2$.

Per una discussione di pro e contro degli alberi di classificazione valgono le considerazioni già fatte al § 4.6.4 per gli alberi di regressione.

5.7 Altro...

L'insieme delle tecniche di classificazione è un vasto mare, e di queste ne abbiamo presentate alcune, ma molte altre sono rilevanti. In questo paragrafo diamo un rapido tratteggio di alcune altre, senza poter comunque esaurirne la lista completa.

5.7.1 Reti neurali

L'estensione a questo contesto delle reti neurali, viste al § 4.7, è immediata. Partendo come al solito dal caso $K = 2$ per cui la variabile indicatrice della classe y prende il valore 0 o 1, l'unico adattamento rilevante da introdurre è che nella (4.16) di pagina 101 la funzione di attivazione f_1 deve avere come codominio l'intervallo $(0, 1)$; la più comunemente utilizzata è la funzione logistica $\ell(x)$ definita nella (2.37) a pagina 41. Nel caso che si codifichino le due classi con -1 e 1, si ricorre alla funzione

$$2\,\ell(x) - 1 = \frac{e^x - 1}{e^x + 1} = \tanh(x/2)$$

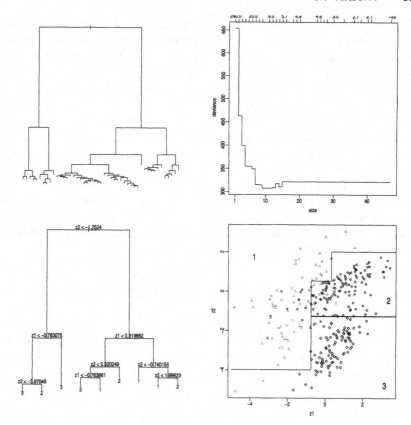

Figura 5.17. Dati simulati con tre gruppi, classificazione mediante albero

ma è chiaro che si tratta di una formulazione del tutto equivalente.

Se invece $K > 2$, si procede in un modo analogo a quanto fatto al §5.3.2 nel senso di creare K variabili risposta di tipo indicatrice 0–1. Ciò che c'è di nuovo è la scelta della funzione di attivazione. Posto

$$T_r = \sum_{j \to r} \beta_{jr} z_j \,,$$

in questo caso le funzioni di attivazione tra lo strato latente e quello di *output* nella (4.16) sono

$$f_{1k} = \frac{\exp(T_k)}{\sum_{r=1}^{K} \exp(T_r)}, \qquad k = 1, \dots, K.$$

Questo tipo di funzione in questo contesto è detta *softmax*, ma è poi essenzialmente la stessa (5.4) di pagina 131, utilizzata nella regressione logistica multidimensionale.

In questo contesto, il termine D che entra nella funzione obiettivo (4.17) non è più la distanza euclidea, ma l'entropia, come per molti altri metodi di classificazione. Corrispondentemente cambia anche l'indicazione proposta da Ripley (1996, p. 163) per la scelta del parametro di regolazione λ, che ora deve essere tra 10^{-3} e 10^{-1}, facendo riferimento alla seconda forma della (4.18) per J.

La Figura 5.18 mostra l'esito della classificazione dei dati simulati da tre classi, variando il numero r di nodi latenti: nel primo pannello $r = 4$ e nel secondo $r = 12$; il parametro λ di regolazione della (4.17) vale 10^{-2}, in ambedue i casi. Nel secondo pannello è visibile un effetto di sovra-adattamento, evidenziato dalle zone prive o quasi di punti immerse in una zona ben caratterizzata da punti di altra classe, e anche dalla frastagliatura dei confini tra le classi, in taluni casi. L'evidenza di un effetto di sovra-adattamento sottolinea la necessità della cura necessaria per la scelta del parametro di regolazione λ e del numero di nodi latenti.

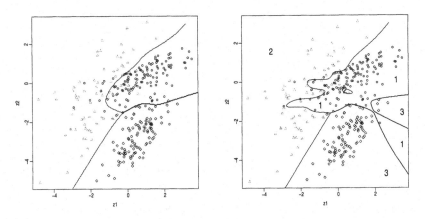

Figura 5.18. Dati simulati con tre classi, classificazione mediante rete neurale

5.7.2 *Support vector machines*

Se facciamo riferimento alla Figura 5.19, dove sono presenti due insiemi di punti in $\mathbb{R}^2$, esistono molte rette che tagliano il piano separando perfettamente le due classi, i cui elementi sono contraddistinti da due simboli diversi. Dovendo sceglierne una specifica, è del tutto sensato selezionare quella retta che attua la separazione più netta, nel senso di massimizzare la sua distanza dal punto più vicino; è intuitivo che tale retta avrà di conseguenza la stessa distanza m dal più vicino rappresentante di ciascuna delle due classi. Associata a questa retta di massima separazione ne restano individuate altre due, parallele alla prima, le quali passano per il punto più prossimo di ciascuna delle due classi.

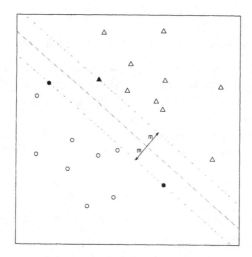

Figura 5.19. Illustrazione della ricerca di massimo margine di separazione tra due classi; l'appartenenza dei punti ad una o all'altra classe è contraddistinta mediante l'uso di simboli diversi

L'esempio in questione è una semplice illustrazione del caso più generale di due insiemi di punti di $\mathbb{R}^p$ che sono *linearmente separabili*, cioè perfettamente separabili mediante un iperpiano. Per queste situazioni esiste un algoritmo che consente di determinare in un numero finito di operazioni l'iperpiano di separazione ottimale, cioè con valore m massimo. Questo algoritmo e tutta la problematica connessa si riallacciano al lavoro di Frank Rosenblatt negli anni '50 sul *percettrone*, che fu poi la base di sviluppo delle reti neurali.

Specifichiamo in modo più dettagliato il problema di ottimizzazione. Stiamo considerando il caso di $K = 2$ classi, a cui questa volta assegniamo i valori convenzionali $y = -1$ e $y = 1$, e indichiamo con

$$\beta_0 + x^\top \beta = 0 \qquad (x \in \mathbb{R}^p) \qquad (5.9)$$

l'equazione che individua un generico iperpiano candidato a separare le due classi. Notiamo che, senza perdita di generalità, possiamo imporre $\|\beta\| = 1$.

Per una fissata scelta di (5.9), un'unità $(\tilde{x}, y)$ che verrà classificata usando questo iperpiano di separazione risulterà classificata correttamente o meno a seconda che

$$\tilde{y}\,(\beta_0 + \tilde{x}^\top \beta) > 0 \quad \text{oppure} \quad \tilde{y}\,(\beta_0 + \tilde{x}^\top \beta) < 0,$$

e quindi il problema di ottimizzazione può essere formulato come

$$\max_{\beta_0, \beta} m \qquad \text{con vincoli} \quad \begin{cases} \|\beta\| = 1, \\ y_i\,(\beta_0 + \tilde{x}_i^\top \beta) \geq m & (i = 1, \ldots, n). \end{cases} \qquad (5.10)$$

Per affrontare il problema richiamiamo alcuni elementi di geometria. Con riferimento ad un generico iperpiano in $\mathbb{R}^p$ di equazione

$$a + b^\top x = 0, \qquad (x \in \mathbb{R}^p),$$

identificato dai coefficienti a ($a \in \mathbb{R}$) e b ($b \in \mathbb{R}^p$), vale quanto segue:

◇ per ogni punto x' che giace sull'iperpiano, risulta che $b^\top x' = -a$;

◇ se x' e x'' sono punti che giacciono sull'iperpiano, si ha $b^\top (x' - x'') = 0$;

◇ da qui segue che il vettore b è ortogonale all'iperpiano, e $\hat{b} = b/\|b\|$ è il corrispondente vettore di norma unitaria;

◇ la distanza con segno di un generico punto $x \in \mathbb{R}^p$ dall'iperpiano, ovvero da x_0 che rappresenta il piede della proiezione di x sull'iperpiano, è data da

$$\|x - x_0\| = \hat{b}^\top (x - x_0) = \frac{1}{\|b\|}(a + b^\top x)$$

tenendo conto del fatto che $x - x_0$ e $\hat{b}$ sono vettori collineari.

Il problema (5.10) può quindi essere riformulato come segue. Per liberarci dalla condizione $\|\beta\| = 1$ riscriviamo i vincoli nella forma

$$\frac{1}{\|\beta\|} y_i (\beta_0 + \tilde{x}_i^\top \beta) \geq m$$

ovvero come

$$y_i (\beta_0 + \tilde{x}_i^\top \beta) \geq m \|\beta\|$$

il che implica modificare la definizione di β_0. Siccome la moltiplicazione di β e β_0 per una costante arbitraria positiva non altera i vincoli, possiamo anche porre la condizione $\|\beta\| = 1/m$, e riscrivere la (5.10) nella forma equivalente

$$\min_{\beta_0, \beta} \tfrac{1}{2}\|\beta\|^2 \qquad \text{con vincoli } y_i (\beta_0 + \tilde{x}_i^\top \beta) \geq 1 \quad (i = 1, \ldots, n). \qquad (5.11)$$

e ora $1/\|\beta\|$ rappresenta la semi-ampiezza della banda libera da punti nella Figura 5.19. Il problema di ottimizzazione (5.11) è stato portato nella forma di un problema di minimizzazione di funzione quadratica con vincoli lineari, il quale può essere affrontato con tecniche note.

Noi non ci addentriamo nella costruzione della soluzione, ma puntiamo verso un'altra direzione. È chiaro infatti che una situazione in cui un iperpiano consegue la perfetta separazione tra le due classi si realizza ben poche volte nella pratica. Possiamo però prendere le mosse dal caso precedente per estendere il criterio a casi più realistici. In un caso come quello presentato nella Figura 5.20 non esiste appunto alcuna retta che separi perfettamente le due classi, e dobbiamo quindi selezionare la retta imponendo un requisito meno stringente.

Siccome in questo nuovo caso dobbiamo tollerare il fatto che alcuni punti risulteranno comunque mal classificati, introduciamo delle variabili ausiliarie $\xi = (\xi_1, \ldots, \xi_n)$, a componenti non-negative, le quali esprimono di quanto i vari punti stanno aldilà della linea di margine della loro classe; quando un punto sta aldiquà della propria linea di margine, $\xi_i = 0$. Nella Figura 5.20 gli

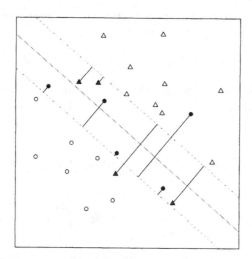

Figura 5.20. Un esempio con due classi di punti non separabili da una retta; l'appartenenza dei punti ad una o all'altra classe è contraddistinta mediante l'uso di simboli diversi. I segmenti tra alcuni punti e le rette tratteggiate visualizzano le variabili ausiliarie ξ_i

ξ_i sono rappresentati dalla lunghezza dei segmenti che collegano il margine di ciascuna classe con quei punti che violano il margine della loro classe di appartenenza.

Allora il problema di ottimizzazione (5.10) può essere adattato sostituendo i vincoli $y_i(\beta_0 + \tilde{x}_i^\top \beta) \geq m$ con la forma

$$y_i(\beta_0 + \tilde{x}_i^\top \beta) \geq m(1 - \xi_i), \qquad (i = 1, \dots, n).$$

Rielaborando il problema in modo analogo a quanto fatto nel caso linearmente separabile, si arriva a scriverlo nella forma

$$\min_{\beta_0, \beta} \tfrac{1}{2}\|\beta\|^2 + \gamma \sum_{i=1}^{n} \xi_i \qquad \text{con vincoli} \begin{cases} y_i(\beta_0 + \tilde{x}_i^\top \beta) \geq 1 - \xi_i, \\ \xi_i \geq 0 \quad (i = 1, \dots, n), \end{cases} \qquad (5.12)$$

dove γ rappresenta una costante positiva, che gioca il ruolo di parametro di regolazione e rappresenta il costo di violazione delle barriere. Il caso linearmente separabile corrisponde a $\gamma = \infty$.

Si può mostrare che la soluzione del problema di ottimo è del tipo

$$\hat{\beta} = \sum_{i=1}^{n} a_i y_i \tilde{x}_i \qquad (5.13)$$

dove solo alcuni degli a_i sono non nulli. Quindi la soluzione è esprimibile attraverso solo alcune delle osservazioni, che sono appunto dette *support vectors*.

Come già visto per molte altre tecniche, è vantaggioso considerare trasformazioni delle variabili esplicative, del tipo

$$h(x) = (h_1(x), \ldots, h_q(x))^\top, \qquad (x \in \mathbb{R}^p)$$

dove il numero di componenti q può essere minore, uguale o maggiore di p. Corrispondentemente, la (5.9) viene sostituita dalla curva di separazione tra le classi

$$f(x) = \beta_0 + h(x)^\top \beta = 0$$

il cui membro di sinistra, alla luce della (5.13), ha una espressione stimata del tipo

$$\hat{f}(x) = \hat{\beta}_0 + \sum_{i=1}^n a_i\, y_i\, h(x)^\top h(\tilde{x}_i) = \hat{\beta}_0 + \sum_{i=1}^n a_i\, y_i\, \langle h(x), h(\tilde{x}_i) \rangle$$

dove nella seconda espressione abbiamo utilizzato per il prodotto interno la notazione più comunemente adottata nella letteratura del *machine learning*. La metodologia risultante prende il nome di *support vector machines*, in breve SVM.

Notiamo che le osservazioni entrano in queste formule solo attraverso i prodotti interni della forma $\langle h(x), h(\tilde{x}_i) \rangle$ e i prodotti tra questi e le y_i. Questa circostanza è omologa al fatto che la (2.7) a pagina 20 dipende dalle osservazioni solo tramite $X^\top X$ e $X^\top y$.

La specificazione delle funzioni che compongono $h(x)$ può quindi avvenire attraverso la *funzione nucleo*

$$K(x, x') = \langle h(x), h(x') \rangle$$

che calcola i prodotti interni nello spazio delle variabili trasformate. Le funzioni nucleo più comunemente adottate sono le seguenti:

nucleo	$K(x, x')$
polinomiale	$(1 + \langle x, x' \rangle)^d$
'base radiale'	$\exp(-d\,\|x - x'\|^2)$
sigmoidale	$\tanh(d_1 \langle x, x' \rangle + d_2)$

dove d, d_1, d_2 sono quantità da specificare a priori.

Ad esempio, se $p = 2$ con $x = (x_1, x_2)$ e si adotta il nucleo polinomiale di grado $d = 2$, risulta che

$$\begin{aligned}
K(x, x') &= (1 + \langle x, x' \rangle)^2 \\
&= (1 + x_1\, x_1' + x_2\, x_2')^2 \\
&= 1 + (x_1\, x_1')^2 + (x_2\, x_2')^2 + 2\, x_1\, x_1' + 2\, x_2\, x_2' + 2\, x_1\, x_1'\, x_2\, x_2'
\end{aligned}$$

per cui $q = 6$, e le funzioni $h_j(x)$ corrispondenti sono

$$h_1(x) = 1, \quad h_2(x) = \sqrt{2}\,x_1, \quad h_3(x) = \sqrt{2}\,x_2,$$
$$h_4(x) = x_1^2, \quad h_5(x) = x_2^2, \quad h_6(x) = \sqrt{2}\,x_1\,x_2.$$

Per illustrazione dell'esito del metodo, si consideri la Figura 5.21 i cui dati sono gli stessi della Figura 5.4 a pagina 132. Nei due pannelli di sinistra è stato utilizzato un polinomio di grado 3, e in quelli di destra il nucleo di 'base radiale' con $d = \frac{1}{2}$. Per i due pannelli in alto si è fissato il valore $\gamma = 1$, mentre per i due pannelli in basso si proceduto con segue: si è effettuata una scansione su 25 valori di γ logaritmicamente equispaziati tra 10^{-2} e 10^4, e per ciascun valore si è proceduto ad una valutazione dell'errore di totale di classificazione tramite convalida incrociata con rotazione di 10 sotto-gruppi di dati; i valori ottimali così ottenuti sono stati $\gamma = 70$ per la polinomiale e $\gamma = 7,39$ per la 'base radiale'.

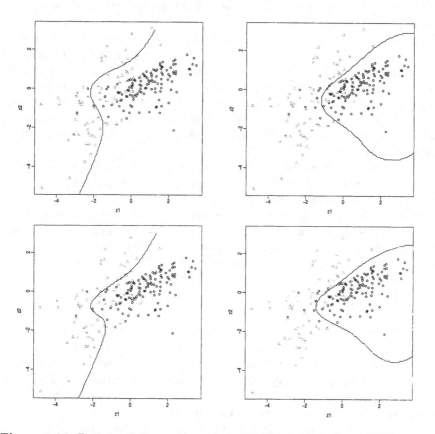

Figura 5.21. Dati simulati con due gruppi, classificazione mediante SVM usando un nucleo polinomiale, a sinistra, e un nucleo di 'base radiale', a destra. I due grafici in alto si riferiscono a $\gamma = 1$ e quelli in basso ai valori scelti mediante convalida incrociata

5.8 Combinazioni di classificatori

In molte situazioni concrete, diversi modelli sembrano adattarsi bene ai dati e non sembra essercene uno di preferibile. Spesso si possono trovare parecchie strutture funzionali che danno un indicatore di errore sostanzialmente uguale. Ad esempio, in un problema con 30 variabili esplicative se costruiamo un modello di regressione logistica con, diciamo, 5 variabili esplicative, ci sono circa 140 mila possibili gruppi di cinque variabili tra cui possiamo scegliere. Se calcoliamo l'errore di previsione su un insieme di verifica per misurare l'adeguatezza del modello troveremo, generalmente, parecchi insiemi di cinque variabili con un tasso di errore che si discosta solo dell' 1% dal valore minimo. È chiaro che tutti questi modelli sono tra loro equivalenti per fare previsione, dal punto di vista puramente numerico, ma evidentemente ciascuno ci aiuta a interpretare il problema utilizzando variabili differenti e sottolineando aspetti, anche interpretativi, diversi.

In maniera analoga e forse ancora più evidente, la classificazione attraverso metodi più instabili, come ad esempio alberi o reti neurali, è fortemente influenzata dalla scelta specifica dell'insieme di dati usato per la stima. Se tale insieme viene modificato di poco, ad esempio eliminando una piccola percentuale (2-3%) di dati si può ottenere un modello completamente diverso dall'originale, con circa lo stesso errore di previsione. Molti modelli possono, quindi, risultare simili in termini di errore di previsione, ma molto diversi in quanto a forma.

Per tentare di migliorare la capacità previsiva di ciascun modello, una possibilità è quella di combinare le previsioni ottenute da metodi diversi.

In quest'ottica, per ottenere un nuovo modello sono state percorse strade diverse, per la loro combinazione. Ciascuna di queste direzioni produce un modello che in qualche maniera raccoglie le qualità delle singole componenti e per questo spesso porta a previsioni più accurate. Nel seguito presenteremo le caratteristiche principali dei metodi più noti.

5.8.1 *Bagging*

Sia $C(x)$ un classificatore ottenuto utilizzando uno dei metodi presentati precedentemente in questo capitolo sull'insieme di stima, diciamo $Z = \{(x_1, y_1), (x_2, y_2), \ldots, (x_n, y_n)\}$, nel seguito il modello che determina $C(x)$ verrà indicato come modello originale. Per semplicità consideriamo il caso in cui $K = 2$ e quindi al variare delle variabili esplicative x il classificatore $C(x)$ assumerà quindi solo due modalità, tipicamente 0 o 1.

Seguendo la procedura che in statistica prende generalmente il nome di *bootstrap*, si consideri il campione Z_1^* ottenuto estraendo n volte con ripetizione gli elementi dell'insieme di stima Z. Utilizzando questo nuovo campione Z_1^* è possibile ottenere un nuovo classificatore $C_1^*(x)$ che generalmente per una fissata x sarà diverso dal precedente. Analogamente si possono estrarre molti, diciamo B, diversi campioni Z_b^* ($b = 1, \ldots, B$) di dimensione n, attraverso ricampionamento dell'insieme Z, e da questi, B nuovi classificatori $C_b^*(x)$.

Si introduce quindi un nuovo classificatore che per ogni x sia un indicatore medio dei risultati ottenuti da ciascuno dei $C_b^*(x)$ su quella stessa x. Spesso si utilizza la media aritmetica

$$C_{bag}(x) = \frac{1}{B} \sum_{b=1}^{B} C_b^*(x)$$

e si classifica l'unità con variabili esplicative x nella classe associata al valore 1 se $C_{bag}(x) > \frac{1}{2}$ e a quella associata al valore 0 altrimenti. Se pensiamo a ogni singolo classificatore $C_b^*(x)$ come a un elettore che assegna il suo voto o a una classe o all'altra, scegliamo la classe corrispondente al maggior numero di 'voti'; tale criterio è per questo indicato come *voto di maggioranza*. Il modello risultante dall'intera procedura viene chiamato b*ootstrap* aggr*egat*ing, da cui *bagging*. L'errore di classificazione del nuovo modello risulta mediamente inferiore rispetto a quello di ciascuno dei modelli originali.

Per molte procedure di classificazione assieme al classificatore viene fornita una funzione $\hat{p}(x)$ che è associata alla probabilità che una unità con variabili esplicative x appartenga a ciascuna classe. Una variante alternativa del *bagging* consiste nel calcolare la media delle $\hat{p}_b^*(x)$ ottenute applicando il modello a ciascuno dei B campioni Z_b^* e utilizzare questa nuova $\hat{p}_{bag}(x) = \sum_b \hat{p}_b^*(x)/B$ come indicatore di probabilità di appartenenza alla classe.

La strategia di *bagging* descritta può venire facilmente modificata per essere utilizzata anche in un contesto di regressione, dove al posto dei classificatori $C(x)$ si usano i previsori che derivano dai modelli discussi al Capitolo 4; questa volta non è necessario ricorrere a criteri quali il voto di maggioranza, ma si può utilizzare come nuovo previsore direttamente la media aritmetica dei previsori ottenuti dai ricampionamenti *bootstrap*. Il nuovo modello avrà varianza di previsione generalmente inferiore rispetto al modello originario.

Procedure di tipo *bagging*, in generale, portano notevoli miglioramenti nella capacità predittiva particolarmente quando i classificatori utilizzati sono molto instabili, come ad esempio alberi o reti neurali; può capitare invece che nelle procedure più stabili l'utilizzo del *bagging* possa leggermente peggiorare la qualità delle previsioni. È inoltre evidente che l'operazione di combinazione dei risultati dei singoli modelli attraverso la media aritmetica comporta la perdita di ogni semplice struttura nei modelli originari, da cui deriva una maggiore difficoltà nell'interpretazione dei risultati.

Una strategia alternativa è quella denominata *bumping* o *ricerca stocastica del modello* che individua come nuovo classificatore il modello che ha il minore errore di previsione sull'insieme di stima originale tra tutti i modelli ottenuti nei ricampionamenti *bootstrap*.

Per illustrare il funzionamento di questo metodo di combinazione di modelli, una procedura di *bagging* con voto di maggioranza è stata applicata all'albero di classificazione adattato ai dati dei succhi di frutta, come visto nel § 5.6. La Tabella 5.10 presenta la matrice di confusione ottenuta sul campione di verifica dopo aver applicato la procedura di *bagging* basandosi su 300 campioni *bootstrap* ottenuti dall'insieme di stima, e procedendo per ogni campione all'adattamento di un albero con crescita e potatura effettuati su due sottoinsiemi casuali di ciascun campione *bootstrap*.

Tabella 5.10. Dati dei succhi di frutta: matrice di confusione del campione di verifica usando una procedura di *bagging* basata sull'albero di classificazione

Previsione con *bagging*	Risposta effettiva CH	MM	totale
CH	143	24	167
MM	26	75	101
totale	169	99	268

Il modello ottenuto con questa procedura è generalmente migliore rispetto all'albero originale come si può vedere nel grafico presentato nella Figura 5.22, dove è indicato il tasso errore del modello originale e il tasso di errore dei modelli ottenuti con la procedura di *bagging* al crescere del numero di campioni *bootstrap* utilizzati. La Figura 5.23 presenta le curve *lift* e ROC per il modello di *bagging*, confrontate con le analoghe curve per l'albero di classificazione iniziale.

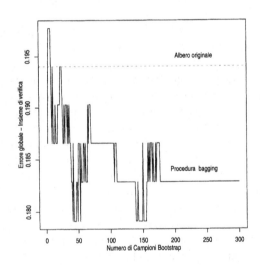

Figura 5.22. Dati dei succhi di frutta: errori di stima per la procedura di *bagging* su un albero di classificazione

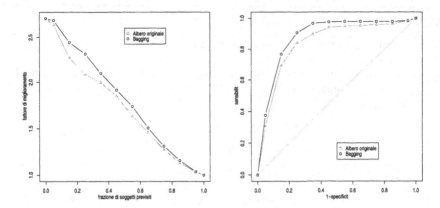

Figura 5.23. Dati dei succhi di frutta: curve *lift* (a sinistra) e ROC (a destra) dell'albero di classificazione e del classificatore ottenuto tramite procedura di *bagging* su un albero

L'utilizzo di campioni casuali di osservazioni permette di utilizzare una tecnica, usualmente detta *out-of-bag*, per ottenere in maniera facilitata la stima degli errori di previsione. In ciascun campione *bootstrap* infatti, una parte dei dati dell'insieme originale di stima viene esclusa. Di conseguenza per ciascun classificatore $C_b^*(x)$ i dati dell'insieme di stima Z non presenti nel campione Z_b^* possono essere utilizzati come insieme di verifica. Si può quindi stimare ad esempio l'errore di classificazione su questi dati che sono fuori dal campione usato per la stima (*out-of-bag*), senza aver bisogno di un insieme di verifica o di ricorrere a soluzioni come la convalida incrociata.

5.8.2 *Boosting*

La strategia attuata dal *bagging* si basa sulla logica di combinare i risultati di un modello ottenuto usando diversi insiemi di dati, estratti attraverso un campionamento casuale che assegna a ciascuna unità la stessa probabilità di entrare nel campione.

Analogamente il *boosting* consiste nel combinare i risultati di un modello adattato usando diversi insiemi di dati selezionando però, in questo caso, le unità da inserire nel campione attraverso l'assegnazione a ciascuna unità di una diversa probabilità di entrata. In particolare si assegna maggior peso alle osservazioni che in precedenza sono state classificate peggio; in questa maniera si intende migliorare la prestazione del nuovo modello, agendo proprio in quelle aree in cui il classificatore originale presentava maggiori difficoltà di classificazione.

La procedura è iterativa, si tratta cioè di partire con il classificatore iniziale in cui a ciascuna osservazione è assegnato lo stesso peso; ad ogni iterazione si procede adattando ai dati uno dei classificatori presentati in precedenza, che in

---

Algoritmo 5.2 *Boosting (AdaBoost)*

---

1. Si inizializzano i pesi per ciascuna osservazione $w_i = 1/n$, $i = 1, 2, \ldots, n$.
2. Ciclo per $b = 1, \ldots, B$:
   (a) si adatta un modello di classificazione, a valori 0 o 1, $C_b(x)$ all'insieme di stima, usando i pesi w_i,
   (b) si pone

$$\text{err}_b \leftarrow \frac{\sum_{i=1}^{N} w_i \, I(y_i \neq C_b(x_i))}{\sum_{i=1}^{N} w_i}, \qquad \alpha_b \leftarrow \log \frac{1 - \text{err}_b}{\text{err}_b},$$

   (c) si assegnano i nuovi pesi

$$w_i \leftarrow w_i \, \exp\{\alpha_b \, I(y_i \neq C_b(x_i))\}, \qquad i = 1, 2, \ldots, n.$$

3. Il nuovo classificatore sarà:

$$C(x) = \begin{cases} 1 & \text{se } \dfrac{\sum_{b=1}^{M} \alpha_b \, C_b(x)}{\sum_{b=1}^{M} \alpha_b} > \dfrac{1}{2}, \\ 0 & \text{altrimenti.} \end{cases}$$

---

questo contesto viene detto *classificatore debole*, sulle osservazioni selezionate attraverso un insieme di pesi correnti. L'insieme dei pesi viene aggiornato ad ogni iterazione, in funzione del tasso di errore globale ottenuto su un insieme di verifica. Alla fine della procedura si identifica un nuovo classificatore attraverso voto di maggioranza tra tutti i modelli costruiti al variare delle iterazioni.

Questa logica è stata concretizzata in molti modi diversi. La procedura più diffusa, che è anche l'originale, è detta *AdaBoost* ed è descritta nell'Algoritmo 5.2.

Al crescere del numero di iterazioni l'importanza della scelta del classificatore debole tende a calare, giacché la scelta della classificazione è sempre più legata alla procedura iterativa e cioè al tentativo di concentrarsi sulle unità peggio classificate. Questo giustifica la scelta comune di utilizzare come classificatore debole un albero cresciuto di un solo o al più due livelli, senza potatura.

Procedure di tipo *boosting* hanno mostrato una notevole capacità di produrre classificatori accurati in un'ampia varietà di situazioni. Tali procedure sono state studiate anche a livello teorico dimostrando proprietà statistiche che giustificano le ottime prestazioni empiriche.

Per illustrare il funzionamento di questo metodo utilizziamo ancora una volta i dati dei succhi di frutta e scegliamo come classificatore debole un albero con due livelli di crescita, corrispondente a quattro foglie finali. La procedura *boosting* viene fermata dopo 200 iterazioni. Il grafico presentato in Figura 5.24 presenta il tasso di errore ottenuto nell'insieme di verifica all'aumentare delle iterazioni, e mostra chiaramente come ci sia un miglioramento fino a un certo livello dove l'errore si stabilizza.

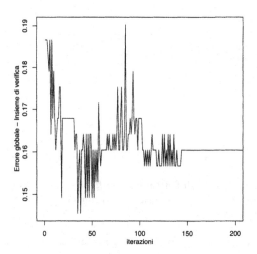

Figura 5.24. Dati dei succhi di frutta: errori di stima per la procedura di *boosting* su un albero di classificazione

La Tabella 5.11 riproduce la matrice di confusione per il modello ottenuto tramite *boosting* utilizzando l'insieme di verifica; da tale tabella si ottiene un errore di classificazione del 16%. Nella Figura 5.25 sono riportate le curve *lift* e ROC per il modello ottenuto usando il *boosting*.

Tabella 5.11. Dati dei succhi di frutta: matrice di confusione del campione di verifica usando una procedura di *boosting* basata su un albero di classificazione con quattro foglie

Previsione con *boosting*	Risposta effettiva CH	MM	totale
CH	148	22	170
MM	21	77	98
totale	169	99	268

5.8.3 Foreste Casuali

Sia *bagging* che *boosting* costruiscono i diversi modelli che poi combinano facendo variare ad ogni iterazione l'insieme di unità statistiche su cui viene effettuata la stima, utilizzando in ciascuna iterazione tutte le variabili esplicative disponibili. Un'altra possibilità per ottenere combinazioni di modelli

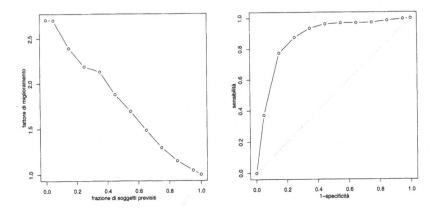

Figura 5.25. Dati dei succhi di frutta: curve *lift* (a sinistra) e ROC (a destra) del classificatore ottenuto tramite procedura di *boosting* su un albero con quattro foglie

consiste nel considerare per la previsione a ogni iterazione diversi sottoinsiemi delle variabili esplicative, ottenendo così le stime da combinare.

Una strategia di questo tipo è stata proposta utilizzando come classificatori originali gli alberi e scegliendo le variabili da inserire in ciascun modello attraverso selezione casuale; tale procedura ha, perciò, preso il nome di Foresta Casuale. In realtà il termine Foresta Casuale ha un significato più generale e si riferisce a un qualsiasi classificatore ottenuto come combinazione di un insieme di classificatori ad albero, quindi a rigore anche *bagging* e *boosting*, quando applicati agli alberi, appartengono a questa famiglia di classificatori. Nell'uso comune però si fa riferimento alle Foreste Casuali indicando le combinazioni di alberi ottenute utilizzando la selezione casuale delle variabili esplicative, e noi ci rifaremo quindi a questa accezione.

La procedura consiste nel selezionare in modo casuale, ad ogni nodo di un albero, un piccolo gruppo di variabili esplicative che verranno ispezionate per trovare il punto di suddivisione ottimale, secondo il criterio di crescita utilizzato (cfr. § 5.6). Seguendo questo metodo quindi, per far crescere l'albero, anziché esplorare tutti i possibili punti di suddivisione in ciascun nodo, vengono esplorate solo F variabili scelte a caso. L'albero viene fatto crescere fino alla sua massima dimensione, ma non viene poi potato; sarà infatti l'operazione di combinazione dei diversi alberi che permetterà di evitare i problemi di sovra-adattamento.

Il numero di variabili da selezionare in ciascun nodo è un parametro di regolazione da determinare e generalmente viene mantenuto costante su tutti i nodi. Spesso viene scelto considerando foreste costruite con valori diversi di F e determinando quel valore che minimizza l'errore su un insieme di verifica.

L'altro parametro di regolazione da determinare è il numero di alberi, diciamo B, che costituiscono la foresta. Si può mostrare che l'errore globale converge a una soglia inferiore al crescere di B e che non si presentano problemi di sovra-adattamento quando vengono aggiunti ulteriori alberi. Se si sceglie quindi per B un numero sufficientemente alto si può essere certi che l'errore di previsione che ne deriva non sarà molto distante dal suo limite inferiore. Solitamente nella costruzione di una foresta si associa alla selezione casuale delle variabili anche una procedura di *bagging*. Ciascun albero viene, cioè fatto crescere su un campione *bootstrap* diverso utilizzando per ciascun nodo un numero F di variabili selezionate casualmente. L'uso dal *bagging*, il cui scopo principale è migliorare l'accuratezza delle previsioni, permette anche di utilizzare la tecnica *out-of-bag* per scegliere il parametro di regolazione F e per ottenere delle misure di importanza delle variabili esplicative. Si può infatti utilizzare l'errore di previsione ottenuto dai dati *out-of-bag* al posto dell'errore sull'insieme di verifica per la determinazione di F.

Per ottenere una misura dell'importanza di ciascuna variabile esplicativa nella previsione della risposta si può procedere nel modo seguente. Dopo aver costruito ogni albero, si effettua la previsione sull'insieme di dati *out-of-bag* e sullo stesso insieme con i valori della j-esima variabile permutati casualmente. Si misura quindi la differenza tra l'errore di previsione nei due casi e, al temine della procedura, si considera la media delle differenze tra i vari alberi divisa per l'errore standard. Tale indicatore fornisce una misura di quanto la variabile influisce sulle previsioni.

Rispetto agli altri metodi di combinazione di modelli le Foreste Casuali sembrano avere alcuni vantaggi interessanti. L'accuratezza della previsione è confrontabile con quella ottenuta attraverso il *boosting* e in alcuni casi anche migliore, ma è molto più veloce in quanto ogni singolo albero si basa su poche variabili e la complessità computazionale risulta quindi inferiore; è inoltre immediato ottenere un algoritmo di stima che sfrutta il calcolo parallelo che, se utilizzabile, accelera ulteriormente la procedura.

A puro scopo illustrativo presentiamo il risultato di una Foresta Casuale ottenuto per i dati dei succhi di frutta. Chiaramente la presenza di solo 8 variabili esplicative non giustificherebbe l'adozione della strategia, che invece produce risultati interessanti quando le variabili coinvolte sono qualche centinaio.

In questo esempio abbiamo costruito una foresta di 500 alberi, e ogni albero viene fatto crescere utilizzando come misura di impurità l'indice di Gini, scegliendo casualmente $F = 2$ variabili per ciascun nodo di ogni albero. La Tabella 5.12, a sinistra, riproduce la matrice di confusione per la foresta utilizzando l'insieme di verifica; da tale matrice si ottiene un errore di classificazione del 16,79%. Sulla destra della stessa Tabella è presentata l'analoga matrice di confusione ottenuta utilizzando l'insieme di dati *out-of-bag*, che porta a una stima dell'errore di classificazione del 18,33%.

Il pannello di sinistra della Figura 5.26 presenta il grafico dei tassi di errore ottenuti nell'insieme di verifica e in quello con i dati *out-of-bag* all'aumentare delle iterazioni e mostra chiaramente come ci sia un miglioramento fino a un certo livello da dove l'errore si stabilizza. Il pannello di destra mostra invece un grafico della misura di importanza delle variabili nella previsione dell'acquisto

Tabella 5.12. Dati dei succhi di frutta: matrici di confusione del campione di verifica e nell'insieme *out-of-bag* usando una Foresta Casuale

Insieme di verifica				Insieme di dati *out-of-bag*			
Previsione	Risposta eff.			Previsione con	Risposta eff.		
Foresta Casuale	CH	MM	totale	Foresta Casuale	CH	MM	totale
CH	145	21	166	CH	414	77	491
MM	24	78	102	MM	70	241	311
totale	169	99	268	totale	484	318	802

di MM, ottenuta attraverso la procedura descritta precedentemente usando l'insieme di dati *out-of-bag*. In questo caso la variabile `fedeleMM` è di gran lunga la più rilevante per la previsione dell'acquisto di MM; in second'ordine ci sono `scontoMM` e `negozio` e via via tutte le altre.

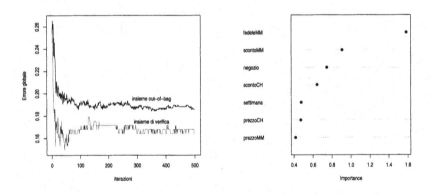

Figura 5.26. Dati dei succhi di frutta: errori di stima per la Foresta Casuale

5.9 Studi di caso

Si presentano ora un paio di casi reali in cui, per risolvere problemi di *marketing* sono stati utilizzati alcuni strumenti che abbiamo descritto in questo capitolo. Il metodo di lavoro adottato riprende le linee espresse nel § 4.8 che quindi non ripetiamo nel dettaglio. Ci limitiamo a descrivere il problema, a elencare i modelli utilizzati e a presentare i risultati ottenuti e la scelta del modello finale.

5.9.1 Il traffico di una compagnia telefonica

Riprendiamo ora il caso reale che abbiamo analizzato al § 4.8, e ci concentriamo sull'identificazione dei clienti che abbiano utilizzato il servizio offerto dall'azienda. Se si fa riferimento alla variabile durata totale delle chiamate in uscita in un fissato mese, per una determinata popolazione di interesse (cfr. § 4.8.1) ciò significa classificare i clienti due classi: coloro che hanno durata nulla e coloro che hanno una durata strettamente positiva.

Per raggiungere tale scopo utilizziamo esattamente lo stesso insieme di dati usato in precedenza, ma lo trattiamo con gli strumenti visti in questo capitolo. Come variabile risposta si è creata una nuova variabile dicotomica che assume valore 1 per le unità che hanno effettuato almeno un secondo di traffico nel mese di interesse, e valore 0 per le unità senza traffico. Sono stati adattati ai dati i seguenti modelli:

◇ modello di regressione lineare (cfr. § 5.3), con soglia pari a $\frac{1}{2}$, utilizzando tutte le 98 variabili esplicative a disposizione e con solo le 55 più significative;

◇ modello di regressione logistica (cfr. § 2.4), usando ancora una volta con tutte le 98 variabili esplicative a disposizione e con solo le 55 più significative;

◇ analisi discriminante lineare (cfr. § 5.4.1);

◇ modello additivo logistico (cfr. § 5.5), *spline* di lisciamento come lisciatore per ciascuna variabile con gradi di libertà equivalenti pari a 4 per ciascuna variabile; anche in questo caso è stato adattato ai dati utilizzando tutte le 98 variabili e anche selezionando le 29 variabili che erano risultate più significative per il precedente modello;

◇ modello MARS (cfr. § 5.5) utilizzando come elementi le *spline* di regressione lineari con un unico nodo;

◇ albero di classificazione (cfr. § 5.6) con entropia come indice di impurità e selezionando il numero di foglie per l'albero finale attraverso crescita e potatura su due insiemi distinti di pari numerosità selezionati casualmente dall'insieme di stima;

◇ rete neurale con 5 nodi nello strato latente e con parametro di *weight decay* $\lambda = 10^{-2}$;

Per confrontare i diversi modelli ci si è basati sulle percentuali di errore complessivo, di falsi positivi e di falsi negativi, che sono presentati nella Tabella 5.13. I modelli sono stati poi confrontati anche utilizzando le curve *lift* e ROC che sono presentate nella Figura 5.27.

Il confronto dei tassi di errore e delle curve mostrano come il modello che classifica meglio è il MARS. Tale modello infatti presenta tasso di errore complessivo e percentuale di falsi negativi più bassi; la percentuale di falsi positivi non è la più bassa, ma assume un valore ragionevole e accettabile.

L'albero di classificazione però, oltre a presentare un tasso di errore complessivo basso e una percentuale di falsi positivi inferiore a quella ottenuta

Tabella 5.13. Dati sui clienti delle telecomunicazioni: errori di previsione in percentuale per i modelli descritti al § 5.9.1

nomi	errore totale	falsi negativi	falsi positivi
modello lineare	22,56	29,69	19,92
modello lineare ridotto	22,61	29,64	20,04
modello di regressione logistica	17,58	27,10	12,50
modello di regressione logistica ridotto	20,20	34,87	8,69
analisi discriminante	22,30	30,25	19,16
GAM	16,06	23,37	12,49
GAM ridotto	16,13	23,75	12,36
MARS	15,61	18,75	14,34
albero di classificazione	15,79	21,95	12,95
rete neurale	21,39	21,59	21,33

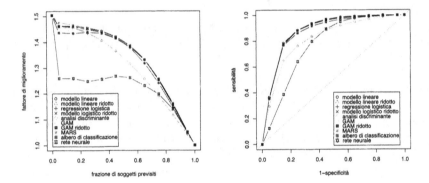

Figura 5.27. Dati delle telecomunicazioni: confronto curve *lift* (a sinistra) e ROC (a destra) per diversi modelli

dal MARS, ha anche la curva ROC sostanzialmente uguale a quella di questo modello; l'albero inoltre presenta una maggior facilità di interpretazione. In conclusione si è scelto di utilizzare proprio questo ultimo modello allo scopo di prevedere i clienti che non effettuano traffico.

La Figura 5.28 presenta l'albero finale ottenuto, da cui si deduce che, per prevedere i clienti a traffico zero nel prossimo mese, le variabili previsive sono l'età del cliente, il piano tariffario e varie variabili legate al traffico nel mese corrente e nei mesi precedenti. Una possibile interpretazione di quest'ultima evidenza è che un cliente non smette istantaneamente di usare il telefono, ma generalmente cala il suo traffico lentamente fino a smettere del tutto.

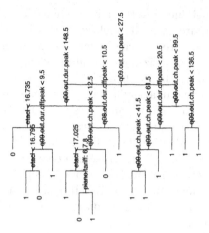

Figura 5.28. Dati delle telecomunicazioni: albero di classificazione finale

5.9.2 La fedeltà dei clienti

Un tipico problema di CRM che molte aziende incontrano quando hanno una clientela abbastanza grande è quello di cercare di valutare la fedeltà di ciascun cliente, in particolare per cercare di prevedere i clienti più a rischio di abbandonare i servizi forniti dall'azienda per andare alla concorrenza o, come si dice spesso, i clienti a "rischio di *churn*", dove *churn* è un termine inglese che letteralmente significa 'saltellare di qua e di là', e ricorda il comportamento di chi cambia fornitore di servizi passando da un operatore ad un altro. Questo problema è fortemente sentito in ambienti in cui i clienti hanno un rapporto continuativo con l'azienda, come le banche, le assicurazioni, le società di telecomunicazioni, o in generale le società di servizi. È cruciale per un'azienda di questo tipo avere un buon modello per la previsione della disattivazione di ciascun cliente, per poter di conseguenza fare, qualora opportuno, azioni di trattenimento.

Può essere anche molto utile cercare di capire quali possono essere le motivazioni che hanno portato alla scelta di abbandonare l'azienda. Pertanto la costruzione del modello sarà ispirata, oltre che dall'esigenza di adattamento ai dati, anche dal requisito che il modello suggerisca possibili azioni commerciali. Nella fattispecie le azioni di *marketing* che ci interessano sono quelle che operano un'azione di trattenimento del cliente, perché ovviamente questo si traduce in profitto.

Per trattare un caso reale in cui si è affrontato questo problema sono stati utilizzati gli stessi dati analizzati nei §§ 4.8 e 5.9.1 riguardanti i clienti di un operatore nel settore delle telecomunicazioni. L'obiettivo dell'analisi consiste nel prevedere la disattivazione o meno di un cliente in un fissato mese con almeno due mesi di anticipo sulla sua decisione. Questo requisito serve per avere la possibilità, nei due mesi tra la previsione e la disattivazione prevista, di impostare e di attuare azioni di fidelizzazione nei confronti di quel cliente.

Si tratta cioè di scovare qualche indicatore che preluda alla decisione di abbandonare l'operatore, utilizzando le informazioni disponibili riguardanti le caratteristiche strutturali del cliente, il suo comportamento in termini di utilizzo dei servizi offerti dall'azienda, il suo eventuale cambiamento nello stile di utilizzo, e tutte le altre informazioni presenti nel *data mart* che usiamo.

Nel nostro *data mart* è presente una variabile status, che non era stata usata nelle analisi precedenti e che indica lo stato del cliente, in termini di disattivazione, due mesi dopo l'ultimo mese di traffico disponibile (che nei dati è indicato con il numero 10). Questa variabile assume valore 1 se il cliente ha disattivato e 0 se il cliente rimane attivo. Il nostro obiettivo è quindi prevedere questa variabile indicatrice della disattivazione utilizzando le altre 108 variabili a disposizione.

Una semplice analisi preliminare della variabile risposta nell'insieme di stima indica che la percentuale di clienti che disattivano sono circa il 13,8%. In situazioni come queste, in cui la percentuale di eventi di interesse è più bassa di un ragionevole tasso di errore accettabile per un generico modello di previsione, è opportuno affrontare l'analisi utilizzando alcuni specifici accorgimenti.

In casi come questo, e ancor di più quando siamo in presenza di eventi rari, una "buona" previsione consiste nel prevedere tutti i clienti come appartenenti alla classe con percentuale bassa. Nel nostro esempio se classifichiamo tutti i clienti come "non disattivi" commetteremmo un errore globale inferiore al 14%, che sembra molto buono per il nostro problema, considerando il fatto che si cerca di prevedere una scelta futura del cliente sulla base di comportamenti passati non direttamente legati alla scelta, e i comportamenti individuali sono sempre molto variabili e, appunto, imprevedibili.

È evidente che una previsione di questo tipo, per quanto minimizzi le errate classificazioni, non si presenta però come una proposta utile per chi vuole identificare i clienti intenzionati ad abbandonare l'operatore ed eventualmente individuarne le caratteristiche. È opportuno quindi cercare di mettere in atto una strategia che permetta di costruire un modello che identifichi questi clienti in maniera la più accurata possibile, anche a scapito di una relativamente cattiva classificazione di clienti fedeli, che si traduce quindi in un aumento dell'errore globale di classificazione.

La strategia che utilizzeremo in questo caso e che è quella di solito utilizzata per affrontare tale problema nell'ambito del *data mining*, consiste nell'utilizzare nella fase di stima un campione stratificato secondo i valori della variabile risposta. Si tratta cioè di selezionare tutte le unità in cui è presente l'evento raro, cioè tutti i disattivati, e un campione casuale di numerosità analoga di unità in cui è presente l'evento più comune, cioè i clienti ancora attivi.

Questa strategia è caratterizzata dal fatto che la maggioranza dei dati vengono scartati e non utilizzati per la stima. Esistono proposte alternative per utilizzare tutti i dati disponibili basate sulla valutazione dei diversi costi che comportano i differenti tipi di errate classificazioni. Nel caso in esame, ad esempio, si potrebbe decidere di assegnare un costo maggiore all'errata classificazione di un cliente disattivo in attivo piuttosto che quello di un cliente attivo in disattivo. Evidenziati tali diversi costi è possibile adattare molti dei modelli proposti in questo capitolo considerando diversi pesi nelle funzioni obiettivo identificate.

In questa analisi, vista l'abbondanza di dati a disposizione, abbiamo preferito seguire la strada di effettuare un campionamento bilanciato dal *data mart* originale per ottenere l'insieme che sarà utilizzato per la stima. Ovviamente l'insieme di verifica deve rimanere con le proporzioni di unità originali, in modo da poter valutare e confrontare in maniera corretta i risultati dei diversi modelli.

Sul nuovo insieme di stima bilanciato sono stati adattati i seguenti modelli:

◇ modello di regressione lineare (cfr. § 5.3), con soglia pari a $\frac{1}{2}$;
◇ modello di regressione logistica (cfr. § 2.4);
◇ analisi discriminante lineare (cfr. § 5.4.1);
◇ modello additivo logistico (cfr. § 5.5), con *spline* di lisciamento come lisciatore per ciascuna variabile e gradi di libertà equivalenti pari a 4 per ciascuna variabile; in questo caso sono state utilizzate tutte le 108 variabili e anche selezionando le 36 variabili che erano risultate più significative nel primo modello;
◇ modello MARS (cfr. § 5.5) utilizzando come elementi le *spline* di regressione lineari con un unico nodo;
◇ albero di classificazione (cfr. § 5.6) con entropia come indice di impurità e selezionando il numero di foglie per l'albero finale attraverso crescita e potatura su due insiemi distinti di pari numerosità selezionati casualmente dall'insieme di stima;
◇ rete neurale con 5 nodi nello strato latente e con parametro di *weight decay* $\lambda = 2 \times 10^{-2}$.

La Tabella 5.14 presenta le percentuali di errore totale, di falsi positivi e di falsi negativi ottenute sull'insieme di verifica. Per apprezzare maggiormente l'utilità del bilanciamento del campione, nella tabella sono stati riportati anche i tassi di errore relativi a un modello lineare, a un modello di regressione logistica e a un albero di classificazione adattati al campione di stima originale, non bilanciato.

Come previsto i modelli adattati al campione di stima non bilanciato hanno tutte un errore totale inferiore agli altri modelli, ma sono tutte attorno alla percentuale ottenibile classificando tutti come attivi, che nell'insieme di verifica è di 13,89%. Queste stesse previsioni hanno però una percentuale di falsi negativi più alta rispetto agli altri modelli ottenuti da campioni bilanciati.

Il confronto tra le percentuali di falsi positivi e di falsi negativi indica come preferibile la classificazione tramite MARS. Osservando con attenzione le percentuali presentate nella Tabella 5.14 si nota che il modello lineare, di più facile interpretazione rispetto al MARS, presenta una prestazione di poco

Tabella 5.14. Previsione della disattivazione: errori di previsione in percentuale per i modelli descritti al § 5.9.2

modello	bilanciamento	errore totale	falsi negativi	falsi positivi
modello lineare	sì	33,97	9,02	77,59
regressione logistica	sì	34,46	9,08	77,87
analisi discriminante	sì	33,97	9,02	77,59
GAM	sì	31,75	8,49	75,86
GAM ridotto	sì	32,16	8,07	75,60
MARS	sì	31,84	8,45	75,86
albero di classificazione	sì	24,94	9,55	72,64
rete neurale	sì	40,32	10,90	81,88
modello lineare	no	13,94	13,75	54,93
regressione logistica	no	13,86	13,41	48,73
albero di classificazione	no	14,13	12,32	52,62

peggiore a quella per tutte e tre le grandezze considerate; sembra ragionevole, quindi, in questo caso, considerare questo semplice modello piuttosto che quello.

La Figura 5.29 presenta le curve *lift* di alcuni modelli. Il pannello di destra presenta l'ingrandimento della stessa funzione per basse frazioni di unità previste che è la parte rilevante della curva dal momento che è la porzione di grafico in cui si osservano le differenze tra i diversi modelli.

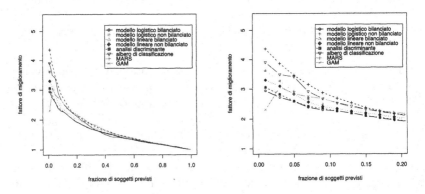

Figura 5.29. Previsione della disattivazione: curve *lift*

Il modello che presenta il *lift* più elevato per quasi tutti i percentili è il MARS. Utilizzare tale modello e selezionare il primo percentile significa determinare i clienti che hanno circa quattro volte e mezzo la probabilità di disattivare rispetto al cliente medio. Una frazione di 1% di clienti può non sembrare molto, ma se — ad esempio — abbiamo una clientela di 1.000.000 di unità questo 1% percento corrisponde ad intervenire su 10.000 clienti, il che può già essere un onere non banale. Se l'azione di trattenimento consiste ad esempio nell'invio di una lettera o di un regalo da spedire al più a 10.000 clienti, si utilizzerà il *lift* per selezionare i clienti su cui effettuare l'azione, come accennato al §5.2.2

Il secondo modello identificato è l'albero di classificazione che ha una curva *lift* al primo percentile di circa 4, e che fino al primo decile di unità previste cala più lentamente degli altri modelli. L'albero corrispondente è presentato nella Figura 5.30 da cui si vede che oltre al traffico dell'ultimo mese e dei mesi precedenti e l'informazione sull'età, variabili molto legate alla disattivazione sono il metodo di pagamento prescelto dal cliente e il canale di attivazione. Queste sono *variabili di intervento* su cui l'operatore di telecomunicazioni può agire, ad esempio, cercando di disincentivare i clienti dall'uso del bollettino postale come metodo di pagamento, o di controllare maggiormente i venditori del canale di attivazione che procura clienti più a rischio.

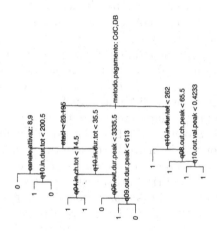

Figura 5.30. Previsione della disattivazione: albero di classificazione

L'ultima considerazione mostra in maniera empirica quanto sia opportuno che il modello scelto per l'utilizzo oltre a tutte le caratteristiche che abbiamo discusso in precedenza sia anche facilmente traducibile in azioni commerciali. Nel caso in esame ad esempio modelli che identificano variabili su cui è possibile agire sono da preferire a modelli in cui le variabili rilevanti per la previsione sono poco traducibili in scelte di azioni, come ad esempio il sesso. Se anche scoprissimo che i maschi disattivano più facilmente, non possiamo certo decidere di non stipulare più contratti con dei maschi, visto che costituiscono circa la metà della popolazione di interesse.

L'importanza di scegliere, in casi come questo, modelli facilmente traducibili in azioni, sottolinea, se ancora ce ne fosse bisogno, l'importanza di modelli che non si basino su modelli a scatola nera o su procedimenti del tipo "schiaccia un bottone e il calcolatore farà tutto per te", ma su risultati guidati dall'analista, e quindi di facile interpretazione.

Note bibliografiche

Un testo generale di approfondimento di questi temi, sempre nell'ottica del *data mining*, è il libro di Hastie et al. (2001).

Trattazioni classiche per il problema della classificazione sono quelle di Mardia et al. (1979, Capitolo 11), Hand (1981), Hand (1982) e McLachlan (1992). Un libro di impronta statistica ma con forti addentellati nell'ambito *machine learning*, è quello di Ripley (1996).

I libro di Fahrmeir & Tutz (2001) tratta di GLM nel caso multidimensionale, ivi inclusa l'estensione della regressione logistica al caso multidimensionale per trattare variabili categoriali con più di due livelli.

Il riferimento di base per i GAM è il libro di Hastie & Tibshirani (1990), già citato al Capitolo 4.

Anche se si autodefinisce una "introduzione" alle *support vector machines* il libro di Cristianini & Shawe-Taylor (2000) offre un grado di dettaglio piuttosto accurato. Un testo ulteriormente autorevole, ad opera di uno dei principali artefici dell'approccio, è quello di Vapnik (1998).

Fonti dove sono stati sviluppati temi specifici sono i seguenti. I PolyMARS sono introdotti in da Stone et al. (1997). Metodi di combinazione di classificatori sono stati proposti da molti diversi autori, sia in ambito statistico sia in quello del *machine learning*. La procedura di *bagging* è stata introdotta da Breiman (1996) sfruttando i risultati statistici sul *bootstrap*; per una presentazione organica del metodo *bootstrap*, si veda ad esempio Efron & Tibshirani (1993) e Davison & Hinkley (1997). La tecnica dell'*out-of-bag* è introdotta da Wolpert & MacReady (1999), poi ripresa e utilizzata da Breiman (2001a). Il *boosting* è stato introdotto inizialmente in ambiente *machine learning* come *AdaBoost* da Freund & Schapire (1996) ed è stato studiato nelle sue proprietà statistiche da Friedman et al. (2000). Le Foreste Casuali sono introdotte e discusse da Breiman (2001b).

Esercizi

5.1. Per un modello di classificazione in due categorie, si supponga di avere a disposizione per ogni unità di un insieme di verifica di n righe, la probabilità stimata di appartenere alla classe di interesse (successi); si chiamino tali probabilità $p = (p_1, \ldots, p_n)$. Si supponga anche di conoscere la vera categoria di appartenenza di ciascuna unità e che queste siano $v = v_1, \dots, v_n$. Si determinino, utilizzando i due vettori p e v le trasformazioni da effettuare per ottenere la curva *lift* per i successi, definendo in particolare le variabili da utilizzare come ascisse e come ordinate.

5.2. Per ogni problema di classificazione in due categorie abbiamo due curve *lift*, una per ciascuna delle due classi. Che relazione c'è tra le due curve *lift*? Se si hanno a disposizione i vettori p e v definiti nell'Esercizio 5.1 per la classe identificata con (successi), è possibile costruire la curva *lift* anche per l'altra classe? e, nel caso, quale è la forma esplicita per tale curva *lift* per gli insuccessi?

5.3. È possibile avere una curva *lift* non monotona decrescente? e, nel caso, qual è l'interpretazione di questo fatto?

5.4. Chiarire perché nella curva ROC la diagonale corrisponde alla classificazione casuale.

5.5. È possibile avere una curva ROC che sta, in tutto o in parte, sotto la diagonale? e, nel caso, qual è l'interpretazione di questo fatto?

5.6. Scrivere le equazioni della retta e della curva tratteggiate dei due pannelli della Figura 5.4.

5.7. Nel caso di analisi discriminante lineare con $K = 2$ e probabilità a priori uguali per i due gruppi, mostrare che $d_1(x) > d_2(x)$ prende la forma

$$(\mu_1 - \mu_2)^\top \Sigma^{-1}(x - \mu) > 0$$

dove $\mu = \frac{1}{2}(\mu_1 + \mu_2)$.

5.8. Mostrare che la regola di classificazione dell'analisi discriminante descritta al §5.4.1 quando $K = 2$ coincide con l'analoga regola ottenuta tramite il modello lineare presentato al §5.3.

5.9. Negli alberi di classificazione, se la misura di impurità è l'entropia, come si esplicita il guadagno conseguito passando da J a $J+1$ foglie, corrispondente a $D_j^* - D_j$ visto nel caso degli alberi di regressione?

6

Metodi di analisi interna

Questo capitolo si differenzia dai due precedenti nel fatto che non presumiamo più l'esistenza di una variabile, quantitativa o qualitativa, da interpretare come variabile risposta da mettere in relazione a delle altre, dette per questo esplicative. Qui tutte le variabili sono poste sullo stesso piano.

Nella nomenclatura della letteratura *machine learning* i temi che seguono vanno sotto il nome di *unsupervised learning*, nel senso che l'apprendimento non è guidato da un insieme di casi noti, come invece ad esempio accade nel problema della classificazione.

6.1 Metodi di raggruppamento

6.1.1 Contesto e motivazioni

Vogliamo raggruppare le n unità disponibili in K gruppi ma — a differenza dei problemi di classificazione — non abbiamo un sistema di classificazione preassegnato, e quindi non abbiamo una variabile qualitativa di riferimento. Per chi ha bisogno di un termine inglese, questo tema va anche sotto il nome di *cluster analysis*.

Generalmente noi non abbiamo alcuna prefigurazione sul numero e sulla natura dei gruppi, e cerchiamo un metodo per formarli a partire dalle variabili disponibili. Spesso a posteriori cerchiamo una lettura interpretativa dei gruppi così formati.

Un esempio tipico è quello della 'segmentazione' della clientela diun'azienda. Dalle informazioni sull'utilizzo dei prodotti, dati anagrafici, risposte ad eventuali questionari e altre fonti si perviene alla formazione di gruppi di clienti, detti 'segmenti'. Per definire azioni di *marketing*, è necessario poter caratterizzare ciascun gruppo individuandone alcuni aspetti espliciti salienti, detti 'profili'

In qualche altro caso abbiamo in mente alcuni 'profili', ma non siamo in grado di osservare direttamente l'appartenenza di un soggetto ad un certo profilo, e cerchiamo di costituire dei gruppi di individui il più aderenti possibile a tali profili. In questo caso il numero K può essere dato per noto.

Per l'individuo i-mo abbiamo a disposizione p variabili, $x_{i1}, \ldots, x_{ip}$, di cui parte sono quantitative e parte qualitative ($i = 1, \ldots, n$). Vogliamo allocare ad un stesso gruppo quegli individui che sono tra loro più simili, e viceversa a gruppi diversi individui dissimili.

6.1.2 Distanze e dissimilarità

È chiaro che un ruolo fondamentale è giocato dal modo in cui si misura la 'vicinanza' tra individui, o equivalentemente la loro 'lontananza'. Le possibili scelte per come quantificare questa 'vicinanza' sono tantissime, e variano sia con la natura delle variabili in gioco, sia con gli obiettivi che ci si prefigge. Usiamo il termine generico *dissimilarità* per riferirci a queste misure di 'lontananza'.

In ogni caso la dissimilarità $d(i, i')$ tra gli individui i e i' si basa sulla composizione delle dissimilarità valutata per ciascuna delle p variabili osservate, diciamo $d_j(x_{ij}, x_{i'j})$ per $j = 1, \ldots, p$. Per definire le funzioni $d_j(x, x')$ ci sono molte possibili alternative. Alcune condizioni sono peraltro necessarie per rispettare il significato intuitivo del termine 'dissimilarità':

$$d_j(x, x) = 0, \qquad d_j(x, x') \geq 0.$$

Spesso inoltre si adottano funzioni che soddisfano la condizione di simmetria $d_j(x, x') = d_j(x', x)$. Un'ulteriore condizione spesso rispettata è la diseguaglianza triangolare

$$d_j(x, y) + d_j(y, z) \geq d_j(x, z)$$

e in tale caso la dissimilarità si qualifica come una *distanza*.

Nel caso di variabili quantitative la scelta principe per la dissimilarità è data dal quadrato della distanza euclidea:

$$d_j(x, x') = (x - x')^2$$

ma sono in uso anche altre scelte. Nel caso di variabili qualitative si usa spesso

$$d_j(x, x') = 1 - I(x = x')$$

dove $I(x = x')$ vale 1 se le modalità x e x' coincidono, e 0 altrimenti. Nel caso di variabili qualitative ordinali, cioè con modalità dotate di un ordinamento naturale quale ad esempio 'pessimo', 'cattivo', ..., 'buono', 'eccellente', si assegna un punteggio convenzionale, quale $1, 2, \ldots, m$, e poi le si tratta come le variabili quantitative.

Sia nel caso di variabili qualitative che quantitative può essere opportuno introdurre una forma di normalizzazione. Nel caso di variabili quantitative, è evidente che la scala su cui è misurata la variabile x_j influenza la dimensione di d_j e quindi il suo contributo alla somma (6.1). Questa osservazione suggerisce di dividere la distanza quadratica per la varianza di x_j. Analogamente, nel caso delle variabili qualitative, appare opportuno tenere conto del numero di modalità della variabile x_j, dato che la coincidenza di osservazioni tra due soggetti non ha lo stesso significato nel caso che x_j abbia due oppure venti possibili alternative. Un modo semplice per tenere conto di questo fatto è di dividere d_j per il numero di modalità di x_j.

Queste indicazioni non sono peraltro seguite sistematicamente perché si possono produrre esempi numerici in cui l'effetto di queste normalizzazioni è più dannoso che utile, nel senso di rendere i gruppi meno distinguibili di quanto non lo fossero in partenza.

Una volta scelte le funzioni d_j, per $j = 1, \ldots, p$, resta il problema di combinarle assieme, per ottenere le dissimilarità $d(i, i')$. Il modo più semplice è chiaramente quello di sommarle, tramite

$$d(i, i') = \sum_{j=1}^{p} d_j(x_{ij}, x_{i'j}) .\tag{6.1}$$

Se si considerano forme diverse è comunque opportuno che siano soddisfatte le condizioni

$$d(i, i) = 0, \qquad d(i, i') \geq 0, \qquad d(i, i') = d(i', i)$$

e inoltre che $d(i, i') = 0$ se e solo se tutte le d_j componenti sono nulle.

Nel caso che tutte le variabili siano quantitative si usano anche le distanze presentate nella Tabella 6.1. Nel caso, peraltro più comune, che le variabili a disposizione siano sia quantitative che qualitative, è ragionevole calcolare separatamente le dissimilarità per l'insieme delle variabili quantitative, di quelle qualitative sconnesse e di quelle qualitative ordinali, ottenendo rispettivamente $d^{(1)}(i, i')$, $d^{(2)}(i, i')$ e $d^{(3)}(i, i')$ e alla fine combinarle tra loro nella forma

$$d(i, i') = \frac{w_1 \, d^{(1)}(i, i') + w_2 \, d^{(2)}(i, i') + w_3 \, d^{(3)}(i, i')}{w_1 + w_2 + w_3}$$

dove w_1, w_2 e w_3 sono pesi che possono esser scelti soggettivamente, per rendere confrontabili tra loro le tre componenti.

Le $d(i, i')$ vengono raggruppate in una *matrice di dissimilarità* D, di dimensione $n \times n$, la quale ha diagonale nulla ed elementi non negativi. Quando vale la proprietà di simmetria per ciascuna delle funzioni $d_j(i, i')$, allora la matrice D è simmetrica. Siccome questa proprietà di simmetria è richiesta dalla maggioranza degli algoritmi in uso, la si può ottenere ridefinendo D come $(D + D^{\top})/2$.

Una volta costruita la matrice di dissimilarità D, questa costituisce la base per la maggior parte dei metodi di raggruppamento di uso corrente. Ognuno di questi si prefigge di accorpare individui con bassa dissimimilarità e separare

Tabella 6.1. Alcuni comuni tipi di dissimilarità in uso per i metodi di raggruppamento in presenza di variabili quantitative

Nome	$d(i, i')$
distanza euclidea semplice: $w_j = 1$ pesata con varianza $w_j = 1/s_j^2$ pesata con campo di variazione: $w_j = 1/R_j^2$	$\left(\sum_{j=1}^{p} w_j \left(x_{ij} - x_{i'j} \right)^2 \right)^{1/2}$
distanza di Mahalanobis (dove Σ è una matrice definita positiva)	$\left\{ (\tilde{x}_i - \tilde{x}_{i'})^{\top} \Sigma^{-1} (\tilde{x}_i - \tilde{x}_{i'}) \right\}^{1/2}$
distanza di Minkowsky (per un parametro $\lambda \geq 1$)	$\left(\sum_{j=1}^{p} w_j \left(x_{ij} - y_{i'j} \right)^{\lambda} \right)^{1/\lambda}$
distanza di Manhattan	$\sum_{j=1}^{p} w_j \left| x_{ij} - x_{i'j} \right|$
metrica di Canberra (una delle varianti possibili), dove sono esclusi dalla somma i termini in cui il denominatore si annulla	$\sum_{j=1}^{p} \dfrac{\left| x_{ij} - x_{i'j} \right|}{\left| x_{ij} \right| + \left| x_{i'j} \right|}$
norma L_{∞}	$\max_j \left| x_{ij} - x_{i'j} \right|$

quelli con alta dissimimilarità. Questi metodi vengono usualmente raggruppati secondo lo schema seguente.

$$\text{metodi di raggruppamento} \begin{cases} \text{metodi non gerarchici} \\ \text{metodi gerarchici} \begin{cases} \text{metodi agglomerativi} \\ \text{metodi divisivi} \end{cases} \end{cases}$$

Vi sono poi alcuni algoritmi che operano al di fuori di questo schema, ma che non tratteremo.

6.1.3 Metodi non gerarchici

Il più noto, e antico in assoluto, si chiama 'K-medie', ed è destinato a variabili continue. L'idea di base è quella di individuare dei punti di aggregazione, detti *centroidi*, attorno ai quali costruire dei gruppi, attribuendo le osservazioni a quello dei centri individuati che è più prossimo. Questi centri di aggregazione non sono peraltro fissati in modo irrevocabile, ma sono loro stessi soggetti ad aggiornamento via via che l'algoritmo di raggruppamento procede.

    Supponiamo di aver suddiviso le osservazioni in K gruppi, secondo un generico criterio. Notiamo che la dissimilarità totale, sommando tutti gli elementi di D, si può scomporre come

$$\sum_{i,i'} d(i, i') = \sum_{k=1}^{K} \sum_{G(i)=k} \left(\sum_{G(i')=k} d(i, i') + \sum_{G(i') \neq k} d(i, i') \right) = D_{\text{entro}} + D_{\text{tra}}$$

dove $G(i)$ indica il gruppo a cui è assegnato l'individuo i-mo, e

$$D_{\text{entro}} = \sum_{k=1}^{K} \sum_{G(i)=k} \sum_{G(i')=k} d(i,i'),$$

$$D_{\text{tra}} = \sum_{k=1}^{K} \sum_{G(i)=k} \sum_{G(i')\neq k} d(i,i')$$

sono rispettivamente la dissimilarità complessiva *all'interno* dei gruppi e la dissimilarità complessiva *tra* i gruppi. Abbiamo detto che ci prefiggiamo di scegliere i gruppi in modo da minimizzare la dissimilarità all'interno di questi, e quindi cerchiamo di minimizzare D_{entro}. Siccome la dissimilarità totale non dipende né da K, né dal modo in cui i gruppi sono formati, allora questo obiettivo corrisponde anche a massimizzare D_{tra}.

Essendo finito il numero di possibili raggruppamenti che si possono costruire per un fissato valore di K, allora in linea di principio questa minimizzazione è realizzabile in un numero finito di operazioni, scandendo tutte le possibili scelte. Di fatto questa non è un'opzione percorribile, dato che il numero di raggruppamenti possibili cresce con velocità sbalorditiva con n. Bisogna quindi ricorrere ad algoritmi sub-ottimi.

Un classico algoritmo di questo tipo è quello delle K-medie, che utilizza la distanza euclidea per costruire le dissimilarità tra variabili quantitative. In questo caso possiamo scrivere

$$D_{\text{entro}} = \sum_{k=1}^{K} \sum_{G(i)=k} \sum_{G(i')=k} \|\tilde{x}_i - \tilde{x}_{i'}\|^2 = 2\sum_{k=1}^{K} \sum_{G(i)=k} \|\tilde{x}_i - m_k\|^2 \qquad (6.2)$$

dove m_k è il vettore medio dei soggetti del k-mo gruppo, cioè in vettore formato dalle medie aritmetiche di ciascuna variabile.

Il metodo si propone di minimizzare questa espressione di D_{entro} una volta che è stato fissato il numero K di gruppi e la posizione iniziale dei centroidi x_k. L'algoritmo procede poi in modo iterativo raggruppando successivamente gli individui intorno ai centroidi, anch'essi soggetti ad aggiornamento iterativo, fino ad un punto di convergenza. Tale convergenza è assicurata, ma non è garantito che corrisponda ad un minimo assoluto della funzione obiettivo.

La procedura è presentata in dettaglio nell'Algoritmo 6.1. Notiamo che la fase (a) garantisce che la devianza (6.2) sia minima una volta scelti i centroidi, e la fase (b) garantisce che la devianza sia minima una volta allocate le unità ai gruppi.

Figura 6.1 presenta alcune illustrazioni grafiche dell'esito del metodo delle K-medie applicato a due insiemi di dati simulati, di struttura molto semplice, tali che in entrambi i casi sono evidenti in modo sostanzialmente non equivoco tre gruppi di punti. Per motivi illustrativi qui impieghiamo solo $p = 2$ variabili. Per questi dati, i primi due pannelli si riferiscono all'uso del metodo con

---

Algoritmo 6.1 K-medie

---

1. Scegliere K e $m_1, \ldots, m_K$.
2. Ciclo per $r = 1, 2, \ldots$:
   - (a) per $i = 1, \ldots, n$, si assegna $\tilde{x}_i$ al gruppo k tale che $\|\tilde{x}_i - m_k\|$ è minimo,
   - (b) per $k = 1, \ldots, K$, si pone m_k pari alla media aritmetica delle unità appartenenti al gruppo k,

   fino a quando i centroidi $m_1 \ldots, m_K$ si stabilizzano.

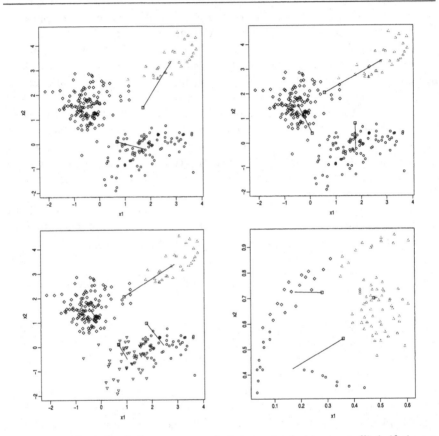

Figura 6.1. Dati simulati con tre gruppi ciascuno; i primi tre pannelli si riferiscono allo stesso insieme di dati e il quarto ad un insieme diverso. I gruppi formati sono contraddistinti da simboli diversi. I quadratini indicano i centroidi iniziali, scelti casualmente, e il segmento punta verso la posizione finale dei centroidi

$K = 3$ e mostrano l'esito finale con due diverse scelte dei centroidi iniziali; il terzo pannello, in basso a sinistra, si riferisce al caso di $K = 4$. Per questi dati i gruppi individuati, contraddistinti dal tipo di simbolo, corrispondono in modo soddisfacente a quelli 'veri', nel senso che ciò vale per i primi due pannelli quale che sia la configurazione iniziale; nel terzo pannello ovviamente c'è un gruppo di troppo, ma l'unione di due dei gruppi individuati corrisponde sostanzialmente a uno dei gruppi 'veri'. Lo stesso tipo di esito si mantiene cambiando anche in modo vistoso la configurazione dei centroidi iniziali.

L'esito del metodo è invece molto diverso per l'ultimo pannello, che si riferisce ad altri dati, con struttura dei gruppi di tipo più 'filiforme'. In questo caso i gruppi individuati sono palesemente diversi da quelli 'veri', e lo stesso si riscontra partendo da altre scelte dei centroidi iniziali. Questo diverso tipo di risultato è riconducibile alla scelta della metrica utilizzata, in quanto la distanza euclidea fa sì che vengano privilegiate le strutture sferoidali.

Ci sono due limitazioni di questo metodo: la prima è che richiede la scelta iniziale di diversi elementi, la seconda è di essere applicabile solo a variabili quantitative. Questo secondo aspetto è superabile sostituendo la distanza euclidea con un'altra forma di dissimilarità, adatta al caso al caso di variabili qualitative, e introducendo il concetto di *medoide*, che è un unità presa come rappresentante del gruppo e tale da minimizzare la dissimilarità entro il gruppo. Invece la richiesta di specificare un valore immutabile per K è in molti casi uno scoglio, quando non si ha proprio alcuna informazione sulla struttura dei dati per guidarci.

6.1.4 Metodi gerarchici

Per ovviare all'inconveniente appena indicato, e per aggirare la specificazione secca di un valore di K, sono spesso utilizzati dei metodi che producono una struttura gerarchica dei dati e della loro organizzazione in gruppi. Ciò si consegue associando all'insieme dei punti una struttura ad albero binario tale che le foglie dell'albero corrispondono alle unità, e i nodi a sottoinsiemi dei punti; per la natura stessa di un albero binario, questo introduce una gerarchia nei sottoinsiemi associati ai rami.

Esistono due ampie famiglie di metodi gerarchici: quelli agglomerativi e quelli divisivi. Iniziamo da quelli agglomerativi, che sono del resto i più sviluppati e utilizzati.

Un metodo agglomerativo procede aggregando successivamente gruppi precedentemente formati e con bassa dissimilarità tra di loro, a partire da uno stato iniziale in cui $K = n$, cioè in cui ciascun individuo costituisce un gruppo a sé stante. Questa successione di agglomerazioni procede via via fino a che $K = 1$, cioè tutti gli individui appartengono allo stesso gruppo.

È evidente che questo modo di procedere dà luogo ad una struttura gerarchica in cui la suddivisione in K gruppi 'contiene' quella in $K + 1$ gruppi, nel senso che la prima si ottiene dalla seconda per aggregazione di due gruppi.

La Figura 6.2 visualizza l'albero relativo ad un esempio specifico; in questo contesto questo tipo di diagramma viene detto *dendrogramma*.

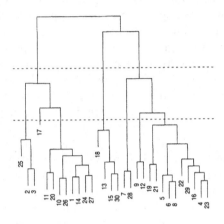

Figura 6.2. Esempio di dendrogramma

Per rendere operativo il procedimento descritto fin qua per linee generali, abbiamo bisogno di introdurre una misura di dissimilarità tra due gruppi. All'inizio dell'operazione di aggregazione, quando tutti i gruppi sono formati da una sola unità, è chiaro che $d(i, i')$ costituisce anche la dissimilarità tra i due gruppi degeneri formati rispettivamente da $\{i\}$ e da $\{i'\}$. Nelle fasi successive dobbiamo aggregare gruppi costituiti da più unità, e corrispondentemente abbiamo bisogno di una misura di dissimilarità tra gruppi non degeneri. Se G e G' rappresentano due generici gruppi, le tre misure più usate sono

$$d_S(G, G') = \min_{i \in G, i' \in G'} d(i, i'), \qquad d_C(G, G') = \max_{i \in G, i' \in G'} d(i, i'),$$

$$d_M(G, G') = \frac{1}{n_G\, n_{G'}} \sum_{i \in G} \sum_{i' \in G'} d(i, i'),$$

che sono dette rispettivamente *legame singolo*, *legame completo* e *legame medio*. Ovviamente i raggruppamenti formati cambiano con la misura adottata.

L'informazione relativa alla dissimilarità tra due gruppi può essere incorporata nel dendrogramma, facendo in modo che l'altezza del segmento verticale che collega due ramificazioni successive sullo stesso ramo sia proporzionale alla caduta di dissimilarità che si consegue passando da K a $K + 1$ gruppi.

Questo fatto fornisce una guida per l'utilizzo del dendrogramma per la scelta operativa del numero di gruppi, qualora questo non sia noto a priori. Ad esempio, nella Figura 6.2, le due linee tratteggiate individuano $K = 3$ e

$K = 7$ gruppi. Usualmente si taglia orizzontalmente l'albero in corrispondenza ad un'ordinata dove le aste verticali sono più lunghe, e il numero di aste intersecate rappresenta il numero di gruppi prescelto. Questa indicazione vale come orientamento e non fornisce una regola univoca. Esistono anche 'regole oggettive', ma non è ovvio quale sia quella preferibile. Ancora una volta, è richiesto l'intervento di valutazione da parte dell'analista.

Per apprezzare l'effetto dei diversi tipi di legame, facciamo riferimento alla Figura 6.3 che si riferisce agli stessi dati dei primi tre pannelli della Figura 6.1. Procedendo dall'alto in basso, la prima coppia si riferisce al legame singolo, la seconda al legame completo e l'ultima al legame medio. Per ciascuna coppia, il pannello di sinistra presenta il dendrogramma, e quello di destra il raggruppamento corrispondente a $K = 3$, anche qui contrassegnando i gruppi mediante simboli diversi.

In questo esempio il metodo del legame singolo funziona decisamente peggio degli altri. Questo cattivo esito è peraltro legato anche in questo caso alla forma sferoidale dei gruppi. Vediamo infatti nella Figura 6.4, dove sono stati usati i dati dell'ultimo pannello della Figura 6.1, che i gruppi determinati da legame completo e legame medio non corrispondono ai gruppi 'veri', mentre il legame singolo permette l'identificazione dei gruppi. Questo conferma l'indicazione precedente che il legame singolo si presta meglio a trattare con strutture geometriche di tipo 'filiforme', e quello completo con strutture di tipo sferoidale.

L'approccio duale di quello dei metodi agglomerativi è costituito dai metodi divisivi. In questo caso si segue una logica analoga alla precedente, ma partendo dall'altra estremità, cioè formando prima un solo gruppo che include tutte le unità, e poi procedendo per suddivisioni successive.

La divisione di un gruppo viene valutata sulla base delle dissimilarità tra le varie possibili scelte di due sottogruppi che si possono formare a partire da questo; queste dissimilarità tra sottogruppi sono valutate con le stesse forme di legame già viste per i metodi agglomerativi.

I metodi divisivi sono stati peraltro meno esplorati, e meno utilizzati, di quelli agglomerativi.

6.2 Associazioni tra variabili

Ciò che abbiamo trattato nel paragrafo precedente riguardava i raggruppamenti di unità e, in un senso più generale, le loro forme di associazione. Ci occupiamo ora dell'aspetto duale del precedente: le relazioni tra le variabili.

6.2.1 Forme di dipendenza

In un certo senso si può dire che gran parte del corpo disciplinare della statistica si colloca entro questo amplissimo contesto: esaminare come le variabili in esame siano connesse tra loro. Questo obiettivo si articola poi in varie forme,

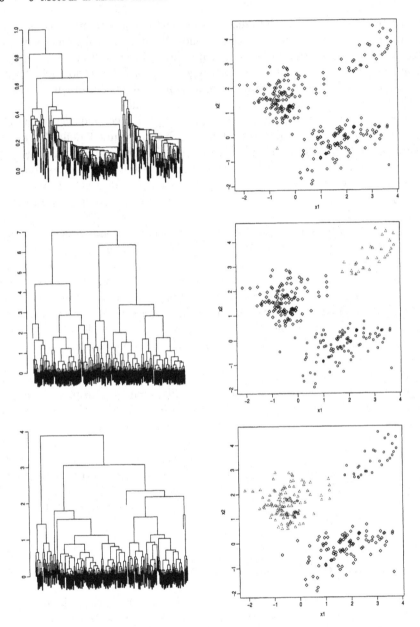

Figura 6.3. Dati simulati C1: gruppi formati con il metodo gerarchico agglomerativo e tre tipi di legame (dall'alto verso il basso: legame singolo, completo e medio). Sulla sinistra il dendrogramma e sulla destra il raggruppamento corrispondente a $K = 3$

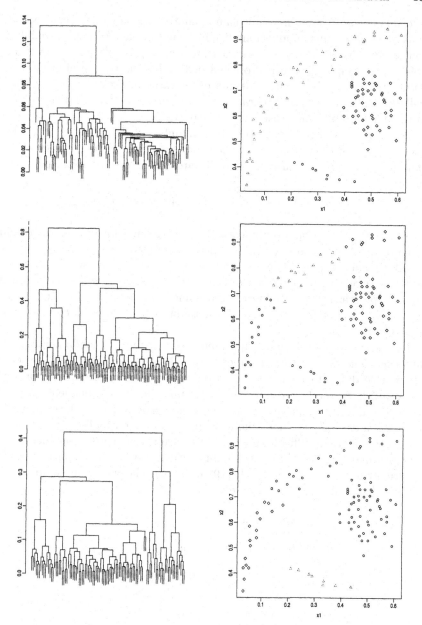

Figura 6.4. Dati simulati C2: gruppi formati con il metodo gerarchico agglomerativo e tre tipi di legame (dall'alto verso il basso: legame singolo, completo e medio). Sulla sinistra il dendrogramma e sulla destra il raggruppamento corrispondente a $K = 3$

a seconda che le variabili in esame siano quantitative o qualitative, a seconda che esista o meno una suddivisione dell'insieme complessivo delle variabili in esplicative e di risposta, e così via. Di fatto gran parte di quanto visto nei capitoli precedenti affronta il problema della relazione tra variabili nel caso "asimmetrico", cioè in presenza di una o più variabili che sono di risposta a quelle esplicative. Nel seguito trattiamo brevemente il caso "simmetrico" in cui tutte le variabili sono poste sullo stesso livello.

Probabilmente il più noto concetto nell'ambito della dipendenza tra due variabili è quello di correlazione. Se x_r e x_s sono i vettori delle osservazioni relative a due variabili quantitative, rilevate sulle stesse n unità, possiamo definire

$$\text{corr}\{x_r, x_s\} = \frac{\langle x_r', x_s' \rangle}{\|x_r'\| \, \|x_s'\|} = \cos(\text{angolo tra } x_r' \text{ e } x_s')$$

dove x_r' e x_s' rappresentano gli scarti di x_r e x_s dalla loro rispettiva media aritmetica, e la notazione $\langle x_r', x_s' \rangle$ indica il prodotto interno. Questo non è il modo in cui viene usualmente espressa algebricamente la correlazione, ma ha il vantaggio di evidenziarne l'interpretazione geometrica. Nel caso in cui siamo in presenza di p variabili di tipo numerico, diciamo $x_1, \ldots, x_p$, si usa calcolare la matrice di correlazione, formata da tutte le coppie di $\text{corr}\{x_r, x_s\}$, per $r, s = 1, \ldots, p$.

La matrice di correlazione rappresenta uno strumento fondamentale per l'investigazione di strutture di dipendenza. Bisogna peraltro avere presente i limiti e le difficoltà connessi a questo strumento. Una prima osservazione riguarda il fatto che la correlazione riflette unicamente le dipendenze di tipo *lineare* tra le variabili; questo è un fatto discusso in ogni testo anche elementare di statistica descrittiva e non stiamo ad illustrarlo in dettaglio.

Un'altra fonte di difficoltà è legata alla corretta interpretazione dei valori di questa matrice. Per illustrare il punto, consideriamo un semplice esempio numerico ripreso da Mardia et al. (1979, p. 170) relativo ad un campione di bambini dei quali si sono rilevate le variabili

$$x_1 = \texttt{intelligenza}, \quad x_2 = \texttt{peso}, \quad x_3 = \texttt{età}$$

e si è ottenuta una matrice di correlazione campionaria

$$R = \begin{pmatrix} 1 & 0{,}6162 & 0{,}8267 \\ 0{,}6162 & 1 & 0{,}7321 \\ 0{,}8267 & 0{,}7321 & 1 \end{pmatrix}.$$

Questa matrice segnala un'elevata correlazione (0,6162) tra peso e intelligenza, che sembra indicare una relazione tra le variabili del tutto sorprendente e non verosimile. Il problema è causato dalla presenza di una terza variabile e di come questa interagisce con le altre due.

Per ottenere un'indicazione più adeguata dobbiamo quindi esaminare la *correlazione parziale*, tra x_1 e x_2 eliminando l'effetto della variazione di x_3. Si può mostrare che questa operazione è equivalente ad assumere che la distribuzione congiunta della variabile casuale (X_1, X_2, X_3) che genera le osservazioni sia normale multipla e a considerare la correlazione della distribuzione condizionata di $(X_1, X_2 | X_3)$; cfr (A.6). La corrispondente correlazione campionaria risulta allora essere un molto più confortante 0,0286; vale a dire che le variabili **peso** ed **intelligenza** sono sostanzialmente incorrelate una volta che viene fissata l'età. Ripetendo la precedente operazione per tutte le variabili, cioè considerando la corr$\{X_r, X_s | X_t\}$ per tutte le possibili scelte degli indici, otteniamo la matrice di correlazione parziale

$$R^* = \begin{pmatrix} 1 & 0,0 & 0,7 \\ 0,0 & 1 & 0,5 \\ 0,7 & 0,5 & 1 \end{pmatrix}$$

dove abbiamo arrotondato i valori ad una sola cifra decimale; in particolare lo 0,0286 è stato arrotondato a 0. Questo arrotondamento è ragionevole se si considera che le correlazioni osservate sono soggette a variabilità campionaria. Per procedere in modo canonico si dovrebbe effettuare una verifica d'ipotesi formale al proposito, ma non è questo il punto su cui vogliamo soffermarci ora.

La matrice R^* delle correlazioni parziali è molto più facilmente interpretabile di quella delle correlazioni marginali R, particolarmente se la si associa ad un grafo come quello in Figura 6.5, che è costituito da un nodo per ogni variabile e da un arco non orientato per ogni correlazione parziale non nulla. Il grafo evidenzia che X_1 e X_2 sono correlate solo "tramite" X_3, e sono incorrelate se si condiziona al valore assunto da X_3. Siccome nell'ambito delle distribuzioni normali multiple indipendenza e assenza di correlazione sono condizioni equivalenti, siamo in una situazione di *indipendenza condizionata* tra X_1 e X_2, condizionatamente dal valore di X_3; si usa indicare questo fatto con la scrittura $X_1 \perp\!\!\!\perp X_2 | X_3$.

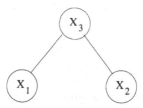

Figura 6.5. Un semplice esempio di modello grafico

La necessità di sviluppare strumenti che consentano di esaminare ed interpretare correttamente strutture di dipendenza complesse diventa via via più pressante al crescere del numero di variabili a disposizione. L'apparato teorico connesso è spesso identificato con il termine *modelli grafici*, perché sono collegati all'idea di esprimere la struttura di dipendenza attraverso un grafo.

Questa teoria è molto articolata e non riguarda solo le variabili continue, né si riferisce solo all'analisi di strutture di associazioni di natura simmetrica, ma riguarda anche il caso asimmetrico, in cui qualche variabile (una o più) gioca il ruolo di variabile risposta rispetto a delle variabili esplicative, analogamente a quanto trattato nei capitoli precedenti. Qui ci limitiamo ad accennare brevemente all'analogo del caso precedente nel caso che si operi con variabili categoriali.

Se X e Y rappresentano due variabili categoriali, la loro distribuzione congiunta è indentificata dalle probabilità

$$\pi_{jk} = \mathbb{P}\{X = x_j, Y = y_k\}$$

dove x_j e y_k variano nell'insieme delle modalità rispettivamente della variabile X e della Y. È peraltro utile riscrivere queste probabilità in altra forma, basandoci sull'identità

$$\pi_{jk} = \pi_{j+} \, \pi_{+k} \, \frac{\pi_{jk}}{\pi_{j+} \, \pi_{+k}}$$

dove il simbolo $+$ indica la somma dei valori rispetto all'indice omesso (e quindi ad esempio $\pi_{j+} = \sum_k \pi_{jk}$), da cui otteniamo

$$\log \pi_{jk} = \beta_j^X + \beta_k^Y + \beta_{jk}^{XY} \tag{6.3}$$

dove $\beta_j^X = \log \pi_{j+}$ e analogamente per gli altri termini.

Questa fattorizzazione delle probabilità dà luogo ad una più chiara interpretazione degli ingredienti. Dato che le variabili X e Y sono categoriali, il membro di destra dell'espressione è sostanzialmente dello stesso tipo che si presenta in un'analisi della varianza a due fattori. Anche qui, come nell'analisi della varianza, i vari parametri sono soggetti a dei vincoli, che in questo caso discendono dal fatto che

$$\sum_j \pi_{j+} = 1 = \sum_k \pi_{+k},$$

ma noi non entriamo in aspetti di dettaglio.

I termini β_j^X e β_k^Y della (6.3) giocano il ruolo di effetti principali, e riflettono la distribuzione marginale di X e Y, mentre il termine di 'interazione' β_{jk}^{XY}, che dipende da rapporto tra le probabilità π_{jk} e il loro valore in caso di indipendenza, $\pi_{j+} \, \pi_{+k}$, costituisce una misura di *associazione* tra i due fattori X e Y. Specificamente, se $\beta_{jk}^{XY} = 0$ per ogni j e k, siamo in una situazione di indipendenza tra X e Y; invece valori positivi indicano che la probabilità dell'evento $\{X = x_j \cap Y = y_k\}$ è più alta che in ipotesi di indipendenza e quindi c'è una associazione positivacomponenti $\{X = x_j\}$ e $\{Y = y_k\}$, e viceversa valori negativi del parametro indicano una situazione di 'repulsione', cioè di associazione negativa tra i due eventi.

Supponiamo ora che, sulla base di un campione di n elementi, sia stata costruita la *tabella di frequenza*, il cui generico elemento n_{jk} rappresenta la frequenza osservata di eventi $\{X = x_j \cap Y = y_k\}$. Dalla (6.3) segue immediatamente che per il valore atteso μ_{jk} di n_{jk} possiamo scrivere

$$\log \mu_{jk} = \log n + \beta_j^X + \beta_k^Y + \beta_{jk}^{XY} \tag{6.4}$$

la quale è un caso particolare della (2.39) a pagina 42, relativa ai modelli lineari generalizzati. In questo caso la funzione legame è il logaritmo e la (6.4) costituisce quindi un esempio di *modello log-lineare*.

Possiamo quindi utilizzare l'apparato teorico e l'algoritmo dei minimi quadrati pesati iterati, relativi ai GLM. Da qui, partendo dai valori osservati n_{jk}, possiamo stimare i parametri della (6.4), nonché effettuare altre operazioni inferenziali. Può quindi verificarsi che i dati a disposizione consentano di rimuovere la componente β_{jk}^{XY} dalla (6.4) in quanto non significativa, e concludere che X e Y sono variabili indipendenti.

Spesso peraltro si deve trattare con più di due variabili, e talvolta con un numero ben maggiore. Così come nell'analisi della struttura di correlazione di una variabile continua multipla, diventa allora essenziale disporre di strumenti che consentano di esaminare in modo sistematico strutture di dipendenza che diventano rapidamente complicate. Anche per il caso di variabili categoriali gioca un ruolo fondamentale il concetto di indipendenza condizionata.

Se consideriamo tre variabili categoriali, diciamo (X, Y, Z), e indichiamo con μ_{jkl} il numero di osservazioni attese per la generica cella della corrispondente tabella a tre entrate, la rappresentazione in forma di modello log-lineare corrispondente, analoga alla (6.4), è

$$\log \mu_{jkl} = \log n + \beta_j^X + \beta_k^Y + \beta_l^Z$$
$$+ \beta_{jk}^{XY} + \beta_{kl}^{YZ} + \beta_{jl}^{XZ} + \beta_{jkl}^{XYZ}$$

dove il significato dei nuovi simboli è in analogia a quelli già introdotti. È il caso di notare che qui entra anche il termine β_{jkl}^{XYZ}, mentre nel caso gaussiano non esisteva un termine che esprimeva associazione fra tre componenti, perché la particolare natura della distribuzione normale non coinvolge misure di associazione oltre alle correlazioni, relative cioè a coppie di variabili.

La specificazione del modello precedente per l'indipendenza di X e Y condizionatamente a Z è data da

$$\log \mu_{jkl} = \log n + \beta_j^X + \beta_k^Y + \beta_l^Z + \beta_{kl}^{YZ} + \beta_{jl}^{XZ}$$

e la rappresentazione del grafo associato è come nella Figura 6.5, fatto salvo per le diverse etichette dei vertici.

Nei contesti applicativi a cui facciamo riferimento, l'utilizzo di modelli log-lineari e modelli grafici si riferisce allo studio di associazioni tra variabili (perlopiù categoriali) che, in vari modi, rappresentano aspetti del comportamento del consumatore. Dalla presenza di queste associazioni, sia positive che negative, si possono desumere utili indicazioni per azioni commerciali dell'azienda.

Per quanto riguarda l'onere computazionale, un alto valore di n ha effetti contenuti in quanto la determinazione delle frequenze n_{jk} è un'operazione rapida e il tempo di esecuzione richiesto cresce linearmente con n. Dopo la determinazione della tabella delle frequenze, le successive elaborazioni comportano un onere di calcolo che non dipende da n. Difficoltà possono invece sorgere se il numero di variabili considerate è elevato, ancor più se il numero di possibili livelli di queste variabili è grande, in quanto ciò può comportare una tabella di frequenza di dimensioni gigantesche; discuteremo di questo aspetto nel prossimo sotto-paragrafo, seppure in un'ottica diversa.

Per illustrare le potenzialità di rappresentazione di strutture di dipendenza complesse, consideriamo il grafo riportato in Figura 6.6, il quale è stato ripreso da Hand et al. (1997). Questo grafo si riferisce ad un modello per valutare quali variabili sono determinanti del fenomeno della insolvenza nell'ambito del processo di erogazione di un credito al consumo. Lo studio si basa su un campione di circa 23000 soggetti titolari di carta di credito, emessa da una delle maggiori banche inglesi, ai quali è stato accordato un finanziamento di importo non superiore a £ 10000, non coperto da garanzie reali.

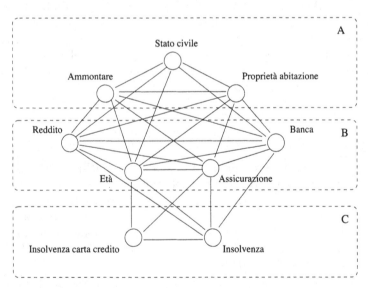

Figura 6.6. Un modello grafico relativo ad un problema di valutazione del credito. (Il diagramma è stato appositamente prodotto e concessoci da Elena Stanghellini, che ringraziamo vivamente)

Le variabili inserite nel modello descrivono il cliente sulla base di alcune caratteristiche demografiche, quali l'Età (con categorie: anni "17-30", "31-40", o "oltre 40") e lo Stato civile (con categorie: "Sposato" o "Altro"), e socio-

economiche, quali il Reddito disponibile (con categorie "fino a £ 700", "fra
£ 700 e £ 1500" o "oltre £ 1500") e una variabile indicatrice della proprietà
di una abitazione. Sono inoltre disponibili informazioni derivanti dalla storia
creditizia del soggetto, codificate tramite alcune variabili indicatrici: la variabile Banca indica la presenza di conto corrente presso l'ente erogatore, la
variabile Insolvenza carta credito indica difficoltà nel passato con i pa-
gamenti connessi alla carta di credito. Vi sono infine le informazioni relative
al finanziamento: l'Ammontare del credito (con categorie "fino a £ 3000" o "oltre £ 3000"), l'Insolvenza misurata attraverso una variabile indicatrice del
mancato pagamento di un numero prefissato di ratei e una variabile indicatrice della apertura di assicurazione sul credito, in quanto ad ogni soggetto
veniva infatti data l'opportunità, mediante un aumento del rateo di restituzio-
ne, di comprare una assicurazione per proteggersi dalla insolvenza per alcune
tipologie di cause.

Ad ogni variabile è associato un nodo del grafo. Gli archi indicano una
associazione fra le variabili e l'assenza di un arco indica che le corrispondenti
variabili nel modello sono indipendenti condizionatamente dal valore delle
altre variabili. Il vantaggio di visualizzare il modello mediante il grafo deriva
dal parallelismo fra separazione grafica e indipendenza condizionata, in forza
della quale, se tutti i percorsi da un insieme di nodi A ad un insieme di nodi
C passano attraverso un insieme di nodi B, allora A è condizionatamente
indipendente da C dato B. Questo implica che, noto il valore delle variabili in
B, la conoscenza delle variabili in C non aggiunge informazioni sui nodi in A
(e viceversa).

Applicando questi strumenti al grafo della Figura 6.6, si nota che, se il
valore del reddito, della età e degli indicatori della banca e della assicurazione
sono noti, allora l'ammontare del credito, lo stato civile e la proprietà della
abitazione non forniscono ulteriori informazioni sulla insolvenza con la carta
di credito e sulla insolvenza con il finanziamento. In altre parole, i nodi che si
trovano raggruppati entro gli insiemi indicati con A, B e C nella Figura 6.6
si comportano, nel loro complesso, come i nodi indicati con X_1, X_3 e X_2
nella Figura 6.5. Pertanto, per questa forma di finanziamento, le variabili
relative al reddito, all'età, e gli indicatori di assicurazione, banca e insolvenza
con la carta di credito contengono tutte le informazioni riguardo al fenomeno
della insolvenza. Questa indicazione ha portato ad una significativa riduzione
delle dimensioni del problema, che ha permesso di identificare un profilo di
cliente con una probabilità di insolvenza pari a circa il triplo della probabilità
marginale.

6.2.2 Regole associative

Indichiamo con $A_1, A_2, \ldots, A_p$ delle variabili dicotomiche, i cui possibili valori
sono etichettati con 0 e 1, anche se quanto diremo può estendersi al caso di
variabili categoriali generiche, a prezzo di qualche complicazione notazionale.
Al paragrafo precedente abbiamo visto seppure in modo sintetico come, sulla

base di n osservazioni da tali variabili, sia possibile sviluppare un modello per rappresentare in modo compatto la struttura di dipendenza di tali variabili.

Per lo sviluppo del modello log-lineare connesso dobbiamo prima costruire la tabella di frequenza a p entrate. Se le variabili sono tutte dicotomiche, il numero di celle della tabella è 2^p celle, un numero che 'esplode' rapidamente al crescere di p, ed è ancora più alto se qualche variabile ha più di due modalità. Se $p = 20$, ad esempio, il numero di celle è $2^p = 1048576$ e il numero di parametri da stimare per il modello log-lineare connesso è, seppure un poco minore, comunque gigantesco.

Per cogliere la motivazione di quanto segue è opportuno fare riferimento ad un problema applicativo sottostante, dove si vede che alti valori di p si presentano facilmente. Nel contesto dell'*analisi del paniere della spesa*, la variabile A_j è la variabile indicatrice dell'acquisto da parte di un cliente del j-mo prodotto del catalogo dell'azienda ($j = 1, \dots, p$). Sulla base dei dati relativi agli acquisti effettuati da n clienti, vogliamo individuare le associazioni tra le diverse variabili $A_1, \dots, A_p$, o almeno individuarne alcune considerate 'interessanti'.

Se l'azienda a cui facciamo riferimento ha un catalogo numericamente limitato, come può essere il caso per un'azienda di servizi, allora i metodi discussi al paragrafo precedente sono perfettamente adeguati per la situazione. Se invece consideriamo il caso in cui l'azienda in questione è un supermercato, allora facilmente p è dell'ordine di 1000, e una tabella di frequenza con 2^{1000} celle non è neppure memorizzabile in un calcolatore, meno che mai elaborabile per sviluppare un modello log-lineare. Se anche non esistesse la complicazione computazionale, tale tabella risulterebbe estremamente sparsa, cioè con molti zeri, il che comporta ulteriori difficoltà, questa volta di natura inferenziale.

Insomma, bisogna battere altre strade. Una metodologia alternativa attualmente molto in voga trae le sue origini dall'ambito dell'intelligenza artificiale e aree connesse, e fa riferimento all'idea di *regola*, intesa come proposizione del tipo

$$\text{condizione} \Rightarrow \text{conseguenza}$$

come ad esempio

$$\text{piove} \Rightarrow \text{per terra è bagnato.}$$

Il concetto di regola costituisce un classico paradigma nell'ambito dell'intelligenza artificiale come modo di rappresentazione della conoscenza.

La variante del concetto di regola che ci riguarda più direttamente è quella di *regola (associativa) probabilistica*, che assegna una probabilità alla 'conseguenza' precedente, una volta che si è verificata la condizione. Ad esempio, la regola

$$\text{il cliente compera pane e marmellata} \Rightarrow \text{il cliente compera burro}$$

non sarà di natura deterministica e quindi tipicamente vi è associata una probabilità.

Il nostro obiettivo è quindi di individuare, sulla base di n acquisti effettuati da altrettanti clienti, regole che, viste nel contesto calcolo delle probabilità, corrispondono a probabilità condizinate del tipo

$$\mathbb{P}\{E_2|E_1\} = \frac{\mathbb{P}\{E_1 \cap E_2\}}{\mathbb{P}\{E_1\}} = \pi_{12} \qquad (6.5)$$

dove E_1 è un evento relativo ad un gruppo di variabili e E_2 è un evento determinato da un altro insieme di variabili; non è necessario che ogni regola individuata faccia riferimento allo stesso numero di variabili. Ovviamente, per la valutazione numerica delle probabilità in questione, faremo poi uso delle frequenze relative degli stessi eventi, come osservate nei dati.

Supponiamo ad esempio, che `marmellata` sia la variabile indicatrice dell'acquisto di marmellata, e così via per altre variabili. Allora una semplice regola probabilistica è del tipo

$$\mathbb{P}\{\texttt{burro} = 1|\texttt{pane} = 1, \texttt{marmellata} = 1\} = 0{,}71 \qquad (6.6)$$

dove E_1 coinvolge due variabili indicatrici e E_2 una.

Da un insieme di dati, anche relativi ad un numero limitato di variabili, possiamo desumere moltissime regole, ma affinché sia utile una regola deve soddisfare varie condizioni.

⋄ Ovviamente una regola deve avere un alto grado di *fiducia*, cioè il valore π_{12} della (6.5) deve essere elevato, idealmente pari ad 1.

⋄ La regola deve inoltre potersi applicare ad un congruo numero di casi. Ad esempio, la regola (6.6) ha un buon livello di fiducia; però, se poi scopriamo che quasi nessuno compera sia pane che marmellata, allora è sostanzialmente inutile. Si chiede quindi che la regola abbia un elevato *supporto*, che è dato da $\mathbb{P}\{E_1\}$ nella (6.5). Talvolta si usa il termine supporto anche per riferirsi a $\mathbb{P}\{E_1 \cap E_2\}$.

⋄ Infine la regola deve essere 'interessante' per l'utilizzatore. La regola 'se l'individuo partorisce allora è femmina' ha grado di fiducia 1, e anche il supporto non è trascurabile, ma la regola non dice niente di interessante. Individuare che cosa sia 'interessante' non è sempre facile, perché coinvolge spesso aspetti specifici del problema sostanziale. Sono peraltro state fatte delle proposte per introdurre criteri quantitativi, come la 'misura J' che è sostanzialmente data dalla divergenza di Kullback-Leibler tra la distribuzione condizionata ($\mathbb{P}\{E_2|E_1\}$, $\mathbb{P}\{\bar{E}_2|E_1\}$) e quella non condizionata ($\mathbb{P}\{E_2\}$, $\mathbb{P}\{\bar{E}_2\}$), pesando la divergenza con $\mathbb{P}\{E_1\}$.

Resta ancora il problema di individuare operativamente le regole. Concettualmente il tipo di operazioni da compiere è elementare, dovendosi in linea di principio calcolare le frequenze empiriche di vari sottoinsiemi e selezionare poi quelli più utili, rispetto ai criteri indicati. Anche se le operazioni richieste sono semplicissime, la numerosità dei possibili eventi da considerare è sbalorditiva, anche quando il numero p di variabili non è elevatissimo; l'onere di calcolo procedendo per via diretta diventa pertanto ingestibile. Per questo compito viene in soccorso l'algoritmo APriori, sviluppato specificamente per questo problema, il quale è altamente efficiente e riesce a selezionare un insieme di regole associative in qualche modo interessanti ricorrendo solo ad un numero limitato di letture dei dati.

I risultati e le conclusioni così prodotti sono di natura piuttosto diversa da quanto discusso nei paragrafi precedenti in relazione ad altri metodi, per almeno due ordini di considerazioni.

⋄ L'esito finale non è un modello globale del comportamento complessivo del fenomeno, ma una selezione di aspetti particolari ritenuti interessanti. L'oggetto di studio rientra quindi nell'individuazione di *configurazioni significative* dei dati; cfr. § 1.1.2.

⋄ Le regole associative così selezionate non sono inquadrate entro un procedimento inferenziale, e quindi non abbiamo indicazioni circa il loro grado di generalizzabilità. Per una fissata proposizione non è difficile costruire un test statistico di significatività, ma il problema è che, in linea concettuale, noi effettuiamo una grande pluralità di tali test, e selezioniamo solo quelli più significativi. Operiamo quindi un procedimento di verifica d'ipotesi replicata, e questo altera completamente il livello di significatività effettiva, che alla fine è del tutto diverso da quello nominale.

Un'ultima osservazione riguarda l'ambito di applicazione delle regole associative. Come già detto, l'applicazione più classica riguarda l'analisi del paniere della spesa, ma le stesse tecniche sono rilevanti per altri utilizzi. Un esempio può essere costituito dall'analisi del testo, se pensiamo che la variabile indicatrice A_j indichi la presenza o meno in un certo frammento di testo del vocabolo j-mo di un vocabolario di p termini $(j = 1, \ldots, p)$.

Note bibliografiche

Un libro pionieristico sui metodi di raggruppamento è quello di Hartigan (1975). Un'altra lettura classica è Mardia et al. (1979, Capitolo 13), che seppure più concisa è comunque ben articolata. Un articolo che a suo tempo ha influenzato significativamente la formulazione del concetto di dissimilarità è quello di Gower (1971). Un libro relativamente più recente, con particolare enfasi sugli aspetti computazionali, è quello di Kaufman & Rousseeuw (1990). Un'altra fonte utile, in lingua italiana, è il libro di Zani (2000, Capitoli 4–5), che include una discussione articolata sulle misure di dissimilarità.

Per la metodologia dei modelli grafici un importante ruolo propulsivo è stato svolto dal libro di Whittaker (1990), che è ancor oggi un'ottima lettura. Due altri testi classici sono Lauritzen (1996) e Cox & Wermuth (1998), il primo dei quali è di natura prettamente matematica, mentre il secondo dà più spazio agli aspetti applicativi. Gli utilizzo di modelli grafici a problemi riconducibili all'ambito del *data mining* sono ormai numerosi e ne menzioniamo solo alcuni: il problema di *credit scoring* a cui si riferisce la Figura 6.6 è trattato nel già citato lavoro di Hand et al. (1997); un problema applicativo simile è trattato da Stanghellini (2003); un'altra applicazione è sviluppata da Passerone (2000) e riassunta da Giudici (2001, capitolo 13).

Una maggiore approfondimento sulle regole associative si può conseguire dalla lettura di Hand et al. (2001, capitolo 13). L'algoritmo APriori è stato sviluppato da Agrawal et al. (1996), integrando lavori precedenti degli stessi autori.

A

Complementi di matematica e statistica

A.1 Nozioni di algebra lineare

Si dice 'matrice' una tabella di elementi tutti dello stesso insieme, organizzata in un certo numero di righe e colonne; l'insieme cui gli elementi appartengono può essere qualunque, ma comunemente ed anche nel nostro caso è quello dei numeri reali. Una matrice A ha dimensione $m \times n$ se ha m righe e n colonne; per brevità diremo anche che A è una matrice $m \times n$ e scriveremo $A = (a_{ij})$, dove l'elemento tra le parentesi indica il generico elemento di A.

La matrice trasposta di A, ottenuta scambiandone righe e colonne, sarà indicata con $A^\top$. Una matrice v di dimensione $n \times 1$ è detta vettore (colonna) di dimensione n o, equivalentemente, vettore $n \times 1$ e scriveremo $v \in \mathbb{R}^n$; analogamente una matrice di dimensione $1 \times n$ è detta vettore riga.

Indicheremo con I_n la matrice identità di ordine n, con 1_n il vettore $n \times 1$ avente tutti gli elementi pari a 1 e con 0 una matrice di zeri (le cui dimensioni saranno chiare dal contesto).

Se A è una matrice quadrata di ordine n, cioè una matrice $n \times n$, useremo la seguente terminologia e notazione:

i) A è simmetrica se $A^\top = A$;

ii) $\det(A)$ indica il determinante di A; vale la proprietà $\det(A\,B) = \det(A)\,\det(B)$;

iii) se $\det(A) \neq 0$ diremo che A è non singolare e per essa esiste la matrice inversa A^{-1} tale che $A\,A^{-1} = A^{-1}\,A = I_n$; inoltre $(A^\top)^{-1} = (A^{-1})^\top$ e $(A\,B)^{-1} = B^{-1}\,A^{-1}$ se ambedue le inverse esistono;

iv) A è semidefinita positiva se è simmetrica e tale che $u^\top A u \geq 0$ per ogni vettore $u \in \mathbb{R}^n$ non nullo; in tale caso scriveremo $A \geq 0$; inoltre useremo la scrittura $A \geq B$ per indicare che $A - B \geq 0$;

v) A è definita positiva se è simmetrica e tale che $u^\top A u > 0$ per ogni vettore $u \in \mathbb{R}^n$ non nullo; in tale caso scriveremo $A > 0$; inoltre useremo la scrittura $A > B$ per indicare che $A - B > 0$;

vi) A è ortogonale se la sua trasposta coincide con la sua inversa, cioè $A^\top = A^{-1}$; in tale caso $\det(A) = \pm 1$;

vii) $\mathrm{tr}(A)$ è la traccia di A, cioè la somma degli elementi sulla diagonale principale; vale la proprietà $\mathrm{tr}(AB) = \mathrm{tr}(BA)$, per due matrici A e B, anche non quadrate, ammesso che ambedue i prodotti AB e BA siano possibili;

viii) A è idempotente se $A = A^2$; per una matrice idempotente il rango è pari alla traccia, cioè $\mathrm{rg}(A) = \mathrm{tr}(A)$;

ix) A è una matrice diagonale se tutti gli elementi fuori dalla diagonale principale sono nulli; scriveremo anche che $A = \mathrm{diag}(a_1, \dots, a_n)$ dove $(a_1, \dots, a_n)$ sono gli elementi della diagonale principale;

x) vale il cosiddetto *lemma di inversione di matrice*

$$(A + BCD)^{-1} = A^{-1} - A^{-1}B(C^{-1} + DA^{-1}B)^{-1}DA^{-1} \qquad (A.1)$$

quando le dimensioni delle matrici sono tali da consentire i prodotti e le matrici inverse richieste esistono; in particolare, se b e d sono vettori e $c = 1$ scalare, la (A.1) diventa

$$(A + bd^\top)^{-1} = A^{-1} - \frac{1}{1 + d^\top A^{-1}b}A^{-1}bd^\top A^{-1} \qquad (A.2)$$

detta *formula di Sherman–Morrison*.

A.2 Nozioni di calcolo delle probabilità

A.2.1 Variabili casuali multiple

Se $X_1, \dots, X_p$ sono variabili casuali (v.c.) definite sullo stesso spazio di probabilità, allora il vettore

$$X = \begin{pmatrix} X_1 \\ X_2 \\ \vdots \\ X_p \end{pmatrix}$$

costituisce una *variabile casuale multipla*. Il valore medio di X è definito come vettore dei valori medi delle componenti, se tutti questi esistono, cioè si definisce

$$\mathbb{E}\{X\} = \begin{pmatrix} \mathbb{E}\{X_1\} \\ \mathbb{E}\{X_2\} \\ \vdots \\ \mathbb{E}\{X_p\} \end{pmatrix}$$

e la *matrice di varianza* (o matrice di dispersione) è definita come

$$\mathrm{var}\{X\} = \begin{pmatrix} \mathrm{var}\{X_1\} & \mathrm{cov}\{X_1, X_2\} & \dots & \mathrm{cov}\{X_1, X_p\} \\ \mathrm{cov}\{X_2, X_1\} & \mathrm{var}\{X_2\} & \dots & \mathrm{cov}\{X_2, X_p\} \\ \vdots & \vdots & \ddots & \vdots \\ \mathrm{cov}\{X_p, X_1\} & \mathrm{cov}\{X_p, X_2\} & \dots & \mathrm{var}\{X_p\} \end{pmatrix}$$

supponendo l'esistenza di ogni elemento della matrice. In realtà l'esistenza degli elementi sulla diagonale principale è sufficiente a garantire l'esistenza di tutti gli altri, come si può verificare per esercizio. Si noti che $\mathrm{var}\{X\}$ è una matrice simmetrica e che $\mathrm{var}\{X_i\}$ è una scrittura equivalente a $\mathrm{cov}\{X_i, X_i\}$.

La matrice che si ottiene dividendo il generico termine $\mathrm{cov}\{X_i, X_j\}$ per il prodotto dei rispettivi scarti quadratici medi, $\sqrt{\mathrm{var}\{X_i\}} \times \sqrt{\mathrm{var}\{X_j\}}$, è detta *matrice di correlazione*.

Se $\mathrm{var}\{X\}$ è una matrice diagonale diremo che X è a componenti incorrelate.

A.2.2 Alcune proprietà generali

Enunciamo qui alcune semplici proprietà del valor medio e della matrice di varianza di variabili casuali multiple; per le dimostrazioni si veda ad esempio Azzalini (2001, Appendice A.4). Per tutto questo paragrafo poniamo $X = (X_1, \dots, X_p)^\top$, con $\mathbb{E}\{X\} = \mu$, $\mathrm{var}\{X\} = V$.

Lemma A.2.1 *Sia $A = (a_{ij})$ una matrice $n \times p$ e $b = (b_1, \dots, b_q)^\top$ un vettore $q \times 1$; definiamo*

$$Y = AX + b.$$

Allora si ha che

i) $\mathbb{E}\{Y\} = A\mu + b$,
ii) $\mathrm{var}\{Y\} = A V A^\top$.

Lemma A.2.2 *La matrice di varianza $V = \mathrm{var}\{X\}$ è semidefinita positiva, e inoltre è definita positiva se non esiste alcun vettore non nullo b tale per cui $b^\top X$ abbia distribuzione degenere.*

Lemma A.2.3 *Se $\mathrm{var}\{X\} = V > 0$ allora esiste una matrice quadrata C di ordine p tale che $Y = CX$ ha componenti incorrelate a varianza unitaria, cioè $\mathrm{var}\{Y\} = I_p$.*

Lemma A.2.4 *Sia $A = (a_{ij})$ una matrice quadrata di ordine p. Allora*

$$\mathbb{E}\{X^\top A X\} = \mu^\top A \mu + \mathrm{tr}(AV).$$

A.2.3 Distribuzione normale multipla

Vogliamo estendere il concetto di distribuzione normale dal caso scalare a quello p-dimensionale. Nel caso multidimensionale la distribuzione normale, o gaussiana, gioca un ruolo fondamentale, anche più rilevante di quanto non abbia nel caso scalare.

Quanto segue è una motivazione 'costruttiva' della definizione, corredata da alcune proprietà. Per uno sviluppo più dettagliato si veda ad esempio Azzalini (2001, Appendice A.5) o, per una esposizione ulteriormente più approfondita, Mardia et al. (1979, Capitoli 2 e 3).

Siano $Z_1, \ldots, Z_p$ variabili casuali $N(0,1)$ indipendenti, allora il vettore $Z = (Z_1, \ldots, Z_p)^\top$ rappresenta una v.c. multipla che possiamo ragionevolmente considerare come un primo caso di variabile normale nel caso multiplo. La distribuzione di Z è peraltro molto specifica, e noi vogliamo introdurre una classe ben più ampia, mantenendo peraltro le proprietà della distribuzione semplice.

Nel caso semplice, la classe delle distribuzioni normali può essere generata da trasformazioni del tipo $X_0 = \mu + \sigma Z_0$, se $Z_0 \sim N(0,1)$. L'analoga operazione nel caso p-dimensionale è del tipo

$$X = \mu + \Sigma^{1/2} Z$$

dove $\mu \in \mathbb{R}^p$ e $\Sigma^{1/2}$ matrice $p \times p$ di rango pieno.

La funzione di densità di probabilità di Z è data dal prodotto di p repliche della densità $N(0,1)$. Da questa, applicando le note regole per il calcolo delle distribuzioni di trasformate di variabili casuale, otteniamo la funzione di densità di X

$$p(x) = \frac{1}{(2\pi)^{p/2} \det(\Sigma)^{1/2}} \exp\left\{ -\tfrac{1}{2}(x-\mu)^\top \Sigma^{-1}(x-\mu) \right\} \qquad \text{(A.3)}$$

per $x \in \mathbb{R}^p$.

Poniamo allora *per definizione* che una v.c. X con distribuzione del tipo (A.3) è detta avere distribuzione normale (o gaussiana) multipla p-dimensionale di parametri μ e $\Sigma = \Sigma^{1/2} (\Sigma^{1/2})^\top$, e in corrispondenza adottiamo la notazione

$$X \sim N_p(\mu, \Sigma).$$

Si ammette anche il caso in cui Σ sia di rango non pieno anche se la nostra costruzione si è sviluppata nel caso di rango pieno.

La famiglia di distribuzioni normali multiple gode di numerosissime proprietà formali che rendono particolarmente vantaggioso il suo utilizzo come modello probabilistico. Alcune delle più semplici, già implicite in quanto detto finora, sono elencate di seguito.

(a) Le curve di equidensità di $p(x)$ sono *ellissi* di equazione

$$(x-\mu)^\top \Sigma^{-1}(x-\mu) = \text{costante}.$$

(b) Se Σ è una matrice diagonale, le componenti di X sono, non solo incorrelate, ma anche indipendenti, come si evince immediatamente dall'espressione di $p(x)$.

(c) Siccome $\mathbb{E}\{Z\} = 0$ e $\mathrm{var}\{Z\} = I_p$, allora dal Lemma A.2.1 otteniamo immediatamente che

$$\mathbb{E}\{X\} = \mu, \qquad \mathrm{var}\{X\} = \Sigma.$$

Per meglio cogliere la natura della distribuzione, è utile ispezionare la Figura A.1, che si riferisce al caso con $p = 2$. Il pannello di sinistra mostra alcune curve di livello della densità di probabilità di Z, le quali sono circonferenze dato che la sua matrice di varianza è l'identità. Lo stesso pannello mostra anche la posizione di un campione casuale di 100 elementi di Z. Il pannello di

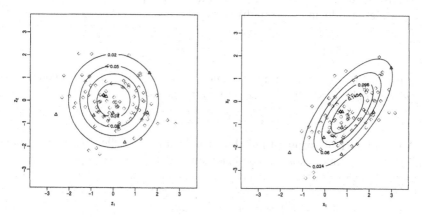

Figura A.1. Densità normale doppia, a sinistra quella della variabile Z a componenti indipendenti $N(0,1)$ e a destra quella della sua trasformazione (A.4)

destra si riferisce alla variabile trasformata

$$X = \begin{pmatrix} 1 \\ -\frac{1}{2} \end{pmatrix} + \begin{pmatrix} 0.9 & 0.4 \\ 0.4 & 1.1 \end{pmatrix} Z \sim N_2\left(\begin{pmatrix} 1 \\ -\frac{1}{2} \end{pmatrix}, \begin{pmatrix} 0.97 & 0.80 \\ 0.80 & 1.37 \end{pmatrix}\right) \qquad (A.4)$$

e ne mostra le curve di livello della densità corrispondenti a quelle del pannello di sinistra. Ciò significa che le ellissi sulla destra rappresentano la deformazione delle circonferenze sulla sinistra secondo la trasformazione (A.4); il valore di densità associato a queste curve si modifica a seguito del fattore $\det(\Sigma)^{1/2}$ nella (A.3). Sul pannello di destra si trovano poi i punti campionari precedenti come modificati dalla trasformazione adottata. Alcuni dei punti sono contrassegnati da simboli diversi dalla maggioranza del campione per facilitare la identificazione dei punti corrispondenti nei due pannelli. L'inclinazione dell'asse principale delle ellissi riflette la presenza di correlazione tra le due componenti, che in questo caso vale $0,694 = 0,80/\sqrt{0,97 \times 1,37}$.

Tra le più importanti proprietà della famiglia delle distribuzioni normali multiple vi è quella di essere chiusa rispetto a trasformazioni affini, ivi incluse quelle che riducono la dimensione. Più precisamente, se $a \in \mathbb{R}^q$ e B una matrice $q \times p$, allora

$$Y = a + BX \sim N_q(a + B\mu, B\Sigma B^\top). \tag{A.5}$$

Questo fatto include il risultato particolare per cui la combinazione lineare scalare di componenti aventi distribuzione normale multipla ha distribuzione normale.

Come caso particolare della proprietà precedente abbiamo la chiusura della classe rispetto all'operazione di marginalizzazione, nel senso seguente. Suddividiamo le componenti di X in due insiemi, la prima di q e la seconda di $p - q$ componenti; per semplicità di notazione, supponiamo che il primo insieme corrisponda alle prime q componenti di X, ma questo non è essenziale. In altre parole introduciamo la suddivisione

$$X = \begin{pmatrix} X_1 \\ X_2 \end{pmatrix}, \quad \mu = \begin{pmatrix} \mu_1 \\ \mu_2 \end{pmatrix}, \quad \Sigma = \begin{pmatrix} \Sigma_{11} & \Sigma_{12} \\ \Sigma_{21} & \Sigma_{22} \end{pmatrix}$$

dove μ e Σ sono suddivise in modo concorde a quello di X. Allora come caso particolare della proprietà generale (A.5) abbiamo che

$$X_1 \sim N_q(\mu_1, \Sigma_{11}).$$

Vale poi anche la proprietà di chiusura della classe delle distribuzioni normali rispetto all'operazione di condizionamento, nel senso che per la distribuzione di X_1 condizionata al fatto che X_2 ha assunto un certo valore x_2 risulta che

$$(X_1|X_2 = x_2) \sim N_q(\mu_1 + \Sigma_{12}\Sigma_{22}^{-1}(x_2 - \mu_2), \Sigma_{11\cdot2}) \tag{A.6}$$

dove

$$\Sigma_{11\cdot2} = \Sigma_{11} - \Sigma_{12}\Sigma_{22}^{-1}\Sigma_{21}.$$

Al variare di x_2, il valore medio condizionato $\mu_1 + \Sigma_{12}\Sigma_{22}^{-1}(x_2 - \mu_2)$ rappresenta l'equazione di un piano, che è detto *piano di regressione*. La varianza condizionata $\Sigma_{11\cdot2}$ è minore (nel senso delle disuguaglianze tra matrici) di quella marginale Σ_{11}, con uguaglianza solo nel caso che Σ_{12} sia la matrice nulla, e inoltre tale varianza condizionata non dipende da x_2.

Sussistono poi varie connessioni tra la distribuzione normale multipla e la distribuzione χ^2, di cui la più semplice è data da

$$(X - \mu)^\top \Sigma^{-1}(X - \mu) = Z^\top Z \sim \chi_p^2.$$

Inoltre, se $X \sim N_p(\mu, I_p)$ e A è una matrice $p \times p$ simmetrica semidefinita positiva di rango q, allora

$$Q_1 = X^\top A X \sim \chi_q^2(\delta_1), \quad Q_2 = X^\top(I_p - A)X \sim \chi_{p-q}^2(\delta_2)$$

con parametri di non centralità $\delta_1 = \mu^\top A\mu$, $\delta_2 = \mu^\top(I_p - A)\mu$, e le due forme quadratiche Q_1 e Q_2 sono stocasticamente indipendenti.

A.3 Nozioni sui modelli lineari

A.3.1 Modello lineare e criterio dei minimi quadrati

Si suppone che la relazione tra una variabile risposta y e le variabili esplicative $x_1, \ldots, x_p$ sia del tipo

$$y = \beta_1 x_1 + \cdots + \beta_p x_p + \varepsilon \qquad (A.7)$$

dove ε è una componente, detta di *errore*, che esprime lo scarto tra le osservazioni empiriche e la componente sistematica $\beta_1 x_1 + \cdots + \beta_p x_p$, detta anche *predittore lineare*. I parametri di regressione $\beta_1, \ldots, \beta_p$ sono numeri reali e quindi, in assenza di vincoli sul modello, $\beta = (\beta_1, \ldots, \beta_p)^\top \in \mathbb{R}^p$.

Delle variabili $x_1, x_2, \ldots, x_p, y$ si dispone di un insieme di n osservazioni ($n \geq p$) che quindi soddisfano alle relazioni

$$y_i = \beta_1 x_{i1} + \cdots + \beta_p x_{ip} + \varepsilon_i, \qquad (i = 1, \ldots, n) \qquad (A.8)$$

e sulla base di quelle n repliche si vogliono stimare i parametri β ed effettuare altre operazioni inferenziali.

Si assume che la componente di errore ε sia una variabile casuale che, in successive osservazioni dal modello (A.7), è tale che

$$\mathbb{E}\{\varepsilon_i\} = 0, \qquad \mathrm{var}\{\varepsilon_i\} = \sigma^2, \qquad \mathrm{cov}\{\varepsilon_i, \varepsilon_j\} = 0 \quad \text{se } i \neq j, \qquad (A.9)$$

dove σ^2 è una valore positivo costante per tutte le replicazioni. Di conseguenza

$$\mu_i = \mathbb{E}\{Y_i\} = \beta_1 x_{i1} + \cdots + \beta_p x_{ip}, \qquad \mathrm{var}\{Y_i\} = \sigma^2$$

se Y_i rappresenta la variabile casuale che ha generato l'osservazione y_i.

La formulazione (A.7) è detta costituire un modello lineare, e le assunzioni (A.9) sono dette ipotesi del secondo ordine, dato che coinvolgono momenti fino al secondo ordine.

Per la stima dei parametri β sulla base delle n osservazioni campionarie, secondo le relazioni (A.8), è comunemente adottato il criterio dei minimi quadrati che seleziona i valori β che minimizza la somma degli scarti quadratici tra valori osservati e valori interpolati, cioè minimizza $Q(\beta)$ dato da

$$Q(\beta) = \sum_{i=1}^{n} \left(y_i - (\beta_1 x_{i1} + \cdots + \beta_p x_{ip}) \right)^2$$

dove ora l'ignoto β è trattato come una quantità libera di variare in $\mathbb{R}^p$.

Tutta la formulazione si presta ad una scrittura più agile e compatta in notazione matriciale. Formiamo quindi un vettore y ($y \in \mathbb{R}^n$) delle n osservazioni della variabile risposta, e lo stesso si faccia per ε. Analogamente formiamo una matrice X di dimensione $n \times p$ la cui j colonna è formata dalle n osservazioni sulla variabile x_j; assumiamo che la matrice X abbia rango pieno p. Allora possiamo riscrivere la (A.8) in forma matriciale compatta come

$$y = X\beta + \varepsilon$$

con ipotesi del secondo ordine date da

$$\mu = \mathbb{E}\{Y\} = X\beta, \quad \text{var}\{Y\} = \sigma^2 I_n$$

e il criterio dei minimi quadrati consiste nella soluzione del problema di minimo

$$\min_{\beta \in \mathbb{R}^p} D(\beta) \quad \text{dove} \quad D(\beta) = \|y - X\beta\|^2 .$$

L'esposizione che segue sintetizza quella di Azzalini (2001, Capitolo 5), a cui si rimanda per i dettagli mancanti.

A.3.2 La geometria dei minimi quadrati

Soffermiamoci ad analizzare le varie componenti in gioco dal punto di vista puramente geometrico, tralasciando per il momento gli aspetti statistici e probabilistici. Consideriamo i vettori $y, x_1, \ldots, x_p$ contenenti rispettivamente i valori della variabile risposta e delle p variabili esplicative come elementi dello spazio vettoriale $\mathbb{R}^n$.

Al variare di β (che è ignoto) in $\mathbb{R}^p$, l'espressione $X\beta = \beta_1 x_1 + \cdots + \beta_p x_p$ può essere vista come una combinazione lineare delle colonne $x_1, \ldots, x_p$ di X con coefficienti β, ovvero si tratta dell'equazione parametrica di un sottospazio di $\mathbb{R}^n$ generato *dalle colonne* di X. Tale sottospazio, che indicheremo con $\mathcal{C}(X)$, è uno spazio vettoriale su $\mathbb{R}$ con dimensione p. Vale infatti la proprietà che, se $X\beta \in \mathcal{C}(X)$ e $a \in \mathbb{R}$, anche $a(X\beta) = X(a\beta) \in \mathcal{C}(X)$; inoltre, se $X\beta$ e Xb sono due elementi di $\mathcal{C}(X)$, anche $X\beta + Xb = X(\beta + b) \in \mathcal{C}(X)$; si vede facilmente che valgono anche le altre proprietà degli spazi vettoriali.

Il modello (A.7-A.9) afferma allora che $\mu = \mathbb{E}\{Y\}$ giace in $\mathcal{C}(X)$ e il criterio dei minimi quadrati sceglie quel vettore di $\mathcal{C}(X)$ che minimizza la distanza euclidea tra il vettore y e lo spazio $\mathcal{C}(X)$. Indicheremo con $\hat{\mu} = X\hat{\beta}$ tale elemento di $\mathcal{C}(X)$, individuato da coefficienti $\hat{\beta} \in \mathbb{R}^p$. La situazione è illustrata dalla Figura A.2.

In base a noti risultati di geometria degli spazi vettoriali sappiamo che il vettore $\hat{\mu} \in \mathcal{C}(X)$ che minimizza la distanza da y è tale che

$$(y - X\hat{\beta}) \perp \mathcal{C}(X)$$

e ciò richiede l'ortogonalità di $(y - \hat{\mu})$ rispetto ai vettori che costituiscono la base di $\mathcal{C}(X)$, cioè bisogna che

$$(y - X\hat{\beta})^\top X = 0$$

ovvero

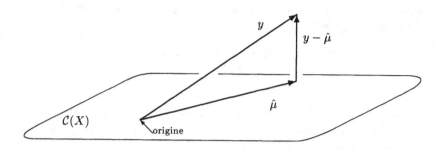

Figura A.2. Proiezione di y su $\mathcal{C}(X)$.

$$X^\top X \beta = X^\top y \qquad (A.10)$$

che sono dette *equazioni normali*.

L'inversione della matrice $X^\top X$ è legittima in quanto la condizione che X sia di rango p implica che $X^\top X$ è ancora di rango p. Pertanto abbiamo che il minimo di $D(\beta)$ si ha per β pari a

$$\hat{\beta} = (X^\top X)^{-1} X^\top y. \qquad (A.11)$$

Lo stesso risultato si può ottenere minimizzando $D(\beta)$ per via analitica invece che geometrica. A $\hat{\beta}$ resta associato il *vettore proiezione di y su $\mathcal{C}(X)$*,

$$\begin{aligned}
\hat{\mu} &= X\hat{\beta} \\
&= X(X^\top X)^{-1} X^\top y \\
&= Py \qquad (A.12)
\end{aligned}$$

dove $P = X(X^\top X)^{-1} X^\top$ è detta *matrice di proiezione su $\mathcal{C}(X)$*. Essa individua un operatore, associato alla matrice X, la cui funzione è appunto quella di proiettare un qualunque vettore $y \in \mathbb{R}^n$ trasformandolo in $Py \in \mathcal{C}(X)$ avente distanza minima da y. Si può verificare immediatamente che P è simmetrica e idempotente in quanto $P^2 = P$; questo significa che $Py = P(Py)$, ovvero proiettare una proiezione non ha effetto. Siccome ci tornerà utile nel seguito, notiamo fin d'ora che queste osservazioni implicano che

$$\mathrm{rg}(P) = \mathrm{tr}(P) = \mathrm{tr}((X^\top X)^{-1} X^\top X) = p.$$

Possiamo allora scomporre y in due componenti: la sua proiezione $\hat{\mu}$ su $\mathcal{C}(X)$ e la componente dei *residui* data dal vettore differenza

$$y - \hat{\mu} = y - X(X^\top X)^{-1}X^\top y = (I_n - P)y. \tag{A.13}$$

Queste due componenti sono tra loro ortogonali; anzi, $y - \hat{\mu}$ è ortogonale ad ogni elemento di $\mathcal{C}(X)$, non solo $\hat{\mu}$. Infatti, per un qualunque vettore $Xa \in \mathcal{C}(X)$, abbiamo che

$$\begin{aligned}(Xa)^\top(y - \hat{\mu}) &= (Xa)^\top(y - Py) \\ &= a^\top X^\top(y - X(X^\top X)^{-1}X^\top y) \\ &= 0. \end{aligned}$$

Anche $I_n - P$ è una matrice di proiezione: essa proietta gli elementi di $\mathbb{R}^n$ sullo spazio ortogonale a $\mathcal{C}(X)$. Con calcolo analogo a quello per il rango di P, otteniamo che $\mathrm{rg}(I_n - P) = n - p$.

L'ortogonalità tra il vettore proiezione e quello dei residui ha un immediato corollario: esplicitando la norma di $\hat{\mu} + (y - \hat{\mu})$ otteniamo

$$\|y\|^2 = \|\hat{\mu}\|^2 + \|y - \hat{\mu}\|^2 \tag{A.14}$$

che è una particolare versione del teorema di Pitagora in cui y gioca il ruolo di ipotenusa, $\hat{\mu}$ e $y - \hat{\mu}$ quello di cateti.

A.3.3 La statistica dei minimi quadrati

Veniamo ora allo studio dal punto di vista statistico delle entità introdotte nel paragrafo precedente. Ciò naturalmente comporta considerare le osservazioni y e la componente di errore come determinazioni della variabili casuali, rispettivamente Y e ε. Abbiamo allora che

$$\begin{aligned}\mathbb{E}\left\{\hat{\beta}\right\} &= \mathbb{E}\{(X^\top X)^{-1}X^\top Y\} \\ &= (X^\top X)^{-1}X^\top \mathbb{E}\{Y\} \\ &= PX\beta \\ &= \beta \end{aligned} \tag{A.15}$$

e quindi $\hat{\beta}$ è una stima non distorta di β; inoltre si ha che

$$\mathbb{E}\{\hat{\mu}\} = \mu.$$

Per la matrice di varianza delle stime abbiamo

$$\begin{aligned}\mathrm{var}\left\{\hat{\beta}\right\} &= (X^\top X)^{-1}X^\top \mathrm{var}\{Y\}\left((X^\top X)^{-1}X^\top\right)^\top \\ &= (X^\top X)^{-1}X^\top(\sigma^2 I_n)X(X^\top X)^{-1} \\ &= \sigma^2(X^\top X)^{-1} \end{aligned} \tag{A.16}$$

e

$$\mathrm{var}\{\hat{\mu}\} = X\,\mathrm{var}\left\{\hat{\beta}\right\}X^\top$$

$$= \sigma^2 X (X^\top X)^{-1} X^\top$$
$$= \sigma^2 P.$$

Ci siamo occupati finora solo della stima di β. Seppure in minor grado rispetto a β, siamo però anche interessati alla stima di σ^2. Il criterio dei minimi quadrati non dice come procedere a questo punto. Siccome per il generico termine ε_i abbiamo $\mathbb{E}\{\varepsilon_i^2\} = \sigma^2$, è ragionevole stimare σ^2 con la media aritmetica degli $\hat{\varepsilon}_i^2$, dove $\hat{\varepsilon}_i$ è la generica componente del vettore dei residui

$$\hat{\varepsilon} = y - \hat{\mu}$$

e quindi consideriamo

$$\hat{\sigma}^2 = \frac{\sum_i \hat{\varepsilon}_i^2}{n} = \frac{\|\hat{\varepsilon}\|^2}{n} \tag{A.17}$$

come stima di σ^2. Notiamo che questa espressione si può riscrivere in svariate altre forme tenendo presente le relazioni

$$\begin{aligned}
\|\hat{\varepsilon}\|^2 &= D(\hat{\beta}) \\
&= (y - \hat{\mu})^\top (y - \hat{\mu}) \\
&= y^\top (I_n - P)^\top (I_n - P) y \\
&= y^\top (I_n - P) y = \varepsilon^\top (I_n - P) \varepsilon \\
&= y^\top y - y^\top X \hat{\beta}.
\end{aligned}$$

Per il calcolo del valore medio della (A.17) abbiamo allora che

$$\begin{aligned}
\mathbb{E}\{n\hat{\sigma}^2\} &= \mathbb{E}\{y^\top (I_n - P) y\} \\
&= \mu^\top (I_n - P)\mu + \mathrm{tr}((I_n - P)\sigma^2 I_n) \\
&= \sigma^2 (n - p), \tag{A.18}
\end{aligned}$$

tenendo conto del Lemma A.2.4. Il termine $\mu^\top (I_n - P)\mu$ è nullo, perché $I_n - P$ proietta sullo spazio ortogonale a $\mathcal{C}(X)$ dove giace μ e quindi

$$(I_n - P)\mu = (I_n - X(X^\top X)^{-1} X^\top) X \beta = 0.$$

Pertanto $\hat{\sigma}^2$ è soggetto ad una distorsione, che si annulla per $n \to \infty$. Se si vuole una stima non distorta per σ^2, si utilizza la varianza residua corretta

$$s^2 = \hat{\sigma}^2 \frac{n}{n - p} = \frac{\|y - \hat{\mu}\|^2}{n - p}. \tag{A.19}$$

A.3.4 Stime vincolate

Vogliamo ora considerare il problema della stima di β quando sui coefficienti di β sono presenti dei vincoli lineari, cioè β sia tale che

$$H\beta = 0 \qquad\qquad (A.20)$$

dove H è una matrice $q \times p$ (con $q \leq p$) di rango q formata da costanti specificate. La soluzione di questo problema di stima vincolata ci sarà particolarmente utile quando considereremo verifiche d'ipotesi sulle componenti di β, ma esso è anche di interesse autonomo.

Consideriamo anzitutto il significato geometrico della condizione $H\beta = 0$: essa impone che il vettore μ giaccia nel sottoinsieme di $\mathcal{C}(X)$ che soddisfa appunto le q condizioni specificate da $H\beta = 0$. Tale sottoinsieme costituisce un *sottospazio vettoriale* di dimensione $p-q$ dello spazio $\mathcal{C}(X)$, diciamo $\mathcal{C}_0(X)$, come è illustrato dalla Figura A.3.

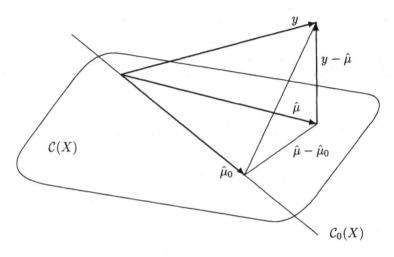

Figura A.3. Proiezione di y su $\mathcal{C}(X)$ e sul sottospazio $\mathcal{C}_0(X)$.

Per ottenere il minimo vincolato di $D(\beta)$ dobbiamo minimizzare

$$D^*(\alpha, \beta) = (y - X\beta)^\top (y - X\beta) + 2(H\beta)^\top \alpha,$$

dove α è un vettore di moltiplicatori di Lagrange, con il vincolo (A.20). Dopo alcuni sviluppi algebrici si arriva alla soluzione

$$\hat{\beta}_0 = \hat{\beta} - (X^\top X)^{-1} H^\top K H \hat{\beta}. \qquad (A.21)$$

dove

$$K = \{H(X^\top X)^{-1} H^\top\}^{-1} \qquad (A.22)$$

La corrispondente proiezione di y su $\mathcal{C}_0(X)$ è data da

$$\begin{aligned}
\hat{\mu}_0 &= X\hat{\beta}_0 \\
&= \hat{\mu} - X(X^\top X)^{-1} H^\top K H \hat{\beta} \\
&= (P - P_H)y = P_0 y
\end{aligned}$$

avendo posto

$$P_H = X(X^\top X)^{-1} H^\top K H (X^\top X)^{-1} X^\top, \qquad (A.23)$$
$$P_0 = P - P_H.$$

Consideriamo le conclusioni cui siamo arrivati finora. Disponiamo di una nuova matrice di proiezione P_0 la quale proietta un generico vettore di $\mathbb{R}^n$ sullo spazio $C_0(X)$. Applicando tale matrice di proiezione ad y otteniamo $\hat{\mu}_0$, il quale per costruzione è l'elemento di $C_0(X)$ che ha minima distanza da y. È inoltre facile verificare le seguenti ulteriori proprietà.

◇ Il vettore $y - \hat{\mu}_0$ è ortogonale ad ogni elemento di $C_0(X)$. Infatti, sia Xc un elemento di $C(X)$ tale che $Hc = 0$; allora si ha che $(y - \hat{\mu}_0)^\top Xc = 0$. In particolare

$$(y - \hat{\mu}_0) \perp \hat{\mu}_0.$$

◇ La proiezione di $y - \hat{\mu}_0$ su $C(X)$ è $P(y - \hat{\mu}_0) = \hat{\mu} - \hat{\mu}_0$ la quale è tale che

$$\hat{\mu} - \hat{\mu}_0 \perp \hat{\mu}_0.$$

In definitiva siamo arrivati a individuare la scomposizione

$$y = \hat{\mu}_0 + (\hat{\mu} - \hat{\mu}_0) + (y - \hat{\mu})$$

dove i tre addendi del termine di destra sono tra loro ortogonali e quindi consentono di scrivere

$$\|y\|^2 = \|\hat{\mu}_0\|^2 + \|\hat{\mu} - \hat{\mu}_0\|^2 + \|y - \hat{\mu}\|^2 \qquad (A.24)$$

che è un'estensione della (A.14).

A.3.5 Ipotesi di normalità

Se alle ipotesi del secondo ordine, formulate al § A.3.1 circa la distribuzione del vettore casuale della componente di errore aggiungiamo quella di normalità per cui

$$\varepsilon \sim N_n(0, \sigma^2 I_n)$$

possiamo ottenere risultati più stringenti per le proprietà distributive delle quantità inferenziali viste sopra. Innanzitutto segue immediatamente che

$$Y \sim N_n(X\beta, \sigma^2 I_n)$$

e da qui abbiamo

$$\hat{\beta} \sim N_p(\beta, \sigma^2 I_p).$$

Peraltro il significato di $\hat{\beta}$ cambia, nel senso che esso può essere visto come stima di massima verosimiglianza oltre che discendere dal criterio dei minimi quadrati. Infatti la massimizzazione della funzione di verosimiglianza corrisponde alla massimizzazione rispetto a β del termine entro $\exp(\cdot)$ della (A.3) se si pone $\mu = X\beta$, e questo coincide con la minimizzazione di $D(\beta)$.

Anche le componenti di proiezione e di errore di Y hanno distribuzione normale, essendo che

$$\hat{Y} = PY \sim N_n(PX\beta,\ \sigma^2 P),$$
$$\hat{\varepsilon} = (I_n - P)Y \sim N_n((I_n - P)X\beta,\ \sigma^2(I_n - P))$$

per cui si possono applicare i risultati per forme quadratiche di variabili casuali normali richiamati al § A.2.3. Segue quindi che

$$\hat{Y}^\top \hat{Y} \sim \sigma^2 \chi_p^2(\delta), \qquad \|\hat{\varepsilon}\|^2 \sim \sigma^2 \chi_{n-p}^2,$$

dove il parametro di non centralità vale $\delta = \beta^\top X^\top X\beta$ e le due forme quadratiche sono indipendenti.

Questo fatto stabilisce quindi le proprietà distributive della scomposizione della variabilità totale $Y^\top Y$ nelle due componenti di errore $\|\hat{\varepsilon}\|^2$ e di regressione $\hat{Y}^\top \hat{Y}$. In base a queste proprietà è possibile stabilire la distribuzione del test F connesso alla tabella dell'analisi della varianza.

La somma dei quadrati della componente di regressione $\hat{Y}^\top \hat{Y}$ viene poi ulteriormente scomposta in componenti individuali, per ciascuna variabile esplicativa, con corrispondente scomposizione dei gradi di libertà.

B

Raccolte di dati

I dati usati nel testo sono descritti qui di seguito e disponibili all'indirizzo Web

http://azzalini.stat.unipd.it/Libro-DM/

B.1 Dati simulati

Alcuni dei dati utilizzati sono stati ottenuti mediante simulazione di numeri pseudo-casuali; questi sono come segue.

(a) Questi sono stati denominati come 'dati di ieri e di domani' al Capitolo 3 e poi utilizzati anche al § 4.6. Si tratta di una tabella con 30 righe (oltre a quella dei nomi delle variabili) e 3 colonne, contenti le variabili x, y.ieri, y.domani, in una terminologia dal significato evidente.

(b) Al Capitolo 5 sono stati utilizzati dati relativi a tre classi, di numerosità rispettiva 120, 80, 100. La tabella dei dati contiene 300 righe (oltre a quella dei nomi delle variabili) e 3 colonne, relative a due variabili esplicativa, z_1 e z_2, e ad un indicatore di classe. Alcuni degli esempi numerici del Capitolo 5 fanno riferimento ai dati delle prime due classi.

(c) Al § 6.1 sono stati utilizzati due raccolte di dati, denominate C1 e C2, ciascuna con due variabili, rispettivamente di 250 e 100 punti.

B.2 Dati delle auto

I dati delle auto, utilizzati in prima istanza al §, 2.1.1, e poi successivamente nel § 2.1 e nel Capitolo 4, sono stati ottenuti da una semplice manipolazione di dati originari che si riferiscono a caratteristiche di 203 modelli di automobili importati negli USA nel 1985. I dati originari sono disponibili da

ftp://ftp.ics.uci.edu/pub/machine-learning-databases/autos

e la loro elaborazione da parte nostra consiste semplicemente nella traduzione dei termini, nella conversione delle unità di misura, nella elimininazione di alcune delle variabili originarie, e nella correzione di alcuni nomi di marche. Le nuove variabili sono come segue.

variabile	descrizione
marca	casa produttrice (fattore, 22 livelli)
alimentazione	tipo di alimentazione del motore (fattore, 2 livelli)
aspirazione	tipo di aspirazione del motore (fattore, 2 livelli)
carrozzeria	tipo di carrozzeria (fattore, 5 livelli)
trazione	tipo di trazione (fattore, 3 livelli)
posiz.motore	posizione del motore (fattore, 2 livelli)
dist.assi	distanza tra gli assi (cm)
lunghezza	lunghezza (cm)
larghezza	larghezza (cm)
altezza	altezza (cm)
peso	peso (kg)
cilindrata	cilindrata (l)
compressione	rapporto di compressione
HP	cavalli motore
giri.max	numero di giri massimi del motore al minuto
percorr.urbana	percorrenza urbana (km/l)
percorr.strada	percorrenza extra urbana (km/l)
N.cilindri	numero di cilindri

B.3 Dati della banca brasiliana

I dati realtivi alla banca brasiliana, utilizzati al §2.3.3 e al §2.4, sono stati ottenuti da una semplice manipolazione di dati originari che si riferiscono ad una indagine di rilevazione della soddisfazione dei clienti di una banca brasiliana. Per 500 soggetti, selezionati casualmente tra i clienti della banca, sono disponibili alcune informazioni ottenute tramite una ricerca di mercato.

Alcune variabili caratterizzano il cliente e la sua soddisfazione sono:

variabile	descrizione
id	identificativo del cliente
satisfaction	indice di soddisfazione (fattore: 4 livelli)
education	livello di istruzione (fattore: 5 livelli)
age	età (anni)
gender	sesso
car	indicatore di possesso di auto
phone	indicatore di possesso di telefono
fax	indicatore di possesso di fax
pc	indicatore di possesso di PC
pincome	reddito annuo (Real brasiliani)
ok	indice di soddisfazione (fattore: 2 livelli)

Ai clienti è stato inoltre chiesto di quali prodotti della banca fossero in possesso ed eventuale possesso di analoghi prodotti forniti da banche concorrenti. I nomi delle variabili riguardanti i prodotti della banca che ha commissionato l'indagine terminano con il numero $n = 1$, mentre i nomi delle analoghe variabili che si riferiscono alle altre banche terminano con il numero $n = 2$. Di seguito è la lista di prodotti rilevati.

savings$n$	installment.loan$n$
creditcard$n$	investment.fund$n$
atmcard$n$	commodities.fund$n$
cd$n$	annuities.fund$n$
specialchecking$n$	car.insurance$n$
auto.bill.payment$n$	home.insurance$n$
personal.loans$n$	life.insurance$n$
mortgage$n$	

B.4 Dati di clienti di telefonia

I dati relativi ai clienti della telefonia, utilizzati al § 4.8, e poi successivamente nel Capitolo 5 nei due esempi di § 5.9, sono stati ottenuti da una semplice manipolazione di dati originari che si riferiscono a caratteristiche di 30.619 clienti di una compagnia telefonica europea con contratto post-pagato. I clienti per entrare nell'insieme dovevano essere attivi nei 10 mesi consecutivi a cui si riferiscono i dati e convenzionalmente indicati con i numeri da 1 a 10 ($nn = 01, \ldots, 10$).

La elaborazione dai dati originali consiste semplicemente nella traduzione dei termini e nella elimininazione di alcune delle variabili originarie. Per questi clienti sono a disposizione le variabili:

◇ variabili caratteristiche del cliente e del contratto con la compagnia

variabile	descrizione
ID	identificativo del cliente
piano.tariff	piano tariffario del cliente (fattore, 5 livelli)
metodo.pagamento	metodo di pagamento (fattore, 3 livelli:
	c/c postale, carta di credito, domicil. bancaria)
sesso	sesso del cliente (fattore, 3 livelli:
	M-maschio, F-femmina, B-persona giuridica)
etacl	età (anni)
zona.attivaz	zona geografica di attivazione (fattore, 4 livelli)
canale.attivaz	canale di vendita per attivazione (fattore, 8 livelli)
vas1	presenza di un primo servizio a valore aggiunto
vas2	presenza di un secondo servizio a valore aggiunto

◊ variabili relative al traffico nei 10 mesi disponibili. Per ciascun mese, indicato dalla prima parte del nome della variabile (q01, q02,..., q10) sono disponibili le seguenti variabili:

variabile	descrizione
qnn.out.ch.peak	numero totale mensile di chiamate in uscita nelle ore in cui la tariffa è più elevata
qnn.out.dur.peak	durata totale mensile delle chiamate in uscita nelle ore in cui la tariffa è più elevata
qnn.out.val.peak	valore totale mensile delle chiamate in uscita nelle ore in cui la tariffa è più elevata
qnn.out.ch.offpeak	numero totale mensile di chiamate in uscita nelle ore in cui la tariffa è meno elevata
qnn.out.dur.offpeak	durata totale mensile delle chiamate in uscita nelle ore in cui la tariffa è meno elevata
qnn.out.val.offpeak	valore totale mensile delle chiamate in uscita nelle ore in cui la tariffa è meno elevata
qnn.in.ch.tot	numero totale mensile di chiamate in entrata
qnn.in.dur.tot	durata totale mensile delle chiamate in entrata
qnn.ch.sms	numero totale mensile di SMS inviati
qnn.ch.cc	numero mensile di chiamate al Servizio di Assistenza Clienti

◊ La variabile status che è la variabile indicatrice dell'eventuale disattivazione nel tredicesimo mese, cioè due mesi dopo l'ultimo mese di cui è disponibile il traffico (fattore, 2 livelli: 1–disattivo, 0–attivo).

B.5 Dati sulla scelta del succo di frutta

I dati sugli acquisti di succhi di frutta sono stati presentati da Foster et al. (1998, Capitolo 11) e sono disponibili attraverso il sistema di distribuzione di informazione statistica `StatLib` all'indirizzo

`http://lib.stat.cmu.edu/`

I dati si riferiscono a 1070 acquisti di succhi di frutta di due marche alternative (MM e CH) in alcuni supermercati USA, corredati da alcune variabili concomitanti. I dati utilizzati nel Capitolo 5 sono stati leggermente rielaborati, nel senso che i nomi delle variabili sono stati tradotti e sono state escluse alcune caratteristiche poco rilevanti. La tabella dei dati risultanti è organizzata come segue.

variabile	descrizione
scelta	marca prescelta (fattore, con due livelli)
id.cliente	identificativo del cliente
settimana	identificativo della settimana di acquisto
prezzoCH	prezzo di riferimento per la marca CH (USD)
prezzoMM	prezzo di riferimento per la marca MM (USD)
scontoCH	sconto applicato per il prodotto CH (USD)
scontoMM	sconto applicato per il prodotto MM (USD)
fedeleCH	indicatore di fedeltà per il prodotto CH
fedeleMM	indicatore di fedeltà per il prodotto MM
negozio	identificativo del negozio (fattore, con 5 livelli)

La variabile `fedeleMM` viene costruita partendo dal valore 0,5 e aggiornandola ad ogni acquisto del medesimo cliente, con valore che aumenta del 20% della corrente differenza tra il valore corrente e 1 se la sua scelta è stata MM, e cala del 20% della corrente differenza tra il valore corrente e 0 nel caso contrario. La corrispondente variabile `fedeleCH` è data da 1 − `fedeleMM`. I negozi in esame sono cinque, numerati da 0 a 4.

C

Sigle e simboli

CART®	Classification And Regression Trees
CRM	Customer Relationship Management
DWH	Data WareHouse
KDD	Knowledge Discovery in Data-bases
GAM	Generalized Additive Model
GCV	Generalized Cross Validation
g. d. l.	gradi di libertà
GLM	Generalized Linear Model
LDA	Linear Discriminant Analysis
QDA	Quadratic Discriminant Analysis
MARS	Multivariate Adaptive Regression Splines
OLAP	OnLine Analytical Processing
OLTP	OnLine Transaction Processing
ROC	Receiver Operating Characteristic
SQL	Structured Query Language
SVM	Support Vector Machine
v. c.	variabile casuale (o variabili casuali)
$\det(\cdot)$	determinante di una matrice
D	devianza
L	funzione di verosimiglianza
$\ell(x)$	la funzione logistica $e^x/(1+e^x)$
$\mathbb{E}\{\cdot\}$	valore medio di una variabile casuale
$\text{var}\{\cdot\}$	varianza (o matrice di varianza) di una variabile casuale
$\|\cdot\|$	la norma euclidea
$\mathbb{R}, \mathbb{R}^p$	l'insieme dei numeri reali, lo spazio euclideo p-dimensionale
$I(x)$	la funzione indicatrice 0–1 del predicato logico x
I_A	l'insieme di variabili indicatrici del fattore A
I_n	la matrice identità di ordine n
1_n	il vettore $n \times 1$ di elementi tutti 1

Riferimenti bibliografici

Afifi, A. A. & Clark, V. (1990). *Computer-aided multivariate analysis*. Van Nostrand Reinhold, II edition.

Agrawal, R., Mannila, H., Srikant, R., Toivonen, H., & Verkamo, A. I. (1996). Fast discovery of association rules. In U. M. Fayyad, G. Piatetsky-Shapiro, P. Smyth, & R. Uthurusamy (Eds.), *Advances in Knowledge Discovery and Data Mining* (pp. 307–328).: AAAI Press.

Akaike, H. (1973). Information theory as an extension of the maximum likelihood principle. In B. N. Petrov & F. Csaki (Eds.), *Second Internationa Symposium on Information Theory* (pp. 267–281). Budapest: Akademiai Kiado.

Atkinson, K. E. (1988). *An introduction to numerical analysis*. New-York: John Wiley & Sons, II edition.

Azzalini, A. (2001). *Inferenza statistica – una presentazione basata sul concetto di verosimiglianza*. Springer-Verlag Italia, II edition.

Berry, M. J. A. & Linoff, G. (1997). *Data mining techniques : for marketing, sales, and customer support*. John Wiley & Sons.

Bowman, A. W. & Azzalini, A. (1997). *Applied smoothing techniques for data analysis: the kernel approach with S-Plus illustrations*. Oxford University Press.

Breiman, L. (1996). Bagging predictors. *Machine Learning*, 24, 123–140.

Breiman, L. (2001a). Random forests. *Machine Learning*, 45, 5–32.

Breiman, L. (2001b). Statistical modeling: The two cultures. *Statistical Science*, 16(3), 199–215.

Breiman, L., Friedman, J. H., Olshen, R. A., & Stone, C. J. (1984). *Classification and regression trees*. Wadsworth Publishing Co.

Burnham, K. P. & Anderson, D. R. (2002). *Model selection and multimodel inference: a practical information-theoretic approach*. Springer-Verlag, II edition.

Cook, R. D. & Weisberg, S. (1999). *Applied regression including computing and graphics*. John Wiley & Sons.

Cox, D. R. (1997). The current position of statistics: A personal view. *International Statistical Review*, 65, 261–276.

Cox, D. R. & Wermuth, N. (1998). *Multivariate dependencies: models, analysis, and interpretation*. Chapman & Hall Ltd.

Cristianini, N. & Shawe-Taylor, J. (2000). *An introduction to support vector machines and other kernel-based learning method*. Cambridge University Press.

Davison, A. C. & Hinkley, D. V. (1997). *Bootstrap methods and their application*. Cambridge University Press.

de Boor, C. (1978). *A practical guide to splines*. New-York: Springer-Verlag.

Dulli, S. & Favero, V. (2000). *Modelli e strutture per il* Data Warehousing. Padova: CUSL Nuova Vita.

Efron, B. & Tibshirani, R. (1993). *An introduction to the bootstrap*. Chapman & Hall.

Fahrmeir, L. & Tutz, G. (2001). *Multivariate statistical modelling based on generalized linear models*. Springer-Verlag, II edition.

Fan, J. & Gijbels, I. (1996). *Local polynomial modelling and its applications*. Chapman & Hall.

Fine, T. L. (1999). *Feedforward neural network methodology*. Springer–Verlag.

Fisher, R. A. (1936). The use of multiple measurements in taxonomic problems. *Ann. Eugen.*, 7, 179–188.

Foster, D. P., Stine, R. A., & Waterman, R. P. (1998). *Business analysis using regression: a casebook*. Springer-Verlag.

Freund, Y. & Schapire, R. (1996). Experiments with a new boosting algorithm. In L. Saitta (Ed.), *Machine Learning: Proceedings of the Thirteenth International Conference*, volume 35 (pp. 148–156).: Morgan Kaufmann.

Friedman, J., Hastie, T., & Tibshirani, R. (2000). Additive logistic regression: a statistical view of boosting (with discussion). *The Annals of Statistics*, 28(2), 337–407.

Giudici, P. (2001). *Data mining, metodi statistici per le applicazioni aziendali*. McGraw-Hill.

Golub, G. H. & Van Loan, C. F. (1983). *Matrix computations*. Johns Hopkins University Press.

Gower, J. C. (1971). A general coefficient of similarity and some of its properties. *Biometrics*, 27, 857–871.

Green, P. J. & Silverman, B. W. (1994). *Nonparametric regression and generalized linear models: a roughness penalty approach*. London: Chapman & Hall.

Hand, D. J. (1981). *Discrimination and classification*. John Wiley & Sons.

Hand, D. J. (1982). *Kernel discriminant analysis*. John Wiley & Sons.

Hand, D. J., Mannila, H., & Smyth, P. (2001). *Principles of data mining*. MIT Press.

Hand, D. J., McConway, K. J., & Stanghellini, E. (1997). Graphical models of applicants for credit. *IMA Journal of Mathematics Applied in Business & Industry*, 8, 143–155.

Hartigan, J. A. (1975). *Clustering algorithms*. John Wiley & Sons.

Hastie, T., Tibshirani, R., & Friedman, J. H. (2001). *The elements of statistical learning: data mining, inference, and prediction*. Springer–Verlag.

Hastie, T. J. & Tibshirani, R. J. (1990). *Generalized additive models*. Chapman & Hall.

Hosmer, D. W. & Lemeshow, S. (1989). *Applied logistic regression*. John Wiley & Sons.

Hurvich, C. M., Simonoff, J. S., & Tsai, C.-L. (1998). Smoothing parameter selection in nonparametric regression using an improved Akaike information criterion. *Journal of the Royal Statistical Society, Series B*, 60, 271–293.

Kaufman, L. & Rousseeuw, P. J. (1990). *Finding groups in data: an introduction to cluster analysis*. John Wiley & Sons.

Kendall, M. G. & Stuart, A. (1969). *The advanced theory of statistics*, volume I: distribution theory. London: Charles Griffin & Co. Ltd., III edition.

Lauritzen, S. L. (1996). *Graphical models*. Oxford University Press.

Loader, C. (1999). *Local regression and likelihood*. Springer-Verlag.

Mardia, K. V., Kent, J. T., & Bibby, J. M. (1979). *Multivariate analysis*. Academic Press.

McLachlan, G. J. (1992). *Discriminant analysis and statistical pattern recognition*. John Wiley & Sons.

Pace, L. & Salvan, A. (2001). *Introduzione alla statistica II: inferenza, verosimiglianza, modelli*. Padova: Cedam.

Passerone, G. (2000). Modelli statistici per la *market basked analysis*. Tesi di laurea, Facoltà di Economia, Università di Pavia.

Piccolo, D. (1998). *Statistica*. Bologna: il Mulino, II edition.

Plackett, R. L. (1950). Some theorems in least squares. *Biometrika*, 37(1–2), 149–157.

Ripley, B. D. (1996). *Pattern recognition and neural networks*. Cambridge University Press.

Stanghellini, E. (2003). Monitoring the behaviour of credit card holders with graphical chain models. *Journal of Banking, Finance and Accounting*, 30(9-10), 1423–1435.

Stone, C. J., Hansen, M. H., Kooperberg, C., & Truong, Y. K. (1997). Polynomial splines and their tensor products in extended linear modeling (with discussion). *The Annals of Statistics*, 25, 1371–1470.

Stone, M. (1974). Cross-validatory choice and assessment of statistical predictions (with discussion). *Journal of the Royal Statistical Society, Series B*, 36, 111–147. (Corr: 76V38 p. 102).

Vapnik, V. (1998). *Statistical learning theory*. John Wiley & Sons.

Venables, W. N. & Ripley, B. D. (1997). *Modern applied statistics with S-PLUS*. Springer–Verlag, II edition.

Weisberg, S. (1985). *Applied linear regression*. John Wiley & Sons.

Whittaker, J. (1990). *Graphical models in applied multivariate statistics*. John Wiley & Sons.

Wolpert, D. H. & MacReady, W. G. (1999). An efficient method to estimate bagging's generalization error. *Machine Learning*, 35(1), 41–55.

Zani, S. (1997). *Analisi dei dati statistici, I*. Milano: Giuffrè.

Zani, S. (2000). *Analisi dei dati statistici, II*. Milano: Giuffrè.

Indice analitico

Springer - Collana di Statistica

a cura di

Adelchi Azzalini
Francesco Battaglia
Michele Cifarelli
Klaus Haagen
Ludovico Piccinato
Elvezio Ronchetti

Volumi pubblicati

C. Rossi, G. Serio
La metodologia statistica nelle applicazioni biomediche
1990, 354 pp. ISBN 3-540-52797-4

L. Piccinato
Metodi per le decisioni statistiche
1996, 492 pp, ISBN 3-540-75027-4

A. Azzalini
Inferenza statistica:
una presentazione basata sul concetto di verosimiglianza (2a Ed.)
2001, 382 pp, ISBN 88-470-0130-7

A. Rotondi, P. Pedroni, A. Pievatolo
Probabilità, statistica e simulazione
2001, 496 pp, ISBN 88-470-0081-5

E. Bee Dagum
Analisi delle serie storiche:
modellistica, previsione e scomposizione
2002, 312 pp, ISBN 88-470-0146-3

B. Luderer, V. Nollau, K. Vetters
Formule matematiche per le scienze economiche
2003, 222 pp, ISBN 88-470-0224-9

A. Azzalini, B. Scarpa
Analisi dei dati e *data mining*
2004, 242 pp, ISBN 88-470-0272-9